Y Combinator

Yコンビネーター

シリコンバレー
最強のスタートアップ
養成スクール

The Launch Pad :
Inside Y Combinator, Silicon Valley's
Most Exclusive School for Startups

ランダル・ストロス｜著
Randall Stross

滑川海彦・高橋信夫｜訳
TechCrunch Japan翻訳チーム

日経BP社

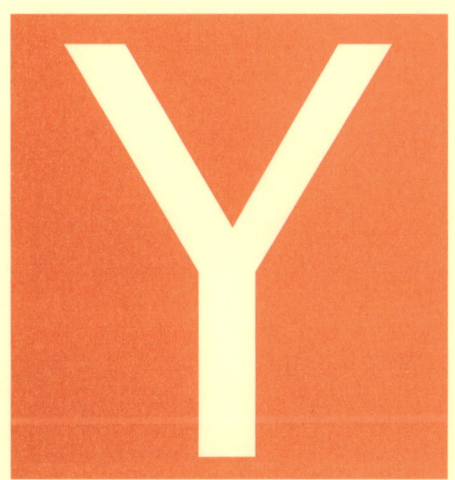

The Launch Pad

Inside Y Combinator, Silicon Valley's Most Exclusive School for Startups

by Randall Stross

This edition published by arrangement with Portfolio,
a member of Penguin Group (USA) Inc.
through Tuttle-Mori Agency, Inc., Tokyo

Y コンビネーターで毎週火曜日に開かれる夕食会《ディナー》では、食事のあとに YC パートナーや卒業生、エンジェル投資家などによるスピーチがある。
写真：2012 年冬学期に参加した AnyPerk 創業者　福山太郎

Y コンビネーターの社屋。共同創業者のトレバー・ブラックウェルが経営する「エニボッツ(Anybots)」と同じ建物に入っている。
写真：アイティメディア（@ IT）

屋内の掲げられたボード。Y コンビネーターが紹介された雑誌の表紙や記事、参加した創業者の写真がたくさん飾られている。
写真：AppSocially 創業者 / GrowthHacker.jp 運営　高橋雄介

2011 年夏学期のデモ・デーでのプレゼンの様子。63 組のスタートアップが、2 分半の持ち時間で熱弁をふるう。
写真：日経ビジネス

2011 年夏学期のデモ・デーに参加した創業者や投資家。休憩時間には屋外でさまざまな談話が交わされる。
写真：日経ビジネス

Y コンビネーター創業パートナー。左から、トレバー・ブラックウェル、ポール・グレアム、ロバート・モリス、ジェシカ・リビングストン。
写真：Y Combinator

Y コンビネーターのパートナー
左の写真はハルジ・タガル、右下の写真は左から、ポール・ブックハイト、ジェシカ・リビングストン、ポール・グレアム。
写真：Y Combinator

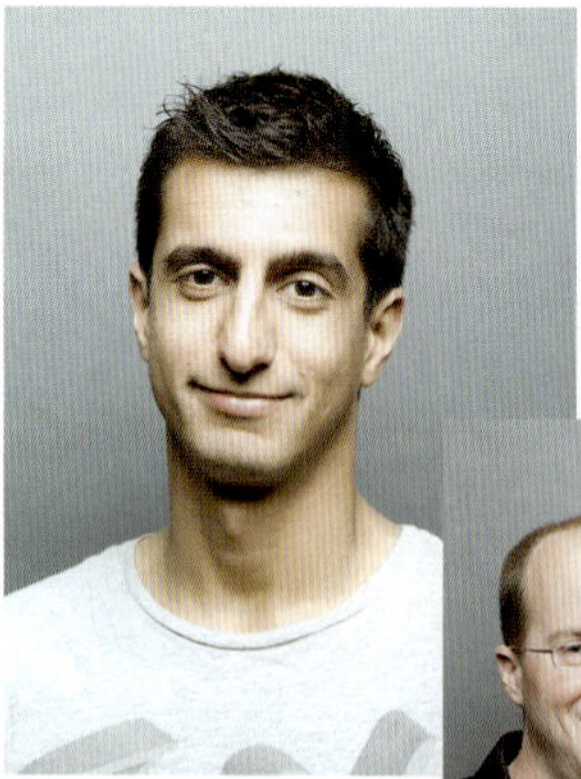

Yコンビネーター

目次

Yコンビネーター・パートナー、エンジェル投資家

ポール・グレアム――コーネル大学1986年卒、ハーバード大学院でコンピュータ科学の博士号取得。起業家、エッセイスト、Yコンビネーター創業パートナー。

ロバート・モリス――ハーバード大学1987年卒、同大学院で応用科学の博士号取得。世界初のインターネット・ワーム「モリス・ワーム」の作者。現MIT教授、Yコンビネーター創業パートナー。

トレバー・ブラックウェル――カールトン大学1992年卒。ハーバード大学院でコンピュータ科学の博士号取得。人間型ロボットを作るエニボッツの創業者・CEO。Yコンビネーター創業パートナー。

ジェシカ・リビングストン――バックネル大学卒、英語学専攻。アダムス・ハークネス投資銀行マーケティング担当副社長を経てYコンビネーター創業パートナー。ポール・グレアムは夫。

ポール・ブックハイト――ケース・ウェスタン・リザーブ大学1998年卒。グーグル時代にGメールを開発。フレンドフィードの共同創業者。プログラマー、起業家、投資家。Yコンビネーター・パートナー。

ハルジ・タガル――オックスフォード大学法学部2006年卒。オークトマティックでYC

2007年冬学期を卒業。2010年に創業メンバー以外で初のパートナーとなる。

ゲリー・タン――スタンフォード大学2003年卒、計算機工学専攻。2008年にポステラスでYCに参加。2011年からYコンビネーター・パートナー。

アーロン・イバ――MIT卒、数学専攻。グーグルを経て、アップジェットを共同創業、後にグーグルが買収。Yコンビネーター・パートナー。

ジェフ・ラルストン――ダートマス大学1982年卒、スタンフォード大学修士、コンピュータ科学専攻。インシアード大学でMBA取得。元ヤフー最高製品責任者。ララ・メディア創業者。起業家。2012年からYコンビネーター・パートナー。

サム・アルトマン――スタンフォード大学で、コンピュータ科学専攻。在学中に位置ベースサービス、ループトを共同創業。Yコンビネーター非常勤パートナー。

マーク・アンドリーセン――イリノイ大学1993年卒。在学中に世界初のブラウザ、モザイクを開発し、ネットスケープ・コミュニケーションズを共同創業。現在ベンチャーキャピタルのアンドリーセン・ホロウィッツを通じてYコンビネーターに出資。

ロン・コンウェイ――サンノゼ州立大学卒、政治学専攻。アルトス・コンピュータ共同創業者・CEO。エンジェル投資家。「スーパー・エンジェル」とも呼ばれ、初期のグーグル、ペイパルなどに投資。SVエンジェル共同創業者。

ユリ・ミルナー――モスクワ大学卒。モスクワ出身の起業家・投資家。投資会社デジタル・スカイ・テクノロジーズを創業、フェイスブック、ツイッターほか多数の企業に投資。ロン・コンウェイと共にスタートファンドを立ち上げＹＣ企業に出資している。

※履歴についてはCrunch Base（ジェフ・ラルストンについてはLinkedIn）の記載によった。

はじめに

サンフランシスコのグレーラインは北カリフォルニア最大の観光バスツアー会社だ。サンフランシスコ市内の観光はもちろん、ミュアウッズやサウサリト、北の郊外のワイナリー地帯などのスポットに数多くのツアーを出している。以前はサンフランシスコのすぐ南に位置するシリコンバレーを巡るツアーも運営していたのだが、今は止《や》めている。バスの窓からでは何も見るものがないからだ[1]。

昔のシリコンバレーは今よりもっと部外者が近づきやすかった。もちろん今でもコンピュータ歴史博物館はあるし、半導体の巨人、インテルも独自の博物館を運営している。ヒューレット・パッカード社が創業されたガレージ、スティーブ・ジョブズがアップル社を創業したガレージも残っている。グーグルの最初の社屋となったレンタルのガレージもある。しかしこういう場所は偉大な企業の抜け殻にすぎず、ただ見ても少しもおもしろいことはない。

シリコンバレーの今を知るには博物館や史跡などを見ても無駄だ。将来有望なスタートアップ（ベンチャー企業）が生まれてくる現場を見るしかない。サンフランシスコとサンノゼを結ぶ90キロの回廊に沿って文字通り何千ものスタートアップが存在している。しかしこうした小さな会社は最初のプロダクトの公開にこぎつけるまで、ひっそりと目立たぬように活動している。そういう実情だからグレーラインは シリコンバレー・ツアーを出さないのだ。

しかし、われわれの明日の世界の大きな部分がここから生まれてくるのだから、これは残念なことだ。史上初のウェブブラウザの開発者であり現在は有力なベンチャーキャピタリストであるマーク・アンドリーセンは「ソフトウェアが世界を食い尽くしつつある」と言った。やや派手な言葉遣いだが、産業社会のあり方を根本から変えるような現在起きつつある変革をよく表現している。この変革の核心を担うのがソフトウェアをベースにしたスタートアップだ。インターネットを介したクラウド化によってコンピュータの処理能力が電気やガスといった公共サービスのようにふんだんに使えるようになった。これによりスタートアップの運営コストは数百分の一に低下した。ソフトウェアのスタートアップがこれほど集中して所在している地域は世界中どこを探しても存在しない。アンドリーセンは「明日の世界を作る革命的なプロダクトの過半数はシリコンバレーから生まれる」と断言する(2)。

このシリコンバレーのソフトウェア・スタートアップが生まれてくる実態を観察するのにもっともよい場所は、もしそれが許されるなら、あるベンチャーファンドをおいてほかにない。マウンテンビューにオフィスを構えるこのベンチャーファンドは同時に数十社ものソフトウェア・スタートアップに投資する。それぞれの会社は1万1000ドルから2万ドルという少額の出資を受ける見返りに株式の7パーセントをベンチャーファンドに与える。

このベンチャーファンドの原動力となっているのは、元起業家でプログラマーのポール・グレアムだ。彼はここでもっとも精力的な教師であり、主席アーキテクトであり、執筆活動も活発に行っている。ファンドが発足したのは2005年だが、グレアムはそれよりずっと前からスタートアップの創業者たちにアドバイスを続けてきた。パートナー〔ファンドの運営にあたる出資者〕の間に上下の序列を設けず、肩書きも作らないなど、このファンドの特異な仕組みを作ったのもグレアムだ。また彼はコンピュータ科学の用語から一見奇妙なファンドの名称を借りてきた。このファンドは「Yコンビネーター（YC）」と呼ばれる。門外漢には意味不明な謎めいた名前だ。Yコンビネーターは関数の再帰的定義を実現するための不動点演算子というLISP言語の機能だというが、ほとんどのプログラマーには使う機会もないし、理解もしていないだろう(3)。

グレアムはコンピュータ科学で博士号を取得したが、アカデミズムにはまったく興味がなかった。彼が好むのはハッカー、つまり単にコーディングが巧みなだけではなくコーディングに情熱を傾ける連中である。ハッカーは物事の仕組みを知りたがる。もしうまくいかないときはうまくいく方法を見つけ出そうとする。ハッカーは他のハッカーに強い仲間意識を抱く(4)。

グレアムはハッカーを自認している。彼が15年前にスタートアップを起業したときに仲間にしたのもハッカーだった。グレアムは「ハッカーニュース」というYコンビネーターのウェブサイトのためのコードも自分で書いた。これは読者の推薦をベースにプログラミングとソフトウエア・スタートアップに関する有益な情報をインターネットから収集して表示するサイトだ(5)。

ハッカーは本質的に手に負えない連中だ、とグレアムは言う。そういう性質のために、ハッカーは時には入り込むべきでないような場所にまで入り込んでしまうことがある。ハッキングはコンピュータのプログラミングが始まる以前から存在したとグレアムは言う。ノーベル賞物理学者のリチャード・ファインマンが戦時中マンハッタン・プロジェクトに動員されていた時代に機密情報を保管した金庫を破って面白がったような例だ。

「ハックする」という動詞には多くの意義があるが、「システムを巧みに出し抜く」こともそのひとつだ。Yコンビネーターへの応募者は「コンピュータ以外のシステムをうまくハックしたことがあったら教えてくれたまえ」と尋ねられる。Yコンビネーターが投資をするかどうか決定するにあたってグレアムがもっとも重視するのは「そのチームは全員がハッカーか？」という点だ。

YCが投資をする際にはひとつの重要な条件が出される。そのチームは（すでにシリコンバレーに所在していない場合）、3カ月間にわたってシリコンバレーに引っ越して来なければならない。この3カ月（1月から3月は「冬学期」、6月から8月は「夏学期」と呼ばれる）の間、チームはプロダクトの開発を続けるかたわら、グレアムをはじめとするYCのパートナーたちの助言を受け、毎週ゲストを招いた夕食会《ディナー》に出席する。この3カ月のセッション、あるいは

「学期」の最後はデモ・デーで締めくくられる。チームはここで数百人もの有力投資家の前でプロダクトのプレゼンテーションを行う機会が与えられる。

誕生したばかりのソフトウェア・スタートアップに個人投資家が投資することは以前から行われていた。こうした投資家はシリコンバレーでは「エンジェル」と呼ばれる。しかしYCはこのエンジェル投資にひとひねり加えた。ひとつではなく、定期的に多数のスタートアップに同時に投資を行うという方式を編み出した。YCの最初の「学期」は2005年の夏に開催され、8社が投資を受けた。12回目となる2011年の冬学期に投資を受けた会社は44社に上る。

2005年に確立されたYCの基本的モデル、すなわち、多数のソフトウェア・スタートアップへの一括投資、3カ月のブートキャンプ、成果を披露するデモ・デーなどのやり方は多くのベンチャーキャピタルによってコピーされた。現在YC方式を取る投資システムは10を超えている。しかしその中で本家YCの優位は揺らいでいない。YCはブートキャンプ方式の他のあらゆるベンチャーキャピタルに比べてはるかに多額の投資を実施している。過去に巣立っていった同窓生ネットワークもスタートアップにとっては貴重な資産だが、この面でもYCの優位は揺らがない。YC出身のスタートアップに対する投資家の信用と期待は絶大だ。シリコンバレーのベンチャーキャピタル業界ではYコンビネーター卒業生は「もっとも成功の可能性の高いスタートアップ」とみなされている。YCへの最大の資金提供者はアップル、ヤフー、グーグルに当初から投資したことで知られるベンチャーキャピタルの名門、セコイア・キャピタルだ。

Yコンビネーター発のスタートアップの中にはすでに大成功を収めたチームがいくつか存在する。そのリストのトップに来るのはなんといってもドロップボックスだろう。このクラウド・ストレージ・サービスはYCの2007年夏学期から生まれたが、すでに何千万というユーザーを擁している。ドロップボックスは無料のソフトウェアで、パソコンにインストールするとユーザーの文書、写真、ビデオ、その他ほとんどどんなファイルでもインターネットを通じてドロップボックスのサーバーにリアルタイムで保存できるようになる。ドロップボックス用のフォルダを指定しておけば同期は自動的に行われるのでユーザーは何もする必要がない。当初、同期はパソコンだけが対象だったが、現在はiPhone、iPad、アンドロイド機などのスマートフォンやタブレットとも同期する。これによってユーザーは何をしていようとどこにいようとドロップボックスを通じて自分のファイルにアクセスできるようになった。2ギガバイトまでは無料で利用でき、それ以上の容量が必要な場合は従量制で有料となる。

YCの2009年冬学期の卒業生、エアビーアンドビーも大成功組だ。このサービスは戸建やマンションの持ち主が予備の部屋(単にカウチの場合も)を旅行者に貸すためのオンライン仲介サービスだ。2011年にエアビーアンドビーの利用は延べ100万泊に達した(6)。2008年冬学期のヘロクもYC出身で最大の成功を収めたスタートアップのひとつだが、Rubyプログラミング言語のウェブアプリのクラウド・ホスティング・サービスという性格上、一般の知名度は高くない。

ベンチャーキャピタルの世界でYコンビネーターの有望なスタートアップを選ぶ能力にどれほど高い信頼が寄せられているかは次の例で広く知られるようになった。2011年にシリコンバレーの有力ベンチャーキャピタル2社がYCのスタートアップだけを対象にした特別なファンドを組んだ。このファンドは2011年冬学期の44チームのスタートアップすべてに対して一律に15万ドルの投資を行った。ベンチャーキャピタルの世界でこれほど大規模な一括投資は前代未聞だった。対象となるYCスタートアップに対しては追加の審査は一切行われなかった。この特別ファンドは対象スタートアップから事業計画その他の投資にあたって通常求める情報も求めなかった。数千にも上る応募チームの中からYCのパートナーたちによって選び出されたチームである以上、審査はそれで十分だというのである。

当初、傘下のスタートアップに外部のベンチャーキャピタルが審査なしで10万ドル以上の投資を行うインキュベーター・プログラムはYCだけだった。しかし2011年末になると、YCの仕組みを真似た他のインキュベーターに対しても、額は小規模ながら、同様の一括投資を行うベンチャーキャピタルが現れてきた。マーク・アンドリーセンのベンチャーキャピタル、アンドリーセン・ホロウィッツも一括投資戦略を採用し、YCと提携してそのスタートアップすべてに投資を行うようになった。

YCの玄関にツアーバスが止まって観光客が吐き出されることはないだろうし、また歓迎もされないだろう。しかし幸運にも私は著作家としてYC内に常駐して活動を静かに観察し、記録することが許された。実は私は10年以上前に『eボーイズ―ベンチャーキャピタル成功物語』（日本経済新聞社）というタイトルで本書に似た内容の本を書いたことがある。私は『eボーイズ』で当時創立されたばかりだったベンチャーキャピタルである「ベンチマーク・キャピタル（Benchmark Capital）」とその投資先のスタートアップを描いた。私はあの狂乱のドットコム・バブルの時代にベンチマークの社内に2年間常駐して取材を続けた。私の本は2000年3月に出版されたが、それはちょうど株式市場が暴落を始めた時期と重なっていた。バブルは突然弾け、関係者は誰もが不幸に見舞われた。

これに引き換え、本書でははるかに数多くのスタートアップが対象となったし、物事が起きるペースもはるかに速かった。1990年代では創業者があるアイデアを考えついてからそれが実際に作動するプロトタイプになるまでに1、2年かかるのが普通だった。ところがYCのスタートアップの場合、プロトタイプ作りには長くて数週間しかかからない。ときには数日でできてしまうこともある。YCのスタートアップはできるだけすばやくプロトタイプを完成し、リリースするよう求められる。バグや問題点があればすぐに修正して再度試すのだ。

10年前にはソフトウェア・スタートアップがベンチャーキャピタルから資金を得るためには、創業者には業界での長い経験が求められるのが普通だった。また起業には高価なサーバーやデータベースソフトの購入、人材の採用のために数百万ドルを必要とした。現在のYC傘下の起業家たちには情熱とプログラミング能力以外何も必要ではない。大学在学中だがスタートアップをスタートさせたい？　やりたまえ。（「スタートアップをスタートする」というのは畳語だがスタートアップ業界の術語なので目をつぶっていただきたい。スタートアップ業界ではきびきびした短い単語を好む。起業家〔アントレプレナー〕という言葉より創業者〔ファウンダー〕という言葉のほうがよく使われる）。

起業のコストが大幅に低下したため、今ではソフトウェア・スタートアップを始めるのにYCの投資さえ必須ではなくなった。しかし未経験なまま初めてスタートアップに挑む創業者たちには多くの落とし穴が待ち構えている。それがYCの最近の学期に2000組以上もの応募があった理由のひとつだ。創業者はよくあるミスを犯さないですませるためにYCの指導、助言を求めている。スタートアップの世界をよく知れば知るほど、そこに潜む落とし穴の恐ろしさがわかってくる。一部のスタートアップはYCを卒業した後、最初のアイデアを捨てて新しいアイデアでやり直すために再びYCに戻ってくることがある。

たとえYCに選ばれたスタートアップといえども全体としての成功の確率はやはり決して高くない。だからスタートアップの創業者はこの馬鹿げたほど低い成功の確率を無視して突き進むために、ときにクレージー（もちろん社会的に容認できる範囲でのクレージーさだが）であることを求められる。

いずれにせよ、シリコンバレーというエコシステムを考えたとき、YCとその支援するスタートアップの創業者たちがステージの中央を占めていることは間違いない。「ソフトウェアが世界を食い尽くしている」現在、シリコンバレーのスタートアップこそ、世界に与える影響がもっとも大きく、かつ外部に知られていないビジネス・ストーリーなのだ。

現在のスタートアップ・シーンは90年代後半のドットコム・バブルの時代とはまったく異なる。この時代にはつまらないアイデアにさえ何百万ドルという資金が湯水のように注ぎ込まれ、すぐに株式が上場され、そして次の瞬間には破綻していった。YCが支援するスタートアップにはそういうことは何ひとつ当てはまらない。YCがスタートアップに投じる資金は、当時と比べたら、ほとんどはした金である。当時はスタートアップがアーロンの高価な椅子をオフィスに備え付けていたものだ。

今のスタートアップは中産階級が生涯かかって貯めた貯金を危険にさらしているわけではない。YCの投資の原資は少数のプロの投資家から出ている。YC自身のパートナーたち、提携しているエンジェル投資家、既存のベンチャーファンド、デモ・デーを見て投資に一口乗ることを決めた富裕な個人などだ。

私はYコンビネーターについての本を書きたいと考えたが、その前提として、執筆にあたっては絶対に譲れない、そして取材対象が嫌いがちなふたつの条件があった。内部情報に深く精通させること、そして同時に内容に関して一切干渉を受けないことだ。2011年3月、私はYCのパートナーに次の夏学期のスタートアップを継続的に取材させてもらうことを求めた。

応募者の選考過程から始めて、夏のＹＣのブートキャンプの内容も逐一取材したいと求めた。いわば「壁に止まったハエ」になってＹＣの中で起きることを漏れなく観察し、読者と共にもその場に居合わせたかのようにその体験を伝えたいというのが私の抱いた野心だった。

そうした記述のためには私は秘密のベールの奥深くに入り込み、ＹＣのメンターや数十のスタートアップのすぐ間近ですべてを目撃することを許される必要があった。ＹＣの内部でさえ秘密の壁が設けられている。デモ・デーの当日までそれぞれのスタートアップの区画は隔離されている。グレーラインの観光バスが入り込む余地はまったくない。デモ・デーの当日になってさえ、大半のスタートアップは外部に情報を発表できる段階に達していない――彼らの存在すらも秘密なのだ。招待された投資家たちも、パンフレットに「オフレコ」と書かれたデモの内容については秘密を厳守するよう念を押される。にもかかわらず、私は「当日券」だけでなく半年間あらゆる場所に自由に出入りできる「定期券」を要求した。私はそこで得た情報はすべてこの本のためだけに用い、私が寄稿しているニューヨーク・タイムズその他のメディアでは一切利用しないことを約束した。

幸いなことに、ＹＣのパートナーは私の要求をすべて無条件に承認してくれた。２０１１年4月、応募チームの最終選考が始まるころ私は取材を開始した。その時点では、私は２０１１年の夏学期が、その前の学期の44社を大きく上回る64社となって、過去最大のクラスとなるということを知らなかった。私は、インターネット時代を代表するさまざまな創造と革新の物語が1カ所で取材できるのはたいへん好都合だ、これで興味あるミニシリーズが書けるだろうという程度にしか考えていなかった。

　当初の構想では本書はデモ・デーで幕を閉じるはずだった。しかし私は取材期間を大きく延長し、2011年夏学期を卒業した創業者たちが次の学期のスタートアップの創業者たちと出会うところまで見届けることにした。ものごとの始まりは可能性に満ちている。今やシリコンバレーでは可能性に満ちた始まりが量産されているのだ。さあ、ではそれを紹介していこう。

第1章　面接

初めての面接

カルビン・ワンとランディー・パンはハッカーだ。つまりソフトウェアを作る役割だった。ジェイソン・シェンはハッカーではなかったが、自分の役割を「スタートアップの営業担当」と呼んでいた。つまりなんによらず外部の人間を説得するのが役目だった。シェンのブログでは「ケツを蹴飛ばす技術」と称していた(1)。3人は24歳前後で、最近スタンフォードとバークレーを卒業したところだった。3人ともルームメイトで親友だ。

3人は一緒にスタートアップを始めようとしていた。どんなビジネスを始めるのかについてはまだはっきりと決まっていなかった。アイデアは毎日変わっていた。その間にもこのグループはYコンビネーターの2011年夏学期の最終候補に選ばれた。最終候補に残ったのは170グループ(会社と呼ぶにはまだ早いものも多かった)で、マウンテンビューのYコンビネーター本社での簡単な面接に呼び出された。カルビンたちの資産といえばスタートアップのアイデアだけ、それもまだはっきり固まってさえいなかった。いくらシード〔種子〕資金投資家といえどもこれより小さいシードを見つけるのは難しかったろう。

このとき、カルビンたちは将来の社名さえ決めていなかった。もっともその点では最終候補に残った他のグループの大半も同様だった。ＹＣのパートナーたちはチームの代表のファーストネームか、ＹＣが応募を受け付ける窓口にしているウェブサイトである「ハッカーニュース」に登録されたユーザー名を複数形にして会社名の代わりにしていた。応募の際にカルビン・ワンが代表として登録していたのでこのチームは「カルビンズ」と呼ばれることになった。

２０１１年４月下旬、カルビンズはカリフォルニア州マウンテンビューのＹコンビネーターの本社の小さな会議室に案内された。テーブルの向こう側と横手に５人の男性とひとりの女性が座っていた。これがＹＣパートナーたちだった。年齢はカルビンたちより少し上から20歳も年長までさまざまだった。全員がノートパソコンを開き、カルビンたちが提出した応募書類を覗きこんでいる。

カルビンたちはＹＣの面接がわずか10分程度で終わってしまうことを知っていた。面接が始まったかと思うとすぐに時間を知らせるブザーが鳴り、次のグループの面接を始めるために部屋を追い出されるのだ。

この面接はポール・グレアム自身が司会した。トレバー・ブラックウェル、ジェシカ・リビングストン、ロバート・モリスの３人の共同創業パートナーも出席していた。しかし面接の質問をする時間は均等に割り振られてはいなかった。だいたいにおいてグレアムの独壇場だった。

カルビンたちはテーブルの前に座った。グレアムは依然ノートパソコンを見ていたが、やがて何の前置きもなく口火を切った。「オーケー。われわれはきみらのアイデアというよりきみら自身が気に入っている」

アイデア、つまりスタートアップ・チームが提供しようというサービスやプロダクトの内容は往々にして応募の時点から面接の時点までに変わっていることがある。カルビンたちもそうだった。数週間前にカルビンたちが提出したアイデアには「過去の思い出を受信ボックスへ」というキャッチフレーズが付けられていた。面接の前の週にYCのパートナーのひとりとスカイプ通話でチャットした際、カルビンたちは「別のアイデアを考えたほうがいい」と勧められていた。

「ぼくらはアイデアを少しピボット（方向転換）させました」とメンバーのひとり、ジェイソン・シェンは言った。とはいえ、YCのパートナー側からすると最終候補者は誰が誰やら覚えきれない無名の顔の連続だった。「ぼくらは写真アルバムのMint.comのような存在を目指すことにしました。このサービスはユーザーのフェイスブックのコンテンツを整理してユーザーの写真からもっとも大きな関心を集めたものを選び出し、簡単に写真アルバムがプリントできるようにします」

カルビンズのもうひとりのメンバーが補足した。「どの大学の寮でも、スタンフォードの何十もの寮でもそうですが、寮ごとに誰かが寮のメンバーの写真を集めた記念アルバムづくりを命じられるんです。しかしそう簡単な仕事ではありません。たいていはいい加減なものしかできません。けっきょくアルバムは出来上がらないままということも多いんです。われわれのサービスはこうした作業が簡単にできるようにします」

「きみらは今も大学に知り合いがいるのかね？」とグレアムが尋ねた。

彼らは2年前に卒業したばかりだったから知り合いはたくさんいた。

グレアムはビジネス・プランよりも創業者チームにいっそう興味を抱いていた。創業者たちが成功に必要な資質を備えていると思えるなら、グレアムは彼らのアイデアに弱点があっても大目に見ることにしていた(2)。

「これはアルテアＢＡＳＩＣになるかもしれないな」とグレアムはカルビンたちに言った。最初のマイコン、アルテアが発表されたのはこの若者たちが生まれるよりはるか以前、１９７５年のことだった。「アルテアＢＡＳＩＣを知っているかね？ マイクロソフトの最初のプロダクトだ」。写真アルバムの印刷サービスだってアルテアＢＡＳＩＣにならないとは限らない。しかしグレアムはその先を知りたがった。「写真アルバム・サービスの次にはどうやって事業を拡張していくつもりかね？」

「ぼくらは思い出とかノスタルジーの力を重視しています。ですから、いろいろな現実の物理的製品の可能性も――」とカルビンズのなかのひとりが話し始めたとき、別のＹＣのパートナーがさえぎった。サム・アルトマンはＹコンビネーターの２００５年夏学期の卒業生で、応募したときにはこれと同じ面接を受けていた(3)。本業はそのとき生まれたスタートアップ、ループトのＣＥＯだが、パートタイムでＹＣのパートナーを務めており、時間が許すかぎり最終候補者面接に加わっていた。

「記憶とノスタルジーを重視するということだね。それはいいが、将来もみんなアルバムをプリントしたがるのかな?」

「ええ、そう思います。去年の写真アルバムのプリントは10億ドルの市場でした。去年ヨーロッパ市場は25%も拡大しています。アルバムのプリント市場は2005年から着実に成長しているんです。数字は上向きです」

カルビンたちは非デジタルなプロダクトを売り込むというYCではめったに見られない試みをしようとしていた。「プリントされたアルバムだったら気のむいたときにぱらぱらとめくれるし、ソファの横のサイドテーブルに置いておいて友だちに自慢したりできます。独自の価値がありますよ。現にぼくたちも大学の寮の記念アルバムを家族や友だちのために買いました。ただこういうアルバムは作るのが大変なんです。写真を探しだしたり選んだりするのに何時間もかかります。大学の寮では毎年こうしたアルバムを作ってますが、1冊20ドルくらいをプリントショップに払ってます。それでだいたい100冊くらい注文します」

グレアムは前のまだ答えられていない質問に戻った。「で、それからどう拡張していくんだ?」

メンバーのひとりはユーザーのオンライン・カレンダーやフォースクエアでのチェックインをベースにした本を自動的に編集するサービスを考えていると言った。

「毎年のツイートをまとめた本なんかもいいかも」

「おいおい、冗談じゃない。誰が去年のツイートなんか印刷させたがるんだ?」とトレバー・ブラックウェルが言った。彼は41歳で他の3人のYCの共同創業パートナーとほぼ同世代だった。ブラックウェルも別に本業があった。エニボッツというロボットのスタートアップのCEOで、この会社の建物にYCは入っていた。

カルビンたちはYCの年長のパートナーたちがソーシャル・メディアをあまりよく知らず、印刷物との関係をよく理解できないでいるのにもひるまなかった。「ぼくはツイートをまとめた本を持ってますよ」とカルビンズのひとりが説明した。「ツイート・ブックというのは2007年頃からあるんです。簡単にいうと、このサービスは最近2000件のツイートをまとめて本にしてくれるんです」

ジェシカ・リビングストンにはなんとか想像がついたようだった。「ツイートが日記みたいになるわけね?」

「ブラーブというのがその会社です。最初の年は売上100万ドルだったのにたった2年で3000万ドルに成長しました。この会社はブログ全般を編集、印刷して本を作ってくれるんです。ところが連中のソフトウェアはお粗末でして——ものすごく遅いんです」

「そうすると卒業アルバムにも手を広げられるかもしれないな」とグレアムは自分の質問に自分で答えるかたちでつぶやいた。「高校の卒業アルバムとか。そういう時代になってきているのかもしれない。もし高校の卒業アルバムの制作代行に参入して成功すれば大きなビジネスになる。未開拓だがまちがいなく有望な市場だ」とグレアムは同意した。

カルビンたちは割り当てられた時間内に良い印象を残すことに成功した。彼らが出て行ってドアが閉まると同時に、グレアムは「気に入った」と宣言した。

「そんなに素晴らしいアイデアとも思えないんですけど」とリビングストンが懸念を示した。

「アルテアＢＡＳＩＣさ。写真アルバムはスタート地点にすぎない」とグレアムは繰り返した。

スタートアップを起業するのにもっとも適した年齢があるとするならカルビンたちがそれだった。学部学生よりは多少成熟しているものの、まだ家のローンや子育ての重荷を背負っていない。そういう年齢になってしまうと、給料のいい安定した大企業の職を捨てるのは非常に困難になる。しかしグレアムは応募者の選考にあたって年齢だけでなくチームワークを重視していた。ストレスの多い起業生活を乗り切っていくためにはメンバー間に緊密なチームワークがあることが必須である。カルビンたちにはそれがあった。誰かひとりが独裁することなく、全員が自然に助け合っていた。３人のうちふたりがハッカーのはずだったが、面接の間、誰がそうで誰がそうでないのか気づかないほどだった。面接にあたったＹＣのパートナーたちがもっとも警戒するのは「檻に入れられたハッカー」という状況だった。つまりハッカーではない創業者が実権を握っていてハッカーたちを部下扱いするようなチームだ。

ＹＣが最終候補として面接に呼ぶのは２０００組の応募チームのわずか９％以下だ。ＹＣのパートナーたちは最終候補170組を8日で面接しなければならない。それぞれの面接が終わるごとにパートナーはYCの社内データベースにコメントを書き込む。このコメントは他のパートナーも見ることができた。面接が終わるとパートナーはただちにその日それまでに面接したチームと比較した順位を書き込むことになっていた。資金を提供するかどうかは一日の終りにパートナー一同のコンセンサスによって決定された。通常、その日の上位8チーム程度が合格する。合格チームにはグレアム自身が電話で通知した。長い間座っていたのでグレアムは立って歩き回りながら電話をする。

「われわれはきみたちに投資したいと思うんだが」というのがグレアムの通知の言葉だった。「きみたちは3人のチームだったな。1万7000ドルの投資で株式の7％をもらいたい」

出資の見返りとしてYコンビネーターがスタートアップに要求する株式の割合はどんな場合でもほぼ同一だが、出資額は多少異なる。基本として全チームが1万1000ドルを受け取る。これにふたりめ以降の創業者ひとり当たり3000ドルが追加される。ただし創業者4人以上の場合、2万ドルが上限だ。

ほとんどのチームはその場で投資を受け入れることを決めるが、グレアムは必要なら多少の考える時間を与えることにしていた。ただし、回答はイエスかノーの二者択一だった。グレアムは条件の変更には応じない(4)。2008年のインタビューで「YCの申し出は創業者たちのIQテストのようなものだ」と述べたことがある。「もしわれわれが6％しか取らないならスタートアップの価値を6・4%増加させるだけでスタートアップ側は元が取れてしまう。これはばかばかしいほど低いハードルだ。だから創業者たちがそういう有利な話だということが見抜けるかどうかを調べるIQテストなんだ」(5)

グレアムが合格者に電話をかけ終わるとパートナーは解散した。グレアムは後に残ってノートパソコンを広げ、不合格だったチームに簡単な説明のメールを書き始めた。グレアムが会社を後にしたときにはその日面接を受けた最終候補チーム全員が合否の知らせをYCから受け取っていた。

2000チームから64チームが選ばれた（学期を終了したのは63チームで、1チームは早い時期に辞退していた）。YCのスタート時点と比べれば驚くほどの規模の拡大だ。Yコンビネーターの始まりは6年前だった。グレアムの呼びかけ（当時は「夏季創業者プログラム」と呼ばれていた）に応じたのは227チームで、選ばれたのはわずか8チームだった。グレアムとパートナーたちはマサチューセッツ州ケンブリッジに住んでいた。

当時グレアムはこのプロジェクトを始めた背景をこう説明した。「これは実験だ。われわれは他の投資家が投資したがらないような若い世代の起業家たちにもっと投資すべきだと考えている。グーグルやヤフーの例が学生や大学院生がスタートアップを大成功させることができることを証明した。在学生でも卒業生以上に起業の能力があるものはいくらでもいる」。スタートアップを始めることが一般に認められる年齢は大幅に引き下げられた。グレアムはYコンビネーターでその最低限の年齢がどこまで下げられるものか実験するつもりだった。グレアムは応募を考えている学部学生たちに次のようにコメントをした。

「スタートアップを始めてもたぶん失敗するだろう。ほとんどのスタートアップは失敗する。それがベンチャー・ビジネスの本質だ。しかし、失敗を受け入れる余裕があるなら、失敗の確率が90％ある事業に取り組んでも判断ミスにはならない。40歳になって養わなければならない家族がある状態での失敗は深刻な事態になる。しかしきみたちは22歳だ。失敗してもそれがどうした？ 22歳で在学中にスタートアップに挑戦して失敗したとしても、23歳の一文無しになるだけだ。そして得難い経験を積み、ずっと賢くなっているだろう。これがわれわれの呼びかけている学生向けプログラムの概要だ」(6)

ポール・グレアムからのメール

2005年の春、ジャスティン・カンは21歳でイェール大学の4年生だった。長年の親友、エメット・シアーも21歳で、ウェブ・ベースのカレンダーを提供する「キコ」という会社を余暇に運営していた。その時点での最大の投資はKiko.comというドメイン名を取得するのに使った250ドルだけだった。グレアムがYコンビネーターのプログラムを紹介するメールを送ったとき、カンは卒業が6週間後に迫っていた。カンはグレアムのことを聞いたことがなかったが、シアーは評判を知っていた。グレアムがオンラインで公開しているプログラミングやスタートアップに関する記事を読んでいた。ともあれ、彼らは応募書式をさっさと書き上げることにした(7)。32問のアンケート形式で、その中には今まで尋ねられたことがないような質問も混じっていた。

その中にはこういう質問もあった。

ポール・グレアムの「スタートアップをスタートする方法」という記事中の「彼はアニマルだ」という表現にならって、それぞれの創業者がどんなふうに「アニマル」であるか簡単な文章で表現せよ。

エメットは16歳のときにC++の教科書を読んでプログラミングに出合った。彼はその後6日間、一睡もせず、ろくに食事もせずにプログラミングに打ち込んだ。

簡単な文章で創業者の優れた点を述べよ。

ジャスティンは物理と哲学を優等で卒業しました。エメットはワシントン大学のトランジション・スクールを14歳で卒業しました。この学校は才能ある中学生に高校教育を1年で終わらせるために設けられています。

うまくいかなくなる可能性があるとしたら何?(これは自信ではなく想像力を試す質問)

突然グーグルがわれわれと同じ分野で、巨大システムをバックにはるかに優れたサービスを展開し始める。

100万ドルを100%確実に得られる機会があるとする。別に成功のチャンスが10%の機会がある。こちらの機会を選ぶとしたら得られる金額がいくら以上である必要がある? それぞれの創業者ごとに答えよ(これが正しいという答えはない)。

ジャスティン:2000万ドル以上ですね。10万ドル以上の話になるとぼくは保守的になります(8)。

応募のメールを送って数日後、カンとシアーは彼らのアイデアは不採用だとする次のようなメールを受け取った。

夏季創業者プログラムへの応募を感謝します。応募書類を読みました。これを基に、これから最初の選考を行います。

応募は一般に「有望」「有望でない」「人材は有望だがアイデアは有望でない」という3つのカテゴリーに分類できます。きみたちのグループは最後のカテゴリーに属すると言わざるをえません。われわれはこのグループの諸君と膝を交えて話し合い、実際に収益を上げる可能性のあるアイデアを得る手助けをする用意があります。もし諸君がそうした機会を望むのであれば、まず諸君の考えは以下のどれであるか答えてください。

a）現在のアイデアをどこまでも追求したい。
b）現在のアイデアを改良して追求したい。
あるいは、
c）良いアイデアであれば、現在のアイデアとまったく無関係であっても追求したい。

こう評したからといって気を悪くしないように。創業者が最初、良くないアイデアを試み、2度目に得たアイデアで大成功を収めるというのはよくある現象です。われわれ自身がそれを経験しています。ビル・ゲイツとポール・アレンの場合でさえそうだった。彼らの最初の会社はマイクロソフトではなくトラフォデータという会社で、ほとんど利益を上げることができませんでした。

ポール・グレアム
トレバー・ブラックウェル

カンとシアーはオンライン・カレンダーの開発にこれまで5カ月かけてきた。それが「良くないアイデア」と評されてしまった。ふたりはもちろん失望したが、すぐに気を取りなおした。「人材としては有望」と言われたのは嬉しかった。そこで「キコのアイデアを改良して追求したい」と返信した。すぐに今度はジェシカ・リビングストンからメールが来た。次の日曜日の朝にケンブリッジで40分の面談の時間を取ったという。「みなさんの技術的能力については疑いを持っていません。日曜日にはもっぱらビジネス・アイデアについて話し合いたいと考えています」

カンとシアーはその40分のミーティングでキコの利点を売り込んだ。それからハーバード・スクエアを散歩しながら合否の連絡を待った。午後6時ごろ、グレアムからシアーに電話があった。「われわれはきみたちに投資することに決めた。額は1万2000ドルできみたちの会社の株式の4%と引き換えだ」

「ぼくたちは文字通り飛び上がって喜びました。文字通りです」とカンは回想する。「ぼくたちは大学を卒業したばかりのどこの馬の骨かわからない人間で、しかもイェールは起業家精神で知られているわけではありません。それなのに始めたばかりの会社を30万ドルに評価して投資してくれたんですから喜ばないわけにはいきません。良いアイデアと認めて、その方向で努力せよと認められたのは嬉しかったです」。これはカンのそれまでの生涯で最高の瞬間だった。スタートアップを作るという夢に現実のチャンスが与えられたのだ(9)。

18歳の挑戦

2011年4月に面接に呼び出された最終候補チームには、2005年にカンとシアーが応募したときよりも若いメンバーもいた（カンとシアーは当時大学4年生だった）。たとえばアイルランド在住のふたり組は年長のメンバーが23歳、若いほうはまだ高校在学中で18歳だった。ジェシカ・リビングストンが年長のデビッド・ドルフィンを面接室に呼び入れたとき、若いほうのパトリック・オドハティーはアイルランドのダブリンに残っていた。ドルフィンはテーブルの前に座るとノートパソコンを開いてオドハティーがスカイプ・ボイスチャット・サービスを通じて会話を聞けるように設定した。

しかしグレアムは本人が実際にこの場に来ていないことが不満だった。もっともYコンビネーターはオンライン・コミュニケーションを改良するスタートアップにも投資していた。しかし自分たちの部内の作業ではエレクトロニクスを介さず直接対面したうえでのコミュニケーションが必須だというのがグレアムの信念だった。面と向かって話すのと同じくらい詳しく情報を与えるようなコミュニケーション手段はほかにないとグレアムは考えていた。最終候補チームはメンバー全員がYコンビネーターに来るよう義務づけられていた。アイスランド、イギリス、デンマーク、トルコ、南アフリカ、インド、中国、香港、オーストラリアなど世界各地からやってくる最終候補チームは旅費の大半を自腹で払う必要があった。YCは1チーム当たり最大600ドルまでしか旅費を支給しなかった。

YCに参加が認められれば、チームは全員が3カ月間シリコンバレー周辺で暮らすことが求められた。これはチームがグレアムや他のパートナーと話すときには必ず直接対面でなければならないという方針から来ていた。対面、というもののグレアムの場合は〝側面〟であることが多かった。というのもグレアムは創業者たちを横に並ばせて話しながら散歩するのが好きだったからだ。

グレアムのこうした考えは応募者全員がよく知っていた。しかしこのアイルランドのふたり組は揃ってマウンテンビューでの面接に臨むことができなかった。

しかしグレアムはドルフィンが面接を受けることを認め、彼らが開発中のプロダクトの技術面について質問を始めた。携帯電話のそれぞれの基地局の能力が評価できるアンドロイド・アプリだ。彼らはこのアプリで収集する情報はキャリア同士の信頼性やパフォーマンスを比較したいユーザーにとって役立つだろうと考えていた。このアプリに用いられている技術の水準の高さにグレアムは感心した。さらに重要なことだが、YCにおける無線テクノロジーの専門家であるサム・アルトマンに強い印象を与えた。しかし数分経つとグレアムはＹＣが創業者は全員面接に出席するように要求しているにもかかわらず、オドハティーがここに来なかった理由を尋ねずにはいられなくなった。「どうしてきみは面接に来なかったのだ？」グレアムはドルフィンのノートパソコンを通してオドハティーに言った。

「もうすぐ学校で大切な試験があるので、両親が出かけるのを許してくれなかったんです」とスカイプを通して歪んだオドハティーの声が答えた。

「で、ご両親はきみがＹＣに応募したのをどう思っている？　実のところ、われわれは18歳に投資することには少々懸念を抱いているんだ。人生をめちゃくちゃにするようなことがあってはいけないからね」

「両親はぼくが非常に重要な知的挑戦に対しては、決して手を抜かないことを知っています。ぼくは教育を受けるのを嫌っているわけじゃありませんが、今はテクノロジーの開発に携わりたいんです」とオドハティーは答えた。

「起業家の生活はきみが考えているほど啓発的なものではないかもしれないぞ」とグレアム。彼は表向きオドハティーをけしかけるようなことは口にしなかった。しかしオドハティーとドルフィンは決意の固さを印象づけることができた。面接が終わってドルフィンが部屋を出るとグレアムは言った。

「気に入ったよ。彼らは年より大人だった。合格だ」

ピボットに投資

ドルフィンが部屋を出た後、パートナーのひとりが何度も繰り返されているセリフを言った。

「これもピボットに投資、かな」

「ピボット」というのはスタートアップの世界でよく使われる用語で、当初のアイデアや戦略を根本的に見直して新しいものを採用することを言う。スタートアップはひんぱんにピボットするものだ。そのためこの用語はシリコンバレーの重要な術語になっていた。しかし別の流行語がジェシカ・リビングストンの注意を引いていた。面接の間、たまたま得られた静かな時間に、リビングストンはテーブルの反対側の端にいたアルトマンに呼びかけた。「サム、最近いちばん無意味で大げさな流行語が何だか知っている？〝オン・ボード〟よ」

ふたりの間に座っていたグレアムはそんな言葉を聞いたことがなかったのでリビングストンに顔を向けた。「何だ、そのオン・ボードとやらは？」

アルトマンは知っていた。「それは最近、流行り始めた――」

「頭に来るのよね」とリビングストンが言った。

「ああ、私もきらいだ」とアルトマンも同意した。

「たとえば、『どうやってユーザーをオン・ボードするのか？』なんて言うわけ」

「そうだな。『こういう顧客をこうやってオン・ボードするつもりだ』なんて言うね」とアルトマン。「そんな言葉は生まれて初めて――まあ、少なくとも誰かが声に出して言うのを聞いたのはこれが初めてだな」とグレアムは頭を振った。

「年齢どおりじゃダメなんだ」

18歳でいずれも大学の1年生の4人組が次のグループだった。彼らもジャスティン・カンとエメット・シアー同様、「人材としては気に入ったがアイデアはいまいち」という通告を受けていた。彼らは着席するとさっそくグレアムにアップデートの報告をした。「あなたのメッセージをもらってから数日ブレーン・ストーミングをしました」。その結果、彼らはツイッターのツイートを処理してリンク先のページをフルテキストで表示するソフトウェアを作ったと報告した。グレアムは関心を示さなかった。

ほとんどささやきに近く声を落としてグレアムは「なぜそんなに急ぐ?」と尋ねた。「2年生になるまで待ってもいいじゃないか。今がいちばんいい時で2年生になるころには熱意が衰えてしまうと思っているのかもしれない。しかしそんなことはないんだ」

「大学の勉強は役に立たない気がします」とひとりが主張した。

「今の機会を逃したくないんです。先へ進むだけです」ともうひとり。彼らはすでにフェイスブックの友だちをグーグル・マップの上に表示するアプリを開発していた。そのアプリは大学で大人気になった。しかしほんの一瞬のことで、一度試した後は誰も使わなくなっていた。

「人が金を払う理由を考えたことがあるかね？」とグレアムは尋ねた。

「若すぎる起業家の犯しがちな失敗は、誰も金を払おうとしないようなソーシャルななんとかを作ることだ。きみたちには人が少しでも金を払うようなプロダクトを作ろうとしてみることがいい練習になる。起業というのは辛い仕事だ。インターネット版の風俗営業みたいなものだな。しかし決して虚業ではない」

面接の終了を告げるブザーが鳴った。「それじゃ諸君には今晩連絡する」とグレアムは告げた。

グループが出ていくとグレアムはデータベースに否定的な評価を書き込んだ。「若すぎる。連中は実際の年齢にしか見えなかった。それじゃダメなんだ」

ハッカー

当初からグレアムは、メンバー全員がハッカーであるような若者のグループに好意的だった（ジャスティン・カンはエメット・シアーのようなコンピュータ科学の専攻ではなかったが独学でプログラミングをマスターし、自分で書いた立派なプログラムの例をいくつも提示することができた）。その意味で２０１１年夏学期の最終候補では「キャンパスクレド」は異色の存在だった。メンバーのうちハッカーはひとりしかいなかった。ハッカーでないメンバーはカリフォルニア大学バークレー校の学部学生だった。このチームは大学の近所の店が学生向けに実施するディスカウント・セールの情報を提供するウェブサイトを運営していた。

「サンタバーバラかね？ サンディエゴかね？ 以前はどっかそのあたりにも行ったんだろう？」

挨拶がすむとグレアムは応募書類をノートパソコンで確かめながら尋ねた。褒めているのかけなしているのか、声の調子では判断がつかなかった。

「ええ、ぼくらは以前ロサンゼルスで少し活動していました」とメンバーのひとりが答えた。グレアムは彼らが緊張しているのを見て取った。「体を動かして仕事をするというのはいいことだ」とグレアムは励ますように言った。

グレアムはカラーのプリントアウトを2枚手渡された。昨年の秋、キャンパスクレド・チームは地元のカリフォルニア大バークレー校の周辺でバーゲン情報を集め始めた。その後、デービス校、サンタクルス校、ロサンゼルス校、サンディエゴ校、南カリフォルニア大学をサービス範囲に加えた。これまでの総収入は11万７０００ドル。アクティブ・ユーザー数は延べ１万１４４６人。現在、毎週10％の割合で成長している。２月以来のトラフィックは49万１３９１ページ・ビュー。訪問回数は14万１３６４回。

「なかなかよさそうじゃないか。これだけの成績を上げたら文句は言えんな」。グレアムは珍しく興奮の色を見せてそう言った。しかしメンバーたちはもちろんそれに気づかなかった。

グルーポンやそのたぐいのクーポン共同購入型のサービスは学生向けの売り込みにほとんど成功していないのだとキャンパスクレドは説明した。

「なぜだね？」

「学生にリーチする方法を知らないのです。それに学生に適したマーケティングが全然なされていません」。彼らはキャンパスクレドのロゴを下部にあしらったショットグラスが、学生たちの人気を大いに集める景品になると発見した。また彼らは学生寮をパートナーに取り込んで、少額の寄付と引き換えにキャンパスクレドの横断幕を建物に掲示させることにも成功していた。

グレアムは興奮を隠し切れなくなっていた。「私だったら新しい大学をサービスに追加するプログラムを書くぞ。コンピュータ用じゃなく人間がテリトリー拡大の手順を実行するためのプログラムだ。そうすればアメリカの全大学をフランチャイズに入れることができる。成長は無限だ。来月さっそく実行したまえ」

キャンパスクレドのメンバーはグレアムが冗談を言っているものと思って笑った。

サム・アルトマンはいつもどおり真剣な調子で「きみたちがそれをしないのは何か理由があるのだろうか？」と尋ねた。

「ぼくたちはたいていのキャンパスで代理人が必要なんです。代理人が地元のビジネスを勧誘してサイトで宣伝するバーゲンを設定し、登録させるんです」とひとりが説明した。

アルトマンはもうひとつ重要な点に気づいた。グルーポンのような大規模なクーポン共同購入サイトではユーザーの85％が女性だ。しかしキャンパスクレドでは男女比率がほぼ同等だった。「この点の理由は？」とアルトマンは尋ねた。

「グルーポンではスパとかヘルス関連の商品を大量に売っています。われわれのところではそうしたものは扱わない」

潜在的な市場規模を尋ねられると、キャンパスクレドはためらった。あまり魅力のない数字だったのだろう。ひとりが確信のない調子で説明し始めた。「予備的な試算ですが、もし1年に100校をサービスに追加できるとすれば――」

「どうして月に100校追加していかないのだ？」グレアムは尋ねた。

「1校追加するのに数千ドルかかるんです」

「きみたちは現在黒字かね？」

「黒字です」

「私が投資するんであれば、私はきみらを即刻ベンチャー投資家のところに送り込む。資金を調達してさっそくシェア獲得に乗り出すんだ」

キャンパスクレドが部屋を出るとグレアムは上機嫌だった。「あのくらいの連中が標準だといいんだが！」

第2章　ＹＣパートナー

5つの資質——スタミナ、貧乏、根無し草性、同僚、無知

ポール・グレアムは2006年10月に書いた記事で「スタートアップの創業者になるのに最適の時期を選べといわれれば、われわれのところへの応募者で見るかぎり20代の半ばだ」と述べた。この記事はグレアムがマサチューセッツ工科大学（MIT）で「大学院に進学するか、就職するか、起業するか」と進路に迷っている学部の4年生を相手に行った講演を基にしていた。

それまでにYコンビネーターはスタートアップの「学期」を3回完了していた。グレアムはその経験から創業者が学生だと、起業して失敗しても学生に戻ればいいだけなので真剣味が足りないと感じていた。25歳だと学校に戻る安全な道はすでに閉ざされている。だからそのぐらいの年齢が起業には最適だとグレアムは主張した。スタートアップが失敗すれば、家族、友人その他誰の目にも明らかだ。だから創業者は全身全霊を傾けざるをえない。

かといって長く待ちすぎると創業者たちにはいろいろな重荷がかかってくる。30代になれば子供もいるだろうし家のローンも払わねばならない。これは25歳の創業者にくらべて明らかにハンディキャップだ。「32歳はおそらく25歳より優れたプログラマーだろうが、同時に生活コ

ストがはるかに高くなっている。25歳はスタミナ、貧乏、根無し草性、同僚、無知といった起業に必要なあらゆる利点を備えている」とグレアムは書いた。「根無し草性」というのは移動を厭わない性格のことで、もし創業者がシリコンバレーの近くに住んでいない場合は重要な資質となる。創業者は気軽にシリコンバレーに引っ越してくることができなければならない。

ジャスティン・カンとエメット・シアーがYCの最初の学期を通じて創立したキコを例にしてグレアムはこの点を強調する。カンとシアーにはグレアムの知るかぎり引っ越しの障害となるような恋愛関係はなかったし、持ち物といったら車1台に全部積み込める程度だった。グレアムのメールを受け取るや否や彼らはシリコンバレーに向けて車を走らせた。だから所有物が車1台分くらいしかないか、あるいはそもそも持っていく価値がないようなものばかりというのが「根無し草性」だ。

グレアムが「同僚」と呼ぶのは大学で親しくなった同級生を意味している。彼らは共同創業者の候補だ。そして「無知」。グレアムはわざと挑発的な言葉を選んだと認める。幸いにもスタートアップにまつわる苦難を深く認識していないことを指す。どんな苦難が待ち構えているか知っていたら誰も創業者にはなるまい(1)。

「ラーメンが食える程度の収益性」というのはスタートアップの成功についてグレアムが有名にした表現だ。この言葉は、スタートアップについて、創業者たちがやっと生活できる程度の利益が上がっている状態を指す(2)。もちろんラーメンを食べられる程度の生活水準が前提だ。

グレアムはスタートアップ創業者の生活がどんなものであるか、Yコンビネーターを始める前の1995年から1998年までの3年間の経験から知っている。グレアムの場合はさいわいハッピーエンドだった。彼は自分のスタートアップ「ヴィアウェブ」をヤフーに売り、二度とあくせく働かずにすむ程度の財産を得た。しかし多くのシリコンバレーの起業家とは違い、グレアムはさらにスタートアップを作ってもう一度、運を試そうとはしなかった。ひとつにはスタートアップの生活をいやというほど経験したためであり、また得られた財産がモチベーションを下げたためでもあった(3)。それでも2回ほどスタートアップを起業する寸前までいったことがあった。しかし2回ともそうはしなかった。「貧乏というムチを当てられているのでなければスタートアップのストレスに耐える気にはなれないとわかっていたんだ」と彼は説明する(4)。

ポール・グレアムのスタートアップ時代

1995年にスタートアップの創業者となる直前、ポール・グレアムは、後に彼が創業者として25歳が理想的だとして挙げることになる資質をすべて備えていた。独身のハッカーであり、財産もないかわりに家のローンもなかった。稼いでいる金は生活費にぎりぎりだった。底知れぬスタミナがあった。グレアムはスタートアップ時代を振り返ってこう告白する。

「残念ながら、あの時代、私はずっとゾンビーみたいだった。ヴィアウェブをやっているころは自分の生活というものはゼロだった。誰でも知っているような有名な映画の話が出て、私がそれを全然知らない、聞いたこともないとしたら、たぶんその映画は1995年から1998年の間に公開されたんだ。当時は私は火星に住んでいるも同然だった。人間の生活ではなかった。ほとんど24時間コンピュータの前に釘付けになっていて、眠るのもコンピュータの前だった」(5)

グレアムは創業者に必要なもうひとつの資質も備えていた。無知だ。彼はスタートアップ創業者の生活がどんなものになるのかまったく予想していなかった。

なるほどいろいろな面で当時のグレアムはYCが歓迎するスタートアップ創業者の資質を備えていた——年齢以外は。彼は25歳ではなく30歳だった。グレアムはコーネル大学を出た後、ハーバードでコンピュータ科学の博士号を取得した。しかしアカデミズムにはまったく興味がなかった。当時グレアムはニューヨークに住んで画家になることを夢見ていた。生活費はフリーのソフトウェア・コンサルタントをして稼いでいた。アメリカ政府のエネルギー省やデュポン、インターリーフといった大企業がクライアントだった(6)。スタートアップを始めたのは、金を稼ぐために働かねばならないという厄介な問題にケリをつけてやろうという考えからだった。

グレアムは当時ハーバードのコンピュータ科学科の大学院生だった親友のロバート・モリスを事業にひっぱりこんだ。モリスは29歳で、7年前にあるコンピュータ・プログラミングの実験が失敗して大事件に発展するという不運に見まわれ、博士号を取るのが遅れていた。彼はもともとハーバードではなくコーネルの大学院でコンピュータ科学を学んでいた。しかし１９８８年にコーネルに入学した最初の月にモリスはＵＮＩＸの短いコードを書いた。それは自分自身を複製するプログラムで、モリスはインターネットに接続しているコンピュータの数を調べるために作った。ところがモリスのプログラムには欠陥があり、予期しているより広い範囲で複製が作成されてしまった。複製されたプロセスはそれ自身をさらに複製し、結局インターネットの相当の部分がこのプログラムのために機能を停止するという結果になった。後に「モリス・ワーム」としてコンピュータ史上に記憶されることになる大事件だった。若い学生は一躍国際的な悪名を得てしまった。刑事事件として起訴され、連邦刑務所で21カ月から27カ月の懲役を求刑された。結局保護観察処分ですんだものの、コーネルは退学処分となりハーバードの大学院で一からやり直す破目に陥った[7]。「この事件がなければモリスは30歳を迎える前に教授職に就けていたはずだ。そうなっていたら私と一緒に死に物狂いでスタートアップなんか始める必要はなかっただろう」とグレアムは後に語った[8]。

グレアムが考えついた最初のスタートアップのアイデアは画廊にオンラインストアを提供す

るソフトウェアの開発だった。後になればグレアムは「アーティックス」というこのスタートアップが完全な失敗に終わった理由をいくらでも挙げることができた。第一に、当時絵のオンライン販売などということに興味を示す画廊のオーナーなどいるはずがなかった。10年後にアーティックスを回想してグレアムはこう書いた。「われわれ、つまり30歳と29歳のコンビがこういう完璧に馬鹿げたアイデアに真剣に取り組んでいたことを考えれば、20歳を少し過ぎたばかりのハッカーたちがわれわれのところに来て、絶対にビジネスになるはずがないアイデアを得々と語るのに驚いてはなるまい」

ターゲットの顧客層が絶対に欲しがらないようなプロダクトを作って懲りたふたりは、別のアイデアを考えることにした。グレアムとモリスは、ショッピングカートを装備した画廊向けのソフトウェアはほかのいろいろなスモール・ビジネス向けのオンラインストアとしても利用できるのではないかと思いついた。そこで「ヴィアウェブ」というスタートアップが作られた。グレアムの友だちのジュリアン・ウェバーが株式の10%と引き換えにシード（初期創業）資金1万ドルと法務面のサービスを提供してくれた(9)。モリスのルームメイトは夏休みでケンブリッジを長く留守にしていたのでグレアムはニューヨークからモリスのアパートに移った。24時間いつでもふたりのうちどちらかが仕事をしていた。モリスは朝早く起きる。グレアムは正午ごろに起きて明け方の4時くらいに寝た。

夏が終わるころ、ヴィアウェブに取り掛かって1カ月になるのにソフトウェアがまったく完成していないことにモリスはがっかりしていた。これはもっと人手が要るということに気づいたふたりはハーバードのコンピュータ科学科でモリスの同級生だったトレバー・ブラックウェルを引き入れた。

ヴィアウェブがやっと完成したのは1996年に入ってからだった。ようやく20人ほどのユーザーがついたところで3人はニューヨークで開催されたトレードショーに出た。帰ってきてみるとアパートに置かれたサーバーはクラッシュしており、サービスは11時間もダウンしていた。ところがユーザーは誰もそのことに気づいていないようだった。ほっとすると同時にがっかりさせられる結果だった。

1996年の末になってもヴィアウェブには70人くらいのユーザーしかいなかった。これはグレアムの「成長はゆっくりでいい」という考えから来ていた。ユーザーがわずかならグレアムと創業者たちはソフトウェアの改良が簡単にできる(10)。

グレアムは他の大企業に買収してもらうことを念頭に置いてヴィアウェブを創業していた。グレアムはこの種のスタートアップは買い手を見つけられれば創業者は金持ちになれるが、見つけられなければ結局消え去っていく運命だと知っていた。

実際彼らはいくつもの買収交渉に臨んだが、いろいろな理由で不調に終わった。3年後にヤフーから5000万ドルで買収のオファーが来たとき、ヴィアウェブはほとんど資金が尽きかけていた。それまでに会社は200万ドルの資金しか使っていなかったから創業者にとっても投資家にとってもヤフーへの売却は大成功だった(11)。

創業して2カ月くらいのころ、グレアムと夕食を供にしていたモリスはヴィアウェブがうまくいくのかどうか懐疑的な意見を口にした。モリスはグレアムと賭けをした。ヴィアウェブから100万ドル以上の利益が上がったらモリスは耳にピアスをするというのだった。ロバート・モリスは金輪際、耳にピアス穴など開けそうにない男だったから、彼は会社の前途にそうとう強い懸念を抱いていたことになる。ヤフーへの売却交渉が決着し、署名がすむとグレアムとブラックウェルが両側からモリスの腕を摑んでハーバード・スクエアに引きずっていった。モリスは潔く賭けを尊重したが、グレアムは彼が店でいちばん小さいピアスを選ぶのにえらく時間をかけたと回想している。

ヤフーによる買収は1990年代後半のいわゆるドットコム・バブルの最中のことだった。ヤフーはヴィアウェブを「ヤフー・ストア」と改名した。ヴィアウェブ買収の1年後、ヤフーはブロードキャスト社を50億ドルで買収した。これによって共同創業者のマーク・キューバンは一夜にして大富豪の仲間入りをした。マーク・キューバンの財産がもともとヤフーから出ていることはグレアムをはじめ誰もがよく覚えている。

「1998年にヤフーにスタートアップを売ったというとみな、ははあん、と訳知り顔をする。どうせ空気のつまった袋みたいなくだらないものを売って何千万ドルも儲けたのだろうというのだ。しかしヴィアウェブはヤフーのために本当に大金を稼いだのだ」とグレアムはやや弁解の口調で回想する(12)。

会社の買収後、グレアムはヤフーで働くことになった。居心地の良さそうな会社という印象だった。ヤフーの創業者はスタンフォードのコンピュータ科学の大学院出身で、グレアム同様、ハッカーの価値というものをよく知っていた。「ヤフーの連中はわれわれの同類だった」とグレアムは言う。

しかしグレアムの地位はヤフーの共同創業者の直属ではなかった。グレアムはなんでも適当と思うことを自由に決断できる立場にはなかった。彼は従業員であり、上司がいた。グレアムは一日の大部分を命令に反逆したい気持ちを抑えることで過ごした。グレアムのヤフー滞在は長くは続かなかった。

ヴィアウェブのハッカーたちはそれぞれの道を選んだ。モリスは昔からの希望どおりアカデミズムに戻り、MITで教職に就いた。ブラックウェルはスタートアップの生活が気に入り、2001年にカリフォルニアで「エニボッツ」というロボット・メーカーのスタートアップを創業した。ヤフーにヴィアウェブを売ってから7年後、グレアムはYコンビネーターのアイデアを思いついた。これは投資事業であると同時に、ヴィアウェブの創業者トリオがまた一緒に働ける機会を作ることでもあった。グレアムが10万ドルを出資し、フルタイムで働く(13)。モリスとブラックウェルはそれぞれ5万ドルを出資して、年2回投資先を決定するために助言する。そしてさらにもうひとりの創業パートナーが加えられた。ジェシカ・リビングストンは、ボストンの投資銀行を辞めてYCにフルタイムで加わった。グレアムとリビングストンはロマンティックな関係を育み、やがて結婚することになる。YCは創業者たちの私生活も結びつけた。

2005年4月、グレアムはYコンビネーターの発足と「夏季創業者プログラム」という最初の学期の参加者募集開始を告知した。その中でグレアムは聞く耳をもたない画廊のオーナー相手に閉ざされたドアに頭をぶつけて苦しんでいたアーティックス時代を回想している。そして、会社というものは顧客が実際に望むものを提供しなければ成功できないという重要な教訓を学ぶ前に時間や金（グレアムたちの金）を無駄にしないですむようYCを発足させたと述べた。「YCに集まる創業者たちがアーティックスがおかしたような失敗の段階を飛ばして先に進めるなら誰にとっても好都合なはずだ」とグレアムは書いた(14)。

それには、顧客が現実に必要としているようなプロダクトを開発したか、もっと確実なのは、そうしたプロダクトからすでに収益を上げているような応募者を集めることだ。ただしYCの投ずる数千ドルという資金はすでに収益を上げている将来有望なスタートアップに対してはあまりにも少額すぎた。この問題はふたりの投資家、ユリ・ミルナーとロン・コンウェイの登場によって解決された。彼らは素晴らしい好条件でYCのすべてのスタートアップに対して投資をするともちかけてきた。当初グレアムは大いに驚いたが、すぐにわれに返って受け入れた。

2011年の冬学期の最中、YCはそれまでで最大のシステムの変更を発表した。すべてのスタートアップに対して転換社債の形で15万ドルが投資される。このうち10万ドルはミルナーから、5万ドルはコンウェイから供給される。このベンチャー資金は「スタートファンド」と名づけられた。

シード資金の投資にあたって、転換社債という方法には投資時点でのスタートアップの企業価値を決めるという厄介な問題に直面せずにすむ大きなメリットがあった。これは基本的にはスタートアップに対する貸付金だった。もしスタートアップが成功を収めてベンチャーキャピタルからの資金を受け入れることになれば、債権はそのときの企業評価額によって株式に転換される。投資家にとっては非常にハイリスクの投資ではある。スタートアップが新たな投資家を見つけることができず、転換社債によって供給されたキャッシュを使い果たしてしまえば返還は不可能になる。

そこで転換社債による投資はYC自身の投資とは別個に行われることになり、スタートファンドの投資を受け入れるかどうかは創業者の判断に任されることになった。しかし2011年冬学期のスタートアップは全チームが15万ドルの追加資金を受け入れることを決めた。簡単にいえばスタートファンドはルーレットのすべての数字にチップを置くことによって、将来どれかの数字に大当たりが出てすべての投資を取り返し、さらに利益が出るはずだと判断したわけだ。

2011年夏学期の応募者はスタートファンドからの15万ドルの追加投資が受けられる可能

性を応募の時点で知った最初のグループになった。スタートファンドが毎年同じように投資を繰り返す保証はなかったが、投資業界は毎年大幅に戦略を変えることを好まない。だから2011年冬学期に提供されたようなプレゼントが夏学期にも繰り返される可能性は大いにあった。

ゴールドラッシュではツルハシを売れ

共同創業者たちが30代で既婚、小さい子供がいて、家のローンも払っていかねばならないとしたら、ポール・グレアムとロバート・モリスがアーティックスとヴィアウェブを創業したときよりずっと大きなハンディを負うことになる。創業者ふたりに5歳を頭に合計5人の子供があり、妻は専業主婦だったらフルタイムの安定した仕事を投げ捨ててスタートアップの生活に飛び込むのは、ますます難しくなる(15)。おまけに住んでいる場所もシリコンバレーを遠く離れたアラバマ州バーミンガムというのがジェイソン・マッケイとベン・ウィロスディックの環境だった。こんな条件ではYCの面接にこぎつける可能性が低いことはわかっていたから、本気で応募の準備をすべきかどうか最後まで迷ったほどだった。

応募には非常にたくさんの項目からなるアンケートに答えるほかに1分間の自己紹介ビデオが必要だった。しかしウィロスディックは根が楽天的にできていたので、ともかく挑戦してみることにした。マッケイはどちらかというと悲観論者だったから、一緒にチームを組むよう説得するのにウィロスディックは骨を折った。マッケイには苦い思い出があった。まだ大学生だった２０００年にサピエントの就職面接を受けたことがあった。サピエントはテクノロジー系企業を顧客に急速に成長しているコンサルティング会社だった。面接を受けられることになってマッケイはニューヨークに飛んだ。しかし喜びはつかの間だった。面接会場についてみると、他の候補者たちのほとんどは東部名門校の出身だった。「どこの大学だい？」とマッケイは繰り返し尋ねられた。「オーバーン」と答えると必ず「どこの州にあるんだ？」と尋ねられた。友好的な候補者もいたがハーバードの学生のひとりは我慢がならないほどわざとらしくへりくだった態度を見せた。だがマッケイの予想とは逆の結果になった。ハーバードの嫌なやつは落ち、オーバーンのマッケイが採用された。

２０１１年にマッケイとウィロスディック（彼もオーバーンのＯＢだった）は自分たちの経歴が最近スタンフォードを出た20代半ばの若者という理想の創業者像からだいぶ遠いことは知っていた。それならそれで、ＹＣの面接にこぎつけるだけでもたいしたものだと彼らは思った。

ふたりは順調に成長中のソフトウエア・ビジネスを運営していた。彼らのスタートアップはモンゴＤＢという割合新しいドキュメント指向のデータベースシステムを企業内のサーバーやクラウド上に構築する手助けをするプロダクトを提供していた。モンゴＤＢのソフトウエアは10ジェンという別の企業が提供していた。10ジェンはデータベースシステムそのものはオープンソースで無償で提供し、関連するコンサルティングとトレーニングで収益を上げていた。

マッケイとウィロスディックはデータベース運用者向けに、モンゴDBを自社のサーバーにインストールせずにクラウド上で利用できるようにするサービスを提供していた。このビジネスのアイデアは、モンゴDBデータベースをセットアップし、メンテナンスするという面倒な仕事を誰か他の人間がやってくれないものかというコンサルタント時代のクライアントたちの切実な願望にもとづいていた。ただし、当初の10ジェンのサービスではモンゴDBはクライアントのサーバーにインストールすることになっており、クラウドでホスティングすることは含まれていなかった。なぜなら、モンゴDBをクラウドで運用してくれるサービスは存在しなかったからだ。そこでマッケイとウィルスディックはそれを自分たちで開発することにした。他のデベロッパーの中にはたぶん、自分たちと同様、そうしたサービスを必要としているものもいるのではないかと考えたのだった。そうであればちょっとした内職になるかもしれない。そこでどういうソフトウェアを対象にしているか一目瞭然となるように、ふたりは会社を「モンゴHQ」と名づけた。ふたりには昼間、本業があったので、モンゴHQの開発に当てられるのは晩と明け方だけだった。

ふたりはその数カ月前にクリス・ディクソンが書いた「ゴールドラッシュではツルハシを売れ」というブログ記事に大いに感銘を受けていた。ディクソンは著名なシード投資家で、ニューヨークを本拠としていたが、シリコンバレーでも尊敬されていた(16)。この記事は1849年のカリフォルニア州のゴールドラッシュでもっとも大きな成功を収めた実業家たちは自身で金を採掘したのではなく、ジーンズを発明したリーバイ・ストラウスのように、掘削者たちに必需品を売った人々だった。ディクソンは「現代でも最新のテクノロジーを利用しようとする起業家は同様の選択を迫られる。一般ユーザー向けにプロダクトを提供するか（自身で金を採掘する）か、一般ユーザー向けにプロダクトを開発しているデベロッパー向けにソフトウェア・ツールを売るか（ツルハシを売る）か、だ」と書いた。ディクソンはその記事でYコンビネーターのもっとも成功した卒業生ヘロクは他のソフトウェア開発企業向けにクラウド・サービスを提供する会社だ、こうしたソフトウェア・ツールこそデジタル時代のツルハシなのだと主張していた。ヘロクはYCで誕生した後わずか3年でセールスフォース・ドットコムに2億ドルのキャッシュで買収された(17)。

モンゴHQの創業者たちはYCへの応募書類でディクソンの記事を引用し、「われわれはゴールドラッシュでツルハシを売る計画だ」と宣言した。

「創業者同士はいつ、どのようなきっかけで知り合ったか？」という質問には、10年前に知り合い、その後ずっと一緒に仕事をしてきただけあって「われわれは知り合いによく『あのふたりは仕事に関するかぎり結婚しているようなものだ』と言われる。どちらが夫で妻かはわからないが」と余裕を持って答えることができた。

ふたりはまたモンゴHQの現状について「アカウント数は5100、平均して月5500ドルの安定した売上がある。ユーザーベースは月16％で成長中」と報告した。マッケイとウィロスディックは、自分たちが平均的応募者に比べていかに図抜けた地位にいるかまったく気づいていなかった。平均的応募者は、ニーズの有無も頭の中にしかなくてひとりよがりなら、解決法も検証されていない。長年のデベロッパーとしての経験のおかげでもあったろうが、マッケイとウィロスディックはもっとも成功の可能性の高い市場を選ぶことに成功していた。つまりプロが自らの経験にもとづいて高い必要性があることを知った分野である。

ヘロクはウェブサイト上のプログラムをクラウドで動作させるサービスだった（当初は言語にRubyを採用したが、その後サポートする言語の種類を増やした）。モンゴHQはヘロクを補完するサービスだ。ヘロク上のプログラムが必要とするデータベースを同じくクラウド上で提供する。モンゴHQはヘロクとの間で料金分配契約を結んでいた。ヘロクのユーザーに対してモンゴHQが運営するモンゴDBデータベースを有料で提供するオプションだ。

マッケイとウィロスディックはこのヘロクとの契約がYCへの応募にあたって非常に大きな意味を持つことを知らなかった。ヘロクの共同創業者のひとり、アダム・ウィンギンズはポール・グレアムにモンゴHQの創業者たちを非常に高く評価していると話したのだ。モンゴHQの創業者たちは自分たちをアラバマの無名の起業家と考えていたが、実は面接室に入る前に最高レベルの推薦を受けていたのだった。

モンゴHQ

モンゴHQチームはその日の最初の面接だった。ジェシカ・リビングストンがマッケイとウィロスディックを部屋に案内した。握手が交わされ、全員が腰を下ろした。「オーケー」以外に余計な挨拶や前置きを一切言わないのがポール・グレアムの特徴だ。彼はさっそく応募書類からモンゴHQのアカウント数を読み上げた。マッケイはアカウント数は現在さらに増えていることを指摘し、情報をアップデートした。

「そりゃいい！　応募のときより増えていなくちゃウソだ」とグレアムは言って笑った。グレアムはモンゴHQに強力な推薦があったことを明らかにした。「アダム・ウィンギンズはきみらのことを高く買っている」

マッケイはモンゴHQとヘロクとの提携ではウィンギンズと気持ちのよい仕事ができた、現在モンゴHQのアカウントの30％がヘロクから来ていると語った。

「ヘロクの連中は新しいビジョンを持っている。すべてがサービス化していくというビジョンだ。つまり、データベースはこれまでアプリケーションであって、サービスにはなっていなかった」

トレバー・ブラックウェルがやや厳しい調子で尋ねた。「このサービスの必要性はどこにあるのかな？　ユーザーはなぜモンゴDBを自分でセットアップしないんだろう？」

「データベースの設定自体はそれほど難しくありません。その後が問題になる。ヘロクも同じことです。ウェブサイトをサーバーに設定するのは簡単だ。しかしいったん設定したらその後ずっと管理を続けなければならない。トラフィックが増えたらサーバーを増やす、運用状況をモニターする、その他無数の管理業務がある。サイトの反応が遅くなってきたら午前3時だろうと誰かが起きていって対処しなければならない。そういうことをあなたはやりたいですか?」とウィロスディックは尋ねた。

「で、きみらがそれをやる?」とグレアムが尋ね返した。

「もちろんです」とウィロスディックが請け合った。

「本当に3時に起きるのかね?」

「緊急事態だという電話がかかって来るんですよ」とマッケイ。

モンゴHQは自身でサーバーを所有したり管理したりしていなかった。処理はすべてアマゾンのEC2クラウド・コンピューティング・サービス上にあった。アマゾンのデベロッパー向けサービスはその週に珍しくダウンを経験していた。

「今週のアマゾンのダウンではひどい目に遭ったんじゃ?」とブラックウェルが尋ねた。

「そうですね」とマッケイは認めたが、同時にグラフを印刷した紙を取り出した。「これを見てください。われわれの成長ぶりです」。赤い折れ線は新たに追加されたデータベースの数を示し、青い線は定期契約ベースの売上高を表しています」。いずれの線も快調に右肩上がりだった。

グレアムは創業者たちが出ていってドアが閉まるまで反応を我慢していた。「こんなに簡単にうまくやれた例は珍しい。いや——もちろん、失敗するのは簡単なんだが」とグレアムはつぶやいた。

アラバマ州バーミンガムから来た30代のふたりはYCへの参加を承認された。

第3章　シリコンバレーに来い

キックオフ・ミーティング

6日間の最終候補面接が行われ、参加者への通知と意志確認がすんだ翌日、4月30日の午前中にポール・グレアムは参加が決まった100人前後の創業者を前にスピーチをした。スピーチはYCのメインホールで行われたが、学期参加者の全員を収容するには狭すぎた。実は面接はあと2日残っていて、その分の参加者にはまた別にキックオフのスピーチが行われる予定だった。YCは急速に成長したために現在のオフィスが手狭になっていた。来月、実際に学期が始まる前に、全員を集めた夕食会のスペースを作るために仕切り壁をいくつか取り壊す予定になっていた。しかし今のところは全参加者の4分の3を収容するのが限界だった。

面接のときにはポール・グレアムはテーブルの向こうに座っており、創業者に特別の挨拶はしなかった。その役はジェシカ・リビングストンが受け持っていた。彼女はメインロビーで待っている創業者たちを面接室に案内し、その都度1キロワットの微笑を全員に投げかけるのだった。リビングストンはチームを案内してくると、代表者の名前を告げた。こうして社交的儀礼を免除されたグレアムは前置きになしにただちに質問を始めるのだった。グレアムの質問の内容、また声の調子は非常に鋭く、疑い深いものだった。

しかしこの日、参加者の前に立ったポール・グレアムはずっと温和な雰囲気で、ショートパンツにサンダル履きというハッカーの好むいでたちだった。もう少し気温が下がったらスウェットシャツを羽織ったかもしれないが、グレアムはショートパンツにサンダルがお気に入りだ。最初のスピーチでもグレアムはその場をなごませるジョークも決まり文句の歓迎の辞も述べなかった。

しかし攻撃的な調子は影を潜めていた。彼はノートを見て要点を確認し、少し話してからまたノートを確認するのを繰り返した。

「現在ここには48のスタートアップ・チームがいる。最後には60チーム前後になるはずだ。応募チームの総数は2000だから合格率はほぼ3%ということになる。これはまあ普通というところだろう。

きみたちはYCの13回目の学期の参加者だ。今回の選抜が終わると参加チームの総数は間違いなく300を超える。少なくともデイブ・マクルーアのところの半分は超えたな」。これはYコンビネーターの新しいライバルである500《ファイブハンドレッド》スタートアップスを指していた。デイブ・マクルーアが2010年に創立したこのスタートアップ・インキュベーターは場所もさほど遠くはなく、マウンテンビューのダウンタウンにあった。

その後、グレアムはYCパートナーたちと創業者たちがいつでも助言を求めることができる弁護士を紹介した。それからグレアムは創業者たちへの助言に移った。

「まず一般的に言って、失敗を隠すな。きみたちがどんな失敗をしたって金を返せとは言わん」

グレアムはほとんど冗談のような気軽な調子でこれを口にしたが、創業者たちにとっては安心できる情報だった。安心した創業者たちが軽い笑い声を立てた。

「前の学期の参加者にスタートファンドから15万ドルが投資されたが、今期も引き続き投資が受けられることになった。条件には多少の変更があるが、依然として創業者に好意的な内容の投資であることに変わりはない。これを受けないというのはバカということだ。

そしてなにより、創業者諸君はまずデモ・デーに集中しなければならない。デモ・デーは諸君の評判を一挙に広める最大のチャンスだ。今この瞬間からデモ・デーまでの間にきみたちがすることがすべてデモ・デーでのパフォーマンスに影響する。いいな。デモ・デーがすんでしまえばその後で何をやってみても意味はない」

グレアムの助言は続く。

「毎週火曜日の夕食会への出席は義務ではない。創業者諸君の義務はベイ・エリア（サンフランシスコ湾周辺）に住むことだけだ。他の投資家と違って、われわれは諸君に何も強制はしない。だからきみたちには、できればこのYコンビネーターのあるマウンテンビューの近くに住んでいただけないものかとお願いしておく」

シリコンバレーの真ん中は若者が住むのには退屈な場所だとグレアムはよく承知していた。

しかしグレアムはこう続けた。

「諸君がサンフランシスコあたりに住むなら、ここまで来るのに1時間以上車を走らせなければならない。そうなるとこのあたりで起きていることのいくぶんかを見逃す危険性が出てくる。われわれがYコンビネーターでやっていることは遊びではない。われわれの実施するプログラムにはすべて実質的な意味がある。たとえば、業界の著名人がスピーチを承諾してくれたが、都合のつく日は次の水曜しかないというようなことがある。そうなると諸君は2日続けてマウンテンビューに来なければならない。そこで諸君は仕事があるんだがと考える。シリコンバレーの奥までこれからでかけるのはおっくうだと思うかもしれない。諸君がこの近所に住んでいればそういうことで悩む必要はない。自転車にまたがればいいのだ。諸君がマウンテンビューなどに住みたくない気持ちはわかる。しかしたった3カ月だ。3カ月我慢すれば投資を受け、サンフランシスコに住んで、ヒップなライフスタイルに戻れるんだ」

市場がきみたちをクビにする

また、グレアムは、Yコンビネーターのパートナーたちは創業者にうるさくつきまとって失敗しないように行動を監視することはないと言った。

「きみたちの大部分はこれが最初のスタートアップだ。学校やら会社やらの経験から、きみたちは何かヘマをするたびに小言を言われることにいわば慣れてしまっているだろう。期日までに仕事ができないと上司に『おい、遅れているぞ』と叱られる。そのままいつまでも仕事が終わらなければ最後にはクビにされるかもしれない。しかしわれわれはきみたちをクビにはしない。しかし市場がきみたちをクビにする。きみたちの仕事がつまらなくても、私はきみらの後を追い掛け回して、『こんなつまらん仕事、いいかげんにしろ』と叱ったりはしない」

創業者たちから笑いが上がった。

「実は過去にはイライラして口うるさくしたことがないではない。しかし何の役にも立たなかった。まずい仕事をする人間はいつまでたってもまずい仕事をし続ける。泳ぎを覚えられるか、それとも溺れるか、だ。われわれはきみたちを手助けする。きみたちが望むならわれわれは喜んで手助けする。しかしきみたちがどこか見当はずれな方角にさまよい出てしまっても、われわれはきみたちの襟首をつかんで引っ張り戻したりはしない。これまでに成功したスタートアップはみな一切脇見をしないチームだった。寝る、食う、運動する以外はプログラミングしどうしだった」

ここでグレアムは「ゼンター」の例を挙げた。ゼンターはパワーポイントに似たプレゼンテーション・ソフトウェアを作ったスタートアップだった。ただしマイクロソフトのパワーポイントのようにパソコンにインストールして使うのではなく、ゼンターのプログラムはウェブサイト上にあった。ゼンターはYCの2007年冬学期の卒業生だった。「連中はこの近所にアパートを借りて一緒に住んだ。冷凍食品を山ほど買い込んで冷凍庫に詰め込み、プログラムしてちょっとテニスをし、冷凍食品を食って暮らした。そういう生活をしたんだ。たった3カ月、というか、あと何日あるにせよともかくデモ・デーの8月23日まで我慢できないはずはない」

部屋の外れからジェシカ・リビングストンが声をかけた。「全員7キロ以上痩せちゃったの！」

グレアムがゼンターを模範的な例として紹介したのはその努力が並外れていたからばかりではなかった。ゼンターは長い間、YCを卒業してから買収されるまでの最短記録を保持していた。グーグルはデモ・デーのわずか2カ月後にゼンターを買収した。そのテクノロジーはグーグル・ドキュメントのプレゼンテーション・ソフトウェアに採用された！

グレアムが手元のメモを見ながら軽い口調で挙げたある点の重要性は多くの創業者たちが聞き返すかもしれない。グレアムはこの場にいるチームの半分以上は失敗する、と告げた。「成功率が50％を超えるようだったら私としては非常にうれしい。しかしおそらくそういうことにはなるまい」

ただしグレアムが何をもって「成功」とするのかは明らかでなかった。成功とは、グレアムがヴィアウェブの売却でそうなったように、「今後金の心配をしないですむ」ようになることだろうか？それとも苦闘しながら会社を続けていくことだろうか？

YCが各スタートアップに投じる資金はごくつつましい額なので、そういう疑問が出ても無理からぬところだった。もちろんグレアムをはじめYCのパートナーたちは「欲しいのはもうひとつのドロップボックス〔のような大成功〕だけだ。他の連中はどうでもいい」などという様子は見せなかった。そもそもYCに選ばれることが難関——スピーチの最初にグレアムが指摘したようにわずか3%——であるのに、そのYCの卒業生が成功するのは同じくらいの確率の難関なのだ。もしかするとスタートアップの最終的な成功率は0・3%くらいかもしれなかった。

グレアムは過去のYCの投資の運用成績の詳細を明らかにしていないので、YC卒業生たちの成功率がどのくらい低いものなのか知るすべはなかった。

「さあ、今からスタートしたまえ」とグレアムは創業者たちに告げた。「きみたちは気づいていないかもしれないが、Yコンビネーターの学期はすでに始まっている。さあ、今までやってきたことを続けたまえ」

もうひとつの大学院

解散するまえに互いに顔見知りになっておくようにとグレアムは創業者たちに勧めた。「お互いに誰が誰だかまったくわかっていないだろう。大学の入学式の日のようなものだ。できるだけ多くの相手に自己紹介しておくとよい。この学期で友だちになれそうな相手を早く見つけるんだ」

創業者たちはみなその場でお互い自己紹介を始めたので、声がコンクリートの床にわんわんと反響した。グレアムの言うとおり、大学の初日そっくりだった。正確にいえば、大学院の初日のようだった。YCは多くの面で博士課程の最終学年に似ていた。講義の単位を取得し、口頭試問にも合格し、学生たちはいよいよ学位論文にとりかかるのだ。大学院生は教室にはあまり出て来ない。大学に来るのは自分が選んだ指導教官に助言を求めるときだけだ。図書館や実験室に閉じこもっている院生をひっぱり出すためにときおり仲間同士の社交的行事が開催される。1日24時間をどう使うかはまったく個々の学生の裁量に任される。YCに参加した創業者たちのこれから3カ月の過ごし方も基本的にそれと同じだった。

ジャーナリストはYコンビネーターを「ブートキャンプ」と呼ぶのが好きだ。しかし実態はまったくそのようなものではない。創業者たちはそれぞれの個性のままに活動する。ユニフォームや共同で参加する儀式、新米に与えられるしごき、チーム意識を高め命令に絶対服従させるための過酷な障害物競走、などといったブートキャンプ特有の要素はYCにはみじんもない。決まった課程やカリキュラムのたぐいはなにもなかった。定期的な行事は電気炊飯器とクロックポット〔電気鍋〕から供される火曜日の夕食会だけだった。夕食会の後、ゲストがオフレコの講演をする。スタートアップ時代の経験とそれから学んだ教訓が彼らの（この夏学期のゲストはたまたま全員男性だった）講演のテーマだった。夕食会の最中、またその前後には創業者たちはお互い同士でプロジェクトの進捗状況や悩みを話し合い、必要ならグレアムや他のYCパートナーの助言を仰ぐことができた。グレアムは週に一度、創業者たちを生身で1カ所に集める機会を作ることが重要だと考えていた。毎週集まってどれだけ仕事が進んだかを披露し合うとなれば、怠けていればすぐに仲間に知れて恥をかくことになる。これが大きなプレッシャーになるのだ。

グレアムとYCのパートナーは助言を与えるときは創業者たちと生身で直接対面することを絶対の条件とした。ある創業者がスカイプのビデオチャットで参加させて欲しいと申し出たとき、グレアムは承認したが、不承不承だった。「ビデオチャットなんかじゃダメなんだ。スタートアップをやるというのは生易しいことではない。直に会って話し合わなくては肝心のところが伝わらない」とグレアムは言う。

こうした直接の対話の機会を確保するために、YCは大学院からもうひとつの慣習を借りてきた。それが「オフィスアワー」だ。YCの初期の学期では参加チームの数が少なかったので、パートナーと創業者が話し合う時間はいくらでもあった。火曜日の夕方、グレアム自身がキッチンで料理を作っているところへ創業者たちがぶらりとやってきておしゃべりをするという具合だった。しかし創業者の数があまりに増えたため、グレアムはやむなく料理はプロの手に委ね、別途オフィスアワーの制度を設けた。しかしYCのオフィスアワーは大学院とは多少趣きが違っている。大学院でオフィスアワーというのは指導教官と面談できる時間帯のことだが、学生は特に予約の必要はなく飛び込みで会ってもらえる。グレアムは時間を効率的に使うために、オフィスアワーは予約のみとして、それを管理するソフトウェアを自分で書いた。創業者がシステムにログインすると、システムは自動的に空き時間を探して20分間の面談の予約を設定する。創業者たちは何度も面談を求められるし、あるいはまったく求めなくても構わない。すべて創業者たちの自主性に任されている。

2006年夏学期に参加した「ゾブニ」の共同創業者マット・ブレジナはYCがいろいろな面で大学院に似ていることに気づいた。5年後、ブレジナは「Yコンビネーター：新しい大学院」というブログ記事を書いた(1)。ブレジナはメリーランド大学の大学院を中退してメールの効率化アプリを提供するゾブニをスタートさせた。ブレジナは「グレアムがYCを運営する目的は金儲けではなく教育だ」と結論づけた。これは誇張とはいえない。大学院に通った経験のある創業者たちは、口をそろえてオフィスアワーで会ったグレアムは、大学院の教員にはめったに見られないぐらいエネルギッシュで、しかも非常に献身的な教師のように見えたと証言する。

ブレジナはYCが新たな大学院である証拠に、毎週一度の授業（火曜の夕食会）があり、学位論文（創業者たちはアプリなりサービスなりをリリースしなければならない）があり、教科書（グレアムが運営するハッカーニュースというウェブサイト）があるという。

シリコンバレーへ移転

この大学院流のやり方はYCの最初の学期のメンバーの一部を苦しめた。2006年にYCが12ほどのスタートアップに同時に投資したとき、YCのスタートアップをシリコンバレー移住させるやり方を批判する声があった。グレアムはそれに対して「もし私にアメリカ中12カ所を飛び回る時間があったとしても、ネブラスカなりどこなり今いる場所にいていいとするのはスタートアップ自身のためにならない」と反論した。

「スタートアップが集積していない場所にいることはスタートアップにとって害になる。いろいろな間接的証拠からそれは言える。シカゴなりヒューストンなりマイアミなりで成功するスタートアップの数を地域の人口比で見てみればよい。顕微鏡的に少ない。こうした都市でスタートアップが成功しにくい理由は正確にはわからない。何百もの小さい要因が重なっているのかもしれない。しかしともあれ何か原因があるのだ」(2)

創業者にシリコンバレー周辺への引っ越しを求めるというYCの投資条件に対する批判はその後次第に下火になった。ビデオチャットがいかに進歩しようと、顔を合わせての直接の会話の代わりになると信じるものはいない。これはグレアムの場合、特に言えることだった。彼は大勢の聴衆の前やウェブカメラの前にいるときとは打って変わって、一対一ないし小人数を相手したときはずっと興奮しやすくなり、はるかに雄弁になるのだった。

もしYCが誕生の地であるマサチューセッツ州ケンブリッジに留まっていたら、地元に引っ越してこいという要求にはもっと強い抵抗があったかもしれない。しかし2005年8月に最初の学期が終了するとすぐグレアムはシリコンバレーへの移転を決意した。グレアムはすぐにYコンビネーターのようなシステムのベンチャーファンドが各地に設立されるに違いないと予感した。そのうちのひとつに「われわれはシリコンバレーのYコンビネーター」と名乗るチャンスを与えるわけにはいかない！　グレアムは自分自身が「シリコンバレーのYコンビネーター」となることに決めた。そこでグレアムとリビングストンは1月から始まる次の2006年冬学期はシリコンバレーで実施しようと決めた。当時、1〜3月の冬学期はシリコンバレー、6〜8月の夏学期はケンブリッジで交互に開催する考えだった。

そこで毎週の夕食会のために学期の参加者全員を収容できる広い部屋が必要になった。しかしその部屋は毎年数カ月しか必要でない。エニボッツの創業者でCEOのトレバー・ブラックウェルがマウンテンビューの本社の中のスペースを貸してくれることになった(3)。このスペースにはドアを閉められる小さい会議室（面接用）と夕食会の料理を準備できるオープン・キッチンが付属していた。メインのスペースは天井が高く、9メートルもあるテーブルとそれに合わせたベンチを置けるほど広かった。これだけあれば次の学期には十分だった。

緑濃い大学院のキャンパスとは大違いだった。エニボッツの本社が面している通りはたまたまパイオニア・ウェイという名前だった。周辺は2本の高速道路に囲まれた三角形のわびしい軽工業地帯だった。林の中にベンチャーキャピタルの瀟洒な建物が点在するメンローパーク市のサンドヒル・ロード、そしてその隣のスタンフォード大学とショッピングセンターからは車で20分ほどの距離だった。パイオニア・ウェイが属しているのはまったく別の世界だった。YCが引っ越してきたのは工場や自動車修理工場、トレーニングジムなどの真ん中だった。周囲の建物は強情なまでに実用一点張りで、何の装飾もなかった。リーン・スタートアップにはふさわしい環境ではあった。YCはその後ケンブリッジとマウンテンビューを1期ごとに往復していたが、2009年の冬学期にグレアムとリビングストンはシリコンバレーに定住することに決めた。夏学期も冬学期もシリコンバレーで開催する(4)。

メンターはおかない

YCが創立されてから2年後、コロラド州ボウルダーにテックスターズというシード資金を提供するファンドが現れた。これがYコンビネーターに対する本格的なライバルの最初だった。テックスターズの共同創業者はデビッド・コーエン、ブラッド・フェルド、デビッド・ブラウン、ジャレド・ポリスで、2007年夏から投資を開始した。このファンドのシステムは、多数のスタートアップを一括したグループとして扱い、2万ドルというごく少額の資金を投資するなどYCと共通点が多かった(5)。彼らが投資と引き換えに要求する株式は当初5％だったが、後にYCと同率の6％に改められた。またテックスターズはYCと同様、創業者たちがテックスターズの地元に引っ越すことを要求し、プログラムの最後に投資家の前でプロダクトを披露するデモ・デーを設けていた。応募書式にはYCの申し込みに用いられているのと同じアンケート項目さえあった(6)。

しかしテックスターズがYCと違っているところもいくつかあった。テックスターズの1学期の参加チーム数は10前後とたいへん少なかった。参加者がフルタイム、パートタイムを問わずすべてのパートナーに助言を求められるYCとは違って、テックスターズの場合は投資家や経験豊富な起業家からボランティアの「メンター（指導者）」を募って、それぞれのスタートアップを担当させるという方式を取った。これはテックスターズとYCのスタンスをはっきり分けることになった。それでグレアムは「メンターを付ける」という表現を一切使わなくなった。

テックスターズ以外にも「学期」を設定して多数のスタートアップを集めて、助言を与えると同時に少額を一斉に投資するというスタイルのベンチャーファンドがアメリカの各地で生まれた。技術的な定義になるが、スタートアップにオフィス・スペースを提供する場合は「インキュベーター」と呼ばれ、そうでない場合は「アクセラレーター」と呼ばれる。しかし両者の区別はそう厳密なものではなく、ときおり混同されることもある。しかしこうしたプログラムにはもうひとつ単一拠点であるという共通点があった。シカゴのエクサレート・ラボ、ダラムのローンチボックス・デジタル、サンフランシスコのキックラボ、ダラスのテック・ワイルドキャッターズ、ピッツバーグのアルファラボ、シンシナティーのザ・ブランデリー、オースティンのキャピタル・ファクトリー、ニューヨークのNYCシードスタート、プロビデンスのベータスプリング、ソルトレーク・シティーのブーム・スタートアップなどがその例だ(7)。ただテックスターズだけはコロラド州ボウルダーの夏学期に加えて、ボストンで冬学期、ニューヨーク市で春学期、シアトルで秋学期という具合に急速に開催都市を増やした。それでも暦年の2011年にテックスターズが出資したスタートアップの総数はYCの3分の1だった。しかし複数の都市に開催場所を増やしたことでテックスターズはテクノロジー系ブログの注目をそれだけ多く引きつけることに成功した。またテックスターズは2010年に、世界のアクセラレーターに呼びかけて「グローバル・アクセラレーター・ネットワーク」を作った。YCはこのネットワークに参加しなかったし、別の場所で学期を開催することにも一切興味を示さなかった。

テックスターズは参加者に無料のオフィス・スペースを提供していたがその利用を義務づけてはいなかったので、定義からいえばインキュベーターではなくアクセラレーターだった。しかし他の9チームと共に大部屋で仕事ができることのメリットが大きかったので参加チームのほとんどはテックスターズの提供する無料スペースを利用していた。ボウルダーでの2011年夏学期の卒業生は「ものすごく集中できた」と証言する(8)。

Yコンビネーターの場合、始めから創業者たちにオフィス・スペースを提供する意図はなかった。グレアムはインキュベーターというコンセプトに非常に否定的だった。グレアムとロバート・モリスがヴィアウェブを起業したとき、ふたりは「絶対にインキュベーターからの資金は受け入れないことにする」と決めた。「オフィスの場所なら自分で見つける。資金さえ提供してくれればよい」とグレアムは後で書いた。彼はインキュベーターが提供するオフィスに閉じ込められ、息苦しい監視の下に置かれては起業家に必須の独立心が窒息させられると信じている(9)。グレアムはYCに参加する創業者を選ぶときでも自立心を重視している。

創業者もパートナーも含めてYCの全員は週の大半をばらばらに過ごす。それぞれ独立して仕事をし、集まるのはだいたい週に一度だけだ。グレアムもパートナーたちもYCのオフィスに自分の部屋を持っていない。メインホールの大きなテーブルに思い思いに陣取ってノートパソコンを広げる。Yコンビネーターはそういうわけでいちおうアクセラレーターの範疇に入る。しかしグレアムは言葉遣いにうるさく、自分たちをシード・ファンドだとあくまで主張する。

テックスターズが情報を広く公開するのに対してYコンビネーターは秘密主義だ。YCへの出資者の名前も参加者が何を開発しているのかも明らかにしない。テックスターズでは徹底した情報公開をポリシーにしており、すべての学期で参加したスタートアップの名前を公開する。

さらにそれぞれのスタートアップにどれだけの投資が行われたか、そのスタートアップが活動中か否か、買収されたか、失敗して解散したかなども報告している。一方、Yコンビネーターは各学期ともその内容をまったく公表しない。「そうすることによってまだその段階に来ていないスタートアップの情報を公開してしまうことになるからだ」とグレアムは説明する。しかしYCの卒業生の中にはドロップボックスやエアビーアンドビーのような超有名企業に成長したものも多い。ヘロクは2億ドルで買収されてセンセーションを起こした。当初はスタートアップ・ファンドのひとつにすぎなかったYコンビネーターだが、2011年の春には野心的な創業者たちの間でも「もっとも投資を受けたいシード投資家」に選ばれるまでになった(10)。

そうした野心的起業家のチームのひとつがマイケル・ドワンとJP・レンだった。ふたりはウェブ上に写真を保管し斬新な方法で整理するサービスを運営する「スナップジョイ」というスタートアップの共同創業者だ。ふたりは20代半ばのハッカーで、2011年夏にボウルダーで開催されるテックスターズの学期に参加を承認された。ふたりはボウルダーが好きでそこに引っ越してきたところだったから喜ぶべきだった。しかしいくらボウルダーが好きでも、テックスターズのカリキュラムは好きになれそうもなかった。彼らの見たところではテックスターズで過ごす3カ月のうち、最初1カ月はメンターとの話し合い、最後の1カ月は投資家への売り込みに充てられ、実際のプロダクトのためにフルタイムで開発ができるのは真ん中の1カ月しかないようだった。

スナップジョイは何千枚もの写真の管理ができるサービスを目指していた。ユーザーが撮ってハードディスクに貯めこんでいる写真すべてをアップロードして管理できるようにするのが目標だった。「それならピカサがあるだろう?」とテックスターズのパートナーのひとりが面接のときに尋ねてきた。「ピカサを打倒するつもりですよ。フリッカーもアイフォトも」とドワンは答えた。テックスターズの面接委員たちはドワンのチームの野心に面食らっているようにドワンには思えた。

スナップジョイ・チームは面接で「誰がCEOなのか?」と尋ねられたことにも少々苛立たせられた。CEOだって? われわれふたりしかいないのに今からそんなヒエラルキーを作ってどうするつもりだろう?「そんなことをしなきゃならない理由がわかりませんでしたね」とドワンは当時を振り返って言う。

テックスターズの夏学期の募集はYコンビネーターより早い時期始まっていたので、双方に応募したチームはYコンビネーターの合否が決まる前にテックスターズに参加するかどうか決めねばならなかった。テックスターズの選考に合格し、48時間以内に受諾か否かを決めねばならない立場に立たされてドワンとレンは悩んだ。YCの面接には呼ばれていたが、それは何週間も先だった。そこでふたりはYCに頼んですぐに面接してもらう手はずを整え、サンフランシスコに飛んだ。スナップジョイは即決でYCに参加を許された。

その夏、マイケル・ドワンは妻を連れてシリコンバレーにやってきた。しかし彼女は創業者ではなかったから傍観者で、いわばスタートアップ・ウィドウになりそうだった。レンの恋人はボウルダーに留まることを選んだので、レンは単身で参加することになった。しかし正しい選択をしたかどうかについてのふたりの不安は、初顔合わせでグレアムのスピーチを数分聞いただけで解消された。グレアムは「きみたちがプロダクトの開発以外のことに気を散らすならそれは時間を無駄にしているのだ」と言った。

ドワンはレンを見返って笑った。それこそ彼らがYコンビネーターを選んだ理由だったからだ。

第4章　女性起業家はなぜ少ない

160人中ふたり

スタートアップはほとんどあらゆる面で質的に大企業に優っているというのがポール・グレアムの信念だ。スタートアップの利点は、たとえば社員の採用に表れる。スタートアップでは創業者はお互いを選び、その後の社員の採用は純然たる能力主義に基づくことが可能だ。

スタートアップが有利な点は、さまざまな差別禁止措置が起業の際には適用されないことだ。たとえばスタートアップの起業家は小さい子供のいる女性や近く子供をつくる予定の女性を仲間に加えないことができる。しかし通常の企業の場合、応募者に近く子供をつくる予定があるかどうか尋ねることは禁止されている。信じがたいことだが、現行のアメリカの法律では、採用にあたって知能を考慮することも差別に当たるのだ。しかし起業の際にはどんな条件で創業者を選ぼうと差別にはならない(1)。

グレアムは2005年3月にハーバードのコンピュータ・クラブで講演したときにこのテー

マを取り上げた。彼は自分に子供がおらず、現役を引退したスタートアップ創業者であるというところから話をした（実はその夜、講演の後でグレアムは現役に復帰してYコンビネーターを創業しようと決心した）。

この講演はその後、YCの参加者の選択にあたってグレアム自身が差別をしている証拠としてYCの批判者によって繰り返し引用されることになった。批判者はこの講演と後にグレアムが書いたYCの参加者の選択基準を差別的だと非難した。そもそもYCの学期の参加者はほとんどが男性だ――批判者はこれだけで差別がある十分な証拠だと主張した。

YCの女性パートナーであるジェシカ・リビングストンは、YCの創業者に女性が少ないのは、そもそもテクノロジー分野で起業家になろうとする女性ががっかりするほど少ないからだと主張する。リビングストンはその事情をよく理解している。彼女はYCを創業する前から、『Founders at Work 33のスタートアップストーリー』（アスキー・メディアワークス）の執筆に取り掛かっていた。この本で取り上げた成功したソフトウェア創業者の中で女性はたった3人しかいなかった。フリッカーのカトリーナ・フェイク、オープン・システムズとハマー・ウィンブラッドのアン・ウィンブラッド、シックス・アパートのミーナ・トロットだ。

YCは応募者に性別も（もちろん人種も）質問しないので正確な男女比はわからない。しかし、通算11回目となる2011年の冬学期までのトータルで女性創業者は4％程度だろうとリビングストンは概算する。ところが2011年の夏学期になると異変が起きた。160人の全創業者のうち、今までの平均なら6、7人が女性であるべきだった。ところがこの学期では女性はふたりしかいなかったのだ。160人中ふたりというのは1%をわずかに超えるだけだ。

ひとりはエリザベス・アイオンズ、「サイエンス・エクスチェンジ」というスタートアップの代表だった。この会社は大学の科学者たちに実験外注の市場を提供しようとしていた。つまり特定の分野の研究をしているが必要な実験設備のない科学者グループを、設備があって実験を受注する用意がある科学者グループに仲介するというサービスである。

ソフトウェア・スタートアップの世界では創業者は「エンジニア」と「それ以外」に二分される。エンジニアとはコードを書く人間で、コードを書かない人間は「それ以外」だ。YCが選ぶ創業者は、非常にというか、ほとんど完全にエンジニアに偏っていた。しかしサイエンス・エクスチェンジのアイオンズは例外的だった。彼女は博士号を持っていたがプログラマーではなかった。学位は生物学で専門は乳がんの研究だった。アイオンズはハッカーではなかった。後のふたりの共同創業者、夫のダン・ノックスはハッカーでライアン・アボットはマーケティングのプロだったが、彼女はどちらでもなかった。

もうひとりの女性は「アドポップ・メディア」の共同創業者、インイン・ウーだった。この会社はビデオの制作者と広告主に対して、製品やブランド名を映像中に斬新な手法で表示できるようにするソフトウェアを提供しようとしていた。アドポップはスタンフォード大学の人工知能ラボで進められていた研究をベースにしていた。ウーと共同創業者のシャザド・モハメド、シュウェン・カオは3人ともハッカーだった。

YCに応募したときアドポップの創業者たちはスタンフォード大学の4年生で最後の単位を取るために講義に出ていた。YCの夏学期は卒業試験の前に始まったが、その困難は睡眠を削ることで乗り越えた。

テキサス州ダラス出身のモハメドは中学生のころにプログラミングを始めた。ウーがプログラミングを始めたのはそれより遅く、ケンタッキー州ルイビルの高校に通っているときだった。高校の科学祭の催しとしてコンピュータを利用した化学のデモを行う必要があったのがきっかけだった。いったいどんなプロジェクトだったのか尋ねるとウーは「水晶結晶内での陽子のチャンネルのモデル化」だったと答えた。

ウーがスタンフォードに入学したときには生物学か化学を専攻しようと考えていた。コンピュータ科学の講義を取ったのは「二次的な興味だった」という。「コンピュータ科学は自分がいちばん熱中できるクラスだと気づきました。出された課題を終えた後でも、〈さてもっと何ができるかな?〉と思うようになりました」とウーは私に語った。

また彼女はコンピュータ科学はさまざまな分野に応用が効くことにも気づいた。やがて計算機化学の研究室に入ってみると、プログラミングができるのはウーひとりだった。研究に必要とされたのは彼女にとっては割合に単純なプログラミング技術だったが、同僚は驚嘆した。

2011年のスタンフォードの卒業生1600人のうちコンピュータ科学を専攻したのは90

人程度だった。そのうち女性は20%だった。この割合がいちおうの基準になる。若いハッカーを求めるYCとしては参加を認めるハッカーの創業者中の女性のパーセンテージも同じ程度であるべきではないのか？　なぜ参加を認められたのがインイン・ウーただひとりだったのか？

2011年の学期の男性参加者にもそういう疑問が湧いた。2回目の夕食会にはロシア人の有力ベンチャー投資家、ユリ・ミルナーがゲストに招かれ、質問を受けていた。そのときひとりの男性創業者が「なんでここには女性がいないんでしょうね？」と発言した。ミルナーは参加者の選抜にはなんら関わっていなかったのだから、もちろんこれに答えることができなかった。ホールの横に立ってジェシカ・リビングストンがその創業者に呼びかけた。「どうしてユリにそんな質問をするの？」ホールのいちばん後ろにいたグレアムがすばやく割って入ってそれに答えた。

「別に不思議ではないんだ。参加者に女性の数が少ないのはそもそも応募者に女性の数が少なかったからなんだ。最終候補に残った女性の創業者は何人かいたが、みなハッカーではなかった。ハックという習慣は13歳ごろに始まる。問題はその年頃だと男の子のほうが女の子よりコンピュータに興味を持つ傾向が強い。それとハッカーはコンビを組んで仕事をすることが多い。ところがコンビの相手はほぼ決まって同性だ」

グレアムはそれまでの経験による観察を述べた。300社以上のスタートアップが巣立っていった6年間のYCの歴史の中で、創業者がすべて女性（実際には女性コンビ）だったのはただ1社しかなかった。

女性の創業者が少ない理由

ポール・グレアムは2005年10月にYCを発足させた当初から女性の少なさについて質問を受け続けてきた。最初の学期が終わった後、グレアムは「女性が少ないのはYCに限ったことではない。テクノロジー系起業家全般において女性は少ないのだ」とエッセーに書いた。ベンチャーキャピタルが投資したスタートアップで創業者に女性が含まれるのは1・7％にすぎないという話を彼は読んでいた。「ハッカーに占める女性の割合は確かに少ない。しかしそこまで少ないわけではない。どうして創業者となるとそんなに少なくなるのだろう？ これは成功するスタートアップは創業者同士が以前から親しい友人関係にある場合が多いという事実と関係がある。親友というのはたいていの場合、同性だ。もともと女性の割合が少ないところに、さらに女性の親友のグループということとなると確率は2乗されてさらに少なくなる。つまりYCに女性創業者が少ないのは何らかの差別によるわけではなく、純然たる確率の問題なのだ」とグレアムは説明した(2)。

グレアムが反論したのと同じ「スタートアップ創業者に女性が少ないのは女性差別のせいだ」という批判が5年後にも現れ、有力テクノロジー・ブログ、テッククランチの創業編集長

（当時）マイケル・アリントンを苛立たせた。２０１０年8月に「テクノロジー界には女性が少なすぎる？」と題した記事がウォール・ストリート・ジャーナルに掲載された(3)。アリントンは「男を非難するのを止めろ」という記事を書いて強く反論した。その中でYコンビネーターが投資した女性創業者はこれまで14人しかいないと非難されていることを取り上げ、「問題は選択の過程にあるのではない。もともと起業家を目指す女性が少ないのだ。正確なところは知らされていないが、ＹＣにおける女性の合格率は男性よりはるかに高いはずだ」と述べた。

私はこう言いたい。統計的に言うなら、女性は起業家として男性よりはるかに有利だ。なぜならメディアは必死で女性起業家の記事を書きたがっているし、ベンチャーキャピタリストも死ぬほど女性起業家に投資したがっているからだ。だから女性差別などという見当はずれな方角へ非難の矛先を向けるのは無意味だ(4)。

２０１１年夏学期の参加者選抜過程を部外者として詳しく観察した体験から言うと、ＹＣは女性起業家を優遇もしていないし、逆に女性だからといって不利な扱いもしていない。ポール・グレアムも他のパートナーも選抜にあたってはテクノロジー的背景のみを考慮し、人種や性別による差別をしないことを固く信条としている。インイン・ウーは非常に優秀なハッカーだ。以上。ウーの参加を決めた要因はそれだけで、なんらかの差別撤廃措置の恩恵に与ったわけではない（ちなみに、ウーがハッカーになった時期は割合遅かったが、計算機化学という経路はかなり異例であるにせよ、彼女は高校を出た後でも女性がハッカーになれる可能性があることを示す実例だ）。

「シード資金の段階での投資では、アイデアよりも創業者の人物が重要だ。一般に言って女性のほうが男性より人物を見る目は優れている」とグレアムは言う。グレアムは自分の人を見る目はごく普通だが、妻のジェシカ・リビングストンには投資の決定にあたって相手の人物の適性を非常に素早く見抜く完璧な能力があるという。

これまでのベンチャーキャピタルにはアメリカ名門大学の学生寮のような雰囲気があった。ただしベンチャーキャピタルはもっと大人向けで、男性専用エリート社交クラブ的だ。ＹＣにはそういう雰囲気はない。これはわれわれの強みのひとつだ。男たちだけで固まっていると、ときに非常に愚かしい振る舞いに走ることがある。決断を性急にしたがるからだ。お互いに強く見せたいという見栄を張る。男性と女性の視点がバランスよく混じっていることがＹＣに思慮深さを加えていると思う。

ジェシカ・リビングストンから女性起業家へのメッセージ

２０１１年の夏学期の募集が始まる前、ジェシカ・リビングストンは自分の個人ブログに「なぜ女性はスタートアップの創業者になろうとしないのか?」という長い記事を発表した。より多くの女性に起業家の道を歩んでもらおうとするのがこの記事の目的だった。リビングストンによれば、別にすべての女性がスタートアップを創業することを考える必要はないという。リビングストンはこのエッセーで特に25歳の女性を相手に語っている。彼女自身、15年前には英文学を専攻して大学を卒業し、ニューヨーク市で金融関係の退屈な職に就いていた25歳の女性であった。「私はいくらでも時間の余裕がある時代にプログラミングを勉強していたらよかったのにと後悔した。みなさんにはコンピュータ・プログラミングの講義を取るか、誰か教えてくれる友だちを探すことをお勧めしたい。仮にあなた自身がそれほど上達しなくても、プログラミングがもっと身近に感じられ、コンピュータを恐れる気持ちが薄れるだろう」と彼女は書いた。

リビングストンはスタートアップについて学ぶにはいろいろな記事や本を読み、経験者から話を聞くのがよく、自分自身がハッカーでない場合はテクノロジーに強い共同創業者を探すようにと勧める。この最後の部分はリビングストン自身には難しい仕事だった。英文科卒ではプログラマーの知り合いは誰もいなかった。またローンに苦しむことにならないよう収入以上に生活水準を上げてはならない。贅沢をやめて貯金をし、パートタイムでスタートアップを起業すればよい。たとえば週末をそれに充て、自分が起業家の生活に向いているかを確かめるのはよい考えだ。

また起業家たらんとするなら売り込みが拒絶されることに慣れる必要がある。「あなたが踏み込む世界では乱暴に拒絶されることが日常茶飯事だ。それをいちいち個人的な侮辱と受け取っていては本来の仕事に集中できなくなってしまう。また差別にも心を動かされないように準備する必要がある。過去にそうだったし、今でもあるいは多少その傾向が残っているかもしれない。女性に偏見を持つ投資家が存在する。この偏見は無意識の場合も多い。投資家たちが現在思い描く理想的な創業者はほとんどが男性だ。しかしスタートアップを始めるために必要な資金は、最近劇的に低下している」とリビングストンは楽観的な結論でしめくくった。彼女が25歳のときにスタートアップを始めようという考えさえ抱くことを妨げた主要なハードルは起業の資金だった(5)。

ストイックな生活に耐える

2005年夏のYCの最初の学期の参加者は全員男性だった。2011年夏学期の160人の創業者は、ふたりの例外を除いて全員が男性だった。

数の上では状況は何も変わっていないように見える。しかしYCの参加者は20代の前半から半ばまでの若者ばかりではなくなっている。参加者の数が大幅に増えるにつれて、年齢層も自ずと多様化してきた。創業者たちは同世代同士で親しくなる傾向がある。20代半ばないしそれ以下、20代後半、30代以上（創業者のひとりは40代だった）はそれぞれ別グループを作る。同じ年齢層の中でも子供がいる創業者たちはまた別グループを作る。YCの発足当時には存在しなかったグループだ。

マウンテンビューと家族の住んでいる場所の距離によって、創業者である父親たちは自分の子供に毎日会えるものもいたが、時々しか会えないもの、学期中まったく会えないものもいた。「ペーパーリンクス」の単独の創業者、ハミルトン・チャンは妻と3人の子供に会いにほとんど毎週末、ロサンゼルスに駆け戻った。「ナウスポッツ」のカート・マッケイは妻と4人の子供が待つシカゴに数回帰った。アレクサンダー・スティグセンにも妻とふたりの小さい子供がいたが、彼はデンマーク人だったので学期中一度も家に戻らなかった。

モンゴHQの共同創業者、ジェイソン・マッケイとベン・ウィロスディックはふたりともバーミンガムの家を人に貸すことにして妻子をマウンテンビューに呼び寄せた。ふたりは合計で5歳を頭に5人の子供がいた。出費を節約するためにふたりは1軒の家を借りて共同で住むことにした。彼らの予算で借りられる家は1600平方フィート（45坪）だった。これは両家のバーミンガムの家よりはるかに狭かった。小さな庭の隅に立つ道具小屋に少し手を入れてオフイスにしたので、彼らはいかにもリーン・スタートアップらしくひどく狭いスペースで創業することになった。この狭苦しさはすぐ側の狭い家に2家族がぎゅうぎゅう詰めで住むことによっていやが上にも強調された。

「アイル50」のクリス・スタイナーの家はシカゴにあったが、彼も妻と3歳の子供を連れてシリコンバレーに引っ越してきた。やはり既婚者で1歳の子供がいる共同創業者のライリー・スコットはすでにシリコンバレーに住んでいた。この2家族もロスガトスで1軒の家を共同で借りた。3寝室しかない家だったから、1家族が1寝室を占め、デベロッパーの社員が3番目の寝室を占めた。スタイナーの義母、ふたりの姉妹、デベロッパーの婚約者も一緒に住むことになった（その夏を思い出してスタイナーは「全員ストレスレベルは危険なくらい高くなった。二度はできないね」と言う）。

モンゴHQとアイル50の創業者たちは最年長組だった。家族への配慮がスタートアップの創業とYCへの応募の決断を難しくする世代である。これに引き換え、年少組のインイン・ウーなどは、それまでスタンフォード大学の寮で1区画を3人の学生と共有していただけに、YCの夏学期のために引っ越してきた小さなアパートにひとりだけで住めるというのは居住環境の大いなる改善だった。「ぜいたくな暮らしに慣れていなくてよかった。そうだったらYCに応募してそれを諦めるのは辛かったでしょう。カフェテリアがなくなったのでカップラーメンを食べなければならなくなりましたが、これはどちらでも大差ありません」とウーは笑う。

ウーはフェイスブックをはじめとする何社かのシリコンバレーの企業からの誘いを断ってYCに応募した。高給、上場すれば巨額となるストックオプション、無料ランチなどのさまざまな福利厚生を蹴ったわけである(6)。これは彼女に1970年にスタンフォードのビン保育園で行われた「マシュマロ実験」を思い起こさせた。この実験はちいさな子供の自制能力を研究するのが目的だった。研究者は子どもにマシュマロを与え、「食べるのを我慢したらもうひとつあげる」といって部屋を出る。この実験でマシュマロを食べてしまうのを自制できた子供は概してその後大人になってもうまくやっていくことができた。ウーは「私はスタートアップを始めるためにソフトウェアの大企業でエンジニアで働く道を犠牲にしました。後でマシュマロを2個食べたかったから」と冗談を言う。

18歳19歳コンビの大学生スタートアップ

1年前、ジェシカ・マーは2010年のYCの夏学期に参加した。彼女もカリフォルニア大学バークレー校のコンピュータ科学科を卒業したばかりだった。しかしマーはウーより3歳も若く、YCにやって来たときにはわずか19歳だった。彼女はイギリスのバークシャー州にあるバード大学に高校1年のとき飛び級で入学した。その後バークレー校のコンピュータ科学に転入し、そこで同級生としてアンディー・スーに出会った。彼はマーよりさらに1歳若く、やはり飛び級の天才だった。ふたりはすぐに大学のカリキュラムとは別のプロジェクトを始めた。2009年の春、1年生が終わるころ、ふたりは「インディネロ」というスタートアップを立ち上げることを決めた。これは財務管理ソフトの大手クイッケンのクイックブックのオンライン版で、スモール・ビジネス向けのオンライン財務管理サービスを狙っていた。当時、やはり新しいスタートアップのミントが個人向けオンライン版の財務管理サービスでクイッケンから顧客を奪いつつあった。ふたりはインディネロの作動するプロトタイプを短期間で作り上げた。

後にマーは「なぜ大学1年生という早い時期に野心的なスタートアップを起業しようと考えたのか?」とポッドキャスト番組のなかで質問され、「今、目の前にチャンスがあるのに、なぜ遠い将来を計画するのにみなあれほど力を注ぎたがるのか理解できません」と答えた(7)。

次いでマーは「コンピュータ科学の分野を選ぶ女性が少ないことについてどう思うか?」と尋ねられた。彼女は普段そういうことについてはまったく気にしないのだと答えた。しかしそれに続けて、数日前、たまたまそのことを考えたことがあったが、満足のいく説明は浮かばなかったと言った。そこでマーはバークレーのコンピュータ科学科に在籍している女性たちに小さいころどんなオモチャで遊んだか、特にバービー人形で遊んだことがあるか尋ねてまわった。その結果は全員の答えがノーだった。誰もバービーで遊んだことはなかった。彼女たちの多くのお気に入りのオモチャはレゴだった。

またコンピュータ科学を選んだ女性の両親のどちらかはエンジニアであることが多かった。

これはマー自身の場合にもあてはまった。彼女の父はエンジニアで、オモチャにはレゴといろいろな科学実験セットを買ってくれた。

マーとスーのスタートアップは立ち上げとほぼ同時に資金を調達することができた。インディネロはライトスピード・ベンチャー・パートナーズの「大学生の起業したベスト・スタートアップ」の7社のひとつに選ばれ、同ファンドから3万5000ドルの小切手と無料のオフィスが提供された。その後4年生になったとき、インディネロはバークレー校のベンチャー・ラボ・コンペティションで優勝し、再び賞金のキャッシュを得た。

2010年、卒業が近づいたふたりはYCとコロラド州ボウルダーのテックスターズの双方に応募し、どちらでも最終候補に残った。しかも、同じ日に電話で双方から合格を知らされた。難しい選択をしなければならないことになった。マーはこう言う。

「テックスターズは面倒見がよくて家族的です。それに対してYCは〈きみらは好きに仕事をやれ。われわれは口を出さない〉という態度です。ただしYCは助けを求めれば助けてくれる。私はどちらのアプローチもそれぞれに良いと思います。生徒にとやかく言わない公立学校と何から何まで細かく面倒を見る私立学校の差のようなものでしょう」(8)。

マーとスーは「いちいち口を出さない」アプローチをより好ましく感じ、YCを選んだ。その学期で、マーは81人の創業者中、4人の女性のひとりだった。

インディネロの創業者たちはYCの学期が始まる前にふたりのソフトウェア・エンジニアを

採用した。学期が始まって3週間後、マーはインディネロの空気をこう説明した。「この会社は実際家族のようなものです。私たちは交代で食事を用意し、掃除をします。お互いに兄弟姉妹のような付き合いです。アジア系移民のグループならではの熱心さで働いています」(9)。YCの学期が終了した直後、インディネロは120万ドルの資金の調達に成功した。

女性のマーク・ザッカーバーグ

「女性のマーク・ザッカーバーグはどこに？」というタイトルで2011年にサンフランシスコ誌は特集を組んだ。「歴史上初めて女性の天才たちが男を圧倒している」と記事は派手にぶちあげた。「タスクラビット」の創業者、リア・バスキが主人公で、副次的に20数人の女性創業者のプロフィールが挙げられていた。その中には「フードスポッティング」の創業者、アレクサ・アンジジェエウスキー、ワン・キングズ・レーンの共同創業者、スーザン・フェルドマンとアリソン・ピンカスらに加えてジェシカ・マーも含まれていた。マーの写真のキャプションには「大学在学中に起業するのは男子学生だけというのは伝説。女子寮だってある」とあった(10)。

この記事は最初は起業にあたって女性が創業者として優秀でありシリコンバレーでもてはやされているなどと書いているものの、最後になると調子が急変して、やはり女性は会社のトップとしては男性の後塵を拝することになるようだと失望している。執筆者のE・B・ボイドは彼女の記事の中心人物として取り上げたバスキが取締役会によってCEOを解任され、部外者が後任に据えられたことに深く失望していた。しかしバスキ本人は解任を苦にしてはいないようだった。ギルト・グループ、ワン・キングズ・レーン、シルバー・テイルなどの女性創業者にも似たような運命が待っていた。ボイドは経験の浅い創業者が退いてもっと企業経営の経験を積んだものが経営に当たるのは理にかなっているのだ」と聞かされた。しかし、それならなぜ26歳のドロップボックスに似たクラウド・ストレージの創業者、アーロン・レヴィはCEOの職から追いだそうとする声を一蹴できたのだろう？　ボイドは「ぼくはずっと前から会社を作りたいと思っていた。ぼくがいちばん活動的で役に立つのは会社の運転席に座っているときだ」というレヴィの言葉を引用し、「なぜ男性は運転席に留まっていることができるのに女性は追い出されてしまうのだろうか？」と疑問を投げかけた。

性別ではない、ハッカーかどうかだ

「女性のマーク・ザッカーバーグはどこに？」という記事が発表されてから数週間過ぎたころ、ポール・グレアムはニューヨークのブルームバーグTVのスタジオでインタビューを受けた。グレアムはエミリー・チャン記者から「スタートアップにおける女性とマイノリティの割合を増やすために何をすべきだと思うか?」という質問を受けた(1)。グレアムはまず「YCの参加者の女性やマイノリティの割合はYCの応募者における割合を反映しているにすぎない」と説明した。「ルビー・オン・レイルズのプログラマーのカンファレンスでもなんでもいい。グーグルでテクノロジー系の集まりを検索して、そこに集まっている聴衆の写真を眺めてみるとよい。ほとんどは白人とアジア系の男性だ。それがプログラマーの母集団なんだ」とグレアムは言った。

「しかし同時にスタートアップの世界にも変化が起きている。単に新しいテクノロジーを追うだけではないスタートアップも増えている。たとえば〔高級アパレル通販の〕ギルト・グループもそうだ。それは創業者の男女や人種構成比にも影響してくるだろう。だから問題は少しずつ改善の方向に向かっていると思う」とグレアムは述べた。

チャンはYCが創業者を選抜するときに『リーン・スタートアップ』の著者、エリック・リースが提案している方法を採用してみてはどうかと勧めた。名前、性別その他一切の背景情報なしに選抜するという方法だ。「そうすれば別の結果が出るのではありませんか?」とチャンは主張した。

「選抜には直接会って面接するのでなければダメだ。きみたちジャーナリストも目隠しでインタビューするかね? インタビューの相手をいつも衝立の向こうに置かなきゃならなかったらずいぶんおかしなことになりはしないか?」とグレアムは反論した。

それからグレアムは以前からの持論に戻った。スタートアップの創業者、すくなくともYCが求めているようなハッカーの創業者は13歳ごろからプログラミングを始めている必要がある。「問題を解決したいというなら、そこのところから変えていかないとダメだ」とグレアムは結論づけた。

第5章　クレージーだがまとも

シリコンバレーにまさる場所はない

「私は1900年ごろに東欧からアメリカにやってきた移民になったような気がした。みんな陽気でヘルシーで金持ちなんだ。新世界だったよ」

ポール・グレアムは1998年にシリコンバレーに引っ越してきたときのカルチャーショックを回想する(1)。

グレアムは起業したヴィアウェブを1998年にヤフーに売却した後、ヤフーに短期間勤めたが、すぐにボストンに戻った。2005年にYCをスタートさせた後、しばらく夏はボストンで、冬はマウンテンビューで交互に学期を開催した。その経験からこのふたつの地域のスタートアップに対する態度は同じでないことを学んだ。シリコンバレーにまさる場所はないのだ。

アメリカの有識者は「アメリカ国民は全体として世界でもっとも起業家精神に富んでいる」と言う。グレアムはそれに強く反論する。彼の意見では、他の国に欠けているのは起業家精神ではなく、多くの創業者が集中する場所だという。そういう場所では多くの人々が起業家として成功する姿を目の前で見られるので起業へのモチベーションが大きく高まるのだ。2006年にグレアムはこう書いた。「ヨーロッパ人はアメリカ人に比べてエネルギッシュでないという人々がいる。私はそうは思わない。ヨーロッパでは人々が大胆さに欠けるなどということではなく、手本に欠けていることが問題なのだ」(2)。ヨーロッパのハッカーはスタートアップの創業者を現実に見る機会がない。これは民族性やら文化やらの問題ではない。純然たる地理的問題だ。アメリカの中であれ外であれ、シリコンバレーほどスタートアップの創業者が集中している地域は世界中にない。「なるほどスタンフォードの学生はイェールの学生より起業家になる率が高い。しかしそれは文化や性格の問題ではない。イェールの学生には見習うべき手本が少ないのだ」(3)

YC初の外国人起業家

2006年末、グレアムと3人のパートナー、リビングストン、モリス、ブラックウェルは2007年1月に開始予定の冬学期の応募者を書類審査して、ふたりの創業者チームをイギリスから面接に呼び寄せることを決めた。クルビール・タガルとハルジ・タガルは従兄弟同士で、それぞれ21歳と19歳でオックスフォードに在学していたときに「ボソ」という学生向けの案内広告サイトを起業した。BOSOという変わった名前は「オンライン売買(Buy Online, Sell Online)」の頭文字を取ったものだ。サイトは当初オックスフォードの学生だけを対象にしていた。ふたりはその後、サービスをイギリスの他の大学にも拡張していくことにした(4)。

クルビールはオックスフォードの起業家学生クラブの会長で、スタートアップを自分のフルタイムの職業にしていくことを考えていた。しかし周囲にはそれが単なる白昼夢ではなく、現実に可能だということを実証してくれるような相手はいなかった。やむなく、クルビールは卒業と同時にドイツ銀行に就職した。昼間は見習い銀行員として働き、ボソは夜に運営した。ハルジは法学部をもうじき卒業するところだったが、学校にはあまり出ずにボソの運営に力を入れていた。

毎年秋にオックスフォードのサイード・ビジネススクールは「シリコンバレーがオックスフォードに来る」というカンファレンスを開催していた。2005年のゲスト講演者には当時グーグルの幹部だったクリス・サッカやブロガーの創業者エヴァン・ウィリアムズ（後にツイッターを創業する）が含まれていた。クルビールは彼らと飲む機会があり、彼らは銀行の仕事なんか辞めてスタートアップに人生を賭けてみるべきだと励ました。

しかし銀行を辞めるのは簡単なことではなかった。クルビールは当時、研修を終えてかなりよい給料を得るようになっていた。彼は何度も辞職届を書いては破りした。最後にクルビールは上司に辞職届を出した。すると驚いたことに上司は大いに激励したうえに1万6000ポンド（3万ドル）の小切手を切って投資してくれた。

2006年に入ってすぐクルビールはフルタイムの起業家となった。ハルジも6月にオックスフォードを卒業し、フルタイムでボソに参加した。ふたりの若い創業者は2006年8月に

16万ポンド（30万ドル）という相当の資金を調達することに成功した。ふたりにとってこの資金は不可欠ではあったが、ボソを本格的に離陸させるためには資金だけでは十分ではないことも気づいていた。経験を積んだ創業者が多数いて、彼らから起業において遭遇するさまざまな困難について豊富な助言が得られるような別の環境がふたりには必要だった。クルビールはサンフランシスコに飛び、エヴァン・ウィリアムズと話した。またペイパルの共同創業者マックス・レヴチンや連続起業家のナヴァル・ラヴィカントとも会った。クルビールはイギリスに戻るとハルジに「シリコンバレーの人々との会話はロンドンの人々との会話とはとうてい比較にならないくらい役立つ」と語った。そこでふたりはシリコンバレーに引っ越すことを真剣に考え始めた。

そんなある日、ハルジはふと思いついて「スタートアップの犯す間違い」というキーワードでグーグル検索をした。すると最初の検索結果が「スタートアップをダメにする18の間違い」という記事だった。聞いたことがない筆者だったが、ポール・グレアムという名前だった(5)。ハルジはその「間違い」のリストを読み始めたが、自分とクルビールの体験に照らしていちいち頷けるものだった。ハルジは記事のリンクをクルビールに送った。すると「やっぱり向こうに移るべきじゃないか？」という返事が返ってきた(6)。

しかし、ＹＣに応募するつもりではなかった。Ｙコンビネーターが彼らに興味を持ちそうに思えなかったからだ。ＹＣはすでに3回の学期を開催していたが、求めているのはアメリカ人でハッカーの創業者だろう——彼らはどちらでもなかった(7)。しかし、いちおう2007年冬学期の申込書だけは送っておくことにした。その結果、彼らはYCで最初の外国人起業家となった。ジェシカ・リビングストンはそのインタビューを思い出して、「テクノロジー系の創業者じゃないチームに初めて投資したのがあのふたりでした。しかし彼らは独学でプログラミングを覚えたんです！　私は思わず、『あなたがたはビジネス系の学部なのに独学でプログラミングを覚えたんですって？』と聞き返してしまいました。『どんなアイデアでもいいわ、あなたがたは合格よ』と私は言いました」とリビングストンは笑う(8)。

ふたりの従兄弟同士がシリコンバレーに引っ越してきて落ち着くと、ハルジは出会う人すべてが温かく歓迎してくれるのに驚いた。ふたりはサンフランシスコでアパートを借りた。するとエヴァン・ウィリアムズが自分の会社オブヴィアス・コーポレーションのデスクをふたりに使わせてくれた。会社はアパートから歩いて数分のところにあった。オブヴィアスはこの後すぐにツイッターと改名することになる。ロンドンでは往復の通勤時間が3時間にもなっていた。

そして何より力づけられたのはシリコンバレーの人々はスタートアップを起業するのをごく普通の生き方と考えていることだった。「ここでは人々はスタートアップを生きている。スタートアップは文字通りこの地域の生き方だ」とハルジはブログに書いた。シリコンバレーに着いて最初の週に呼ばれたパーティーもハルジを驚かせた。

パーティーで出会った多くのコンサルタントたちが、ほとんど弁解するようにして、自分たちの仕事を説明するのを見て不思議な気持ちがした。われわれが起業家になるという決心を説明してきたときと同様、彼らは、なぜ今コンサルタントをするのがよいのかさまざまに正当化していた。彼らは起業家に対して引け目を感じているようだった。それを見るのはシュールな経験だった。私の経験からいって、イギリスでは、大学を出たらすぐに起業するといえば変わり者として多少なりと仲間はずれにされるおそれがある。私は、すぐに起業することが自分自身への最高の投資なのだと何度も主張しなければならなかった。ここでは逆だ。みなが起業こそ普通の生き方だと考えている。そのことに慣れるのに少々時間がかかった(9)。

ハルジはまた自分やクルビールはシリコンバレーの基準からすればイギリスでそう思われていたほど早熟ではないことに気づいた。イギリスでは政府がふたりを若い創業者のモデルケースとして鳴り物入りで宣伝していた。YCの学期が始まって2週間目にふたりはYCの最初の学期の卒業生であるレディットとキコの創業者を含む起業家たちとの夕食会に招かれた。ハルジがテーブルの周囲を見回すと、彼と同じ年頃なのにすでに2回目、3回目の起業に取り掛かっている創業者たちがいた。「そこにいる人たちに比べればぼくたちはハシゴの最初の段に足をかけただけにすぎないけれど、初めてぼくは弁護士にならずにスタートアップを始めたのは正解だったと実感しました」とハルジは言う(10)。

やがて彼はブログにこう書いた。「スタートアップの平均的な成功率の低さを考えれば、絶望的になっても不思議はない。創業者がたまたま有望なアイデアを得たとしても、スタートアップはグーグルやマイクロソフトのような巨人との競争に直面するかもしれない。しかしそんなことを気にしても仕方がない」

「そもそもスタートアップを起業しようという考えがクレージーだと思う」とハルジは私に語った。「シリコンバレーにいるのが楽しいのは、クレージーな起業家たちに取り巻かれているところです。彼らは成功の確率はとても低いことをよく知っています。それでもスタートアップを始めるのはそれがどうしてもやりたいことだからなのです」(1)

人が欲しがるものを作れ

グレアムの助言を受けて、ふたりのタガルは学生向け案内広告というボソのアイデアを諦めた。その代わり、ボソを開発する過程で出くわした問題に取り組むことにした。イーベイなどのオークション・マーケットに大量のアイテムを登録するには非常に手間がかかる。ふたりはYCの学期の間に新しいサービスを開発することにした。売り手がイーベイに簡単にアイテムを登録できるようにするソフトウェアだ。ハルジのプログラミング能力はまだほんの初歩だった。ハルジはプログラミングと本当に真剣に取り組んで、ものにする必要があった。彼は卒業試験のために夢中で詰め込み勉強をしたことを思い出した(12)。これはYコンビネーターの与える試練を乗り越え、そのファミリーの一員となるのに大いに役立った。近所に住んでいたシュリニ・パングルリはスタンフォードのコンピュータ科学科を卒業した本当のハッカーで、オラクル勤務を経て「ユーOS」というスタートアップを起業し、YCの卒業生でもあった。そのパングルリがプログラミングの個人教授を買って出てくれた。結局パングルリはユーOSはお預けにしてその夏はタガル・チームのプロジェクトをフルタイムで手伝うことになった(13)。パングルリの助けを得て、タガル・チームはイーベイ出品ツールという新しいアイデアを学期の最後にプレゼンできる程度にそこそこ作動するプロトタイプに仕上げることができた。タガル・チームはプロダクトに「オークトマティック」という新しい名前を付けることにした。学期の参加者に対するプレゼンでオークトマティックは高い評価を得た。嬉しいことに、同級生の創業者たちの投票で「もっとも有望なプロダクト」のトップ3のひとつに選ばれた(14)。

その後、マーク・ザッカーバーグをはじめフェイスブック関係者が多数出席したパーティーに出て、ハルジはシリコンバレーの経営者たちがいかに若いか、スタートアップでは年功序列がどれほど無視されているかを実感した。ハルジはオックスフォードの法学部を出て法曹界の入り口を覗いたわけだが、そこでは地位と給与は法律事務所の勤続年数によって厳格に決められていた。能力や実績はほとんど考慮されないのだった。しかしシリコンバレーではシステムがまったく違っていた。ザッカーバーグのような若者が10億ドル（2007年当時）の会社を経営しており、しかも経営はきわめて順調のようだった。

タガル・チームはシリコンバレーに来たときに最初に感じた興奮を1月から3月までのYCの学期中ずっと感じ続けた。学期が終わった後、ハルジはシリコンバレーに来たときの体験をオックスフォードに入学したときの体験になぞらえた。どちらの場合も自分がいちばん頭のいい学生だという自信を打ち砕くものだった。Yコンビネーターでふたりは自分たちと同じくらい、あるいはもっと優秀な創業者たちに囲まれていたので、ロンドン時代よりもずっと激しく努力する必要があった。ハルジたちはこれは理想的な環境だと考えた。「井の中の蛙」であってはならないのだ。イギリスではふたりは若者がスタートアップを創業したという物珍しさだけでメディアに取り上げられ、注目を集めた。まだこれという実績を上げないうちに名声がやってきた。Yコンビネーターでは彼らは多数の若い創業者たちの一員というだけだった(15)。

YCでもっとも印象に残った経験はポール・グレアムをホストとして、ツイッターの共同創業者エヴァン・ウィリアムズ、グーグルの最初期の社員でGメールの開発者ポール・ブックハイトといった実績ある起業家が招かれた夕食会だった。ハルジはブログにこう書いた。

「こうした素晴らしい集まりに出席すると、どんなに確率は低くても、やはり成功のチャンスはあるのだという希望が湧いてくる。ごく論理的にいえば、これは偏った考えだ。この夕食会に出席した成功者ひとりについて何百人もの失敗者が存在するのだ。しかし、ときには単なる統計を忘れて、自分が何が何でもこれをやりたいからやるのだという気持ちを奮い立たせることも必要だ。ＹＣはそういう気持ちになるのにまさに理想的な環境だ」(16)

事実、タガル・チームはすぐに統計を無視してやりたいことを追求してよかったと思う結果を得た。ブックハイト、クリス・サッカを含む投資家がオークトマティックに対してさらなるエンジェル資金を出資してくれたのだ。さらにグレアムの紹介で、３人目の共同創業者としてパトリック・コリソンを迎えることができた。コリソンはアイルランドのリメリック出身のマサチューセッツ工科大学の学生で本物のハッカーだった。彼はこの学期に単独の創業者として参加していた。しかしグレアムは、コリソンが単独でプロジェクトを追求するよりオークトマティックに加わったほうがよいと判断した。パトリックと同時に弟のジョンもオークトマティックのプロジェクトに加わった。ジョンはまだやっと高校１年生を終えたところだったが、プログラミングの覚えは非常に速かった。

Ｙコンビネーターの最大のモットーは「人が欲しがるものを作れ」だ。オークトマティックの４人の若い共同創業者はその教えに従った。イーベイの常連出品者はオークトマティックの出品管理ツールを大いに気に入った。なにより無料なのがよかった。オークトマティックはライバルが放置していたイーベイの海外サイトをサポートしていた。アメリカ以外のイーベイ出品者の間でオークトマティックの利用率は急速にトップの座を占めるようになった(17)。

オークトマティックのユーザーが増えるにつれて、有望なスタートアップの買収を考える企業の関心を引き始めた。YCの学期を終えて1年もしないうちにオークトマティックはカナダのバンクーバーに本拠を置くライブ・カレント・メディアという企業から買収の申し出を受けた。当時オークトマティックの社員は5人で家賃を倹約するために全員が2寝室のアパートで暮らしていた。チームがこの申し出を検討していると、さらに2社が買収に手を挙げた(18)。競り合いの結果、ライブ・カレント・メディアが勝利した。買収価格は500万ドルで200万ドルがキャッシュ、300万ドルがライブ・カレント・メディアの株式で支払われた。

このニュースはオックスフォード大学の広報部を仰天させた。2008年5月に取引が完了して公表されると「起業家になった卒業生、会社を数百万ドルで売却」という大見出しが大学新聞に載った(19)。もっとも数百万ドルという点については少々説明不足だった。買収金額の大半は創業者たちがバンクーバーのライブ・カレント・メディア社に勤務している間に数年に分けて支払われる同社の株式だった。キャッシュで支払われた部分は投資家と創業者の間で分配された。それ以前の無一文に近い状態から比べれば創業者たちの状況は大いに改善されたとはいえ、ポール・グレアムたちが1998年にヴィアウェブを5000万ドルで売却したような大成功というわけではなかった。

YCパートナーへの誘い

ハルジはライブ・カレント・メディアで1年少々働いた後、2009年8月にサンフランシスコに戻って新しいスタートアップの準備にかかった[20]。オークトマティックの起業ははっきり言えば金儲けが目的だった。「ぼくの家は貧しかったので金持ちになりたいという気持ちは物心ついたころから頭に深く刻まれていたんです」とハルジは告白した。しかし自分でスタートアップを作ってその困難を直接経験した後では単に金儲けのためだけに同じ苦労をする気にはなれなかった。「ぼくの頭はもう同じ夢を追うようには動かなくなっていました」[21]。ハルジは何か意味のあることができるのでなければスタートアップの起業を試みる気はなかった。

彼はマウンテンビューを訪れてグレアムとリビングストンといくつかのアイデアを話し合った後、家族と過ごすために一度イギリスに戻った。12月になってハルジはグレアムからメールを受け取った。「自分以外の人間にもYCに参加している創業者たちに対するオフィスアワーを担当してもらうという実験をしたいのだが、手伝ってくれる気はないか?」それまでの9回の学期のアドバイザーはすべてグレアムがひとりで担当してきた。ジェシカ・リビングストンもチーム内での創業者間のもめごとを仲裁したり、法律問題に助言したりしていた。たとえばタガルたちがワーキング・ビザを取得できたのは、主にリビングストンの尽力によるものだった[22]。しかし彼女はチームのプロジェクトの方向性やその他の戦略的な問題には関わらなかった。他のパートナー、ロバート・モリスはMITの教授として、トレバー・ブラックウェルはエニボッツのCEOとして、それぞれ本業が忙しかった。グレアムによれば、2010年の冬学期はハルジたちの2007年の冬学期より3倍も大きくなるということだった。「どんな具合になるか、こっちへ来てちょっと試してくれないか？」とグレアムは誘った。ハルジはシリコンバレーに戻って冬学期を観察し、だいたいの様子をつかむと、誘いを受けた㉓。

その年の後半にハルジ・タガルはYCの新たなパートナーとして迎えられた㉔。Yコンビネーターにフルタイムで加わるという決断は難しいものだった。「スタートアップが成功するためには運が必要です。だからともかく数多く打席に立ち、数多くバットを振らねばなりません。バットを振る以外のことをしている時間が長ければそれだけ成功のチャンスが減るわけです」とハルジは説明する。しかし大量のスタートアップに一斉に投資するというYCの独創的な試みに参加するチャンスを逃がすのは、ハルジにとって自分の次のスタートアップを起業するチャンスを遅らせるより辛い考えだった㉕。

ハルジ・タガルと同時にポール・ブックハイトもYCの正式なパートナーに就任した。グレアムは「ブックハイトはグーグルの最良のプロジェクト3つすべてに関わっている」と表現する。つまりグーグルの広告システムのプロトタイプとGメールを開発し、そしてあの有名なグーグルのモットー「悪をなすな」を考案した。グーグルを去った後、彼は「フレンドフィード」というスタートアップを共同で創立した。フレンドフィードはブックハイトがYCに加わった前年にフェイスブックに買収された。それまでのフェイスブックの買収で最大のものだった。グレアムはまたブックハイトを「世界で最高のハッカーのひとり」と評した。これは彼として最大の賛辞である。

グレアムが90年代にヴィアウェブを開発したころに使っていたソフトウェア・テクノロジーは現在の先進的なハッカーたちが使っているテクノロジーとは比べ物にならない。だからブックハイトやタガルのような新しいパートナーはテクノロジーの面でもYCに新しい世代を導入することになる。ハルジ・タガルの年齢はグレアムのほぼ半分で、ブックハイトはふたりのちょうど中間の年齢だった。翌2011年の6月にはYCはさらに4人のパートタイムのパートナーを加えた。全員がYCの卒業生だった。ポステラスの共同創業者ゲリー・タンはデザイン分野を担当することになった。あとの3人はマサチューセッツ州ケンブリッジで2005年に開催された最初の学期の参加者だった。サム・アルトマンは「ループト」の共同創業者、イェール学生だったジャスティン・カンとエメット・シアーはオンライン・カレンダーのキコを創業して起業家への道を踏み出した(26)。2011年の夏学期の終わりにはタンはフルタイムのパートナーとなった。さらにYC出身のスタートアップで後にグーグルに買収された「アップジェット」の共同創業者、アーロン・イバがパートナーに加わった(27)。

グレアムがYCを立ち上げたときには創業の経験があるアドバイザーは彼自身だけだった。もちろんグレアムはこの上なく有能なアドバイザーだ。しかしYCの規模は発足当時とは比べものにならないほど拡大した。人的資源にも戦略的な拡大が必要とされていた。

目の前に転がっていながら誰も気づかなかった問題を探せ

ＹＣのパートナーに就任したことでハルジ・タガルは自分で打席に立ってバットを振りたいという衝動を抑えなければならなかった。しかしコリソン兄弟のほうはそれほど大人しくはしていなかった(28)。オークトマティックの買収の後、パトリックは1年ほど買収先のライブ・カレント・メディアで働いたが、２００９年の秋にはＭＩＴに戻って大学の2年目をやり直し始めた。弟のジョン・コリソンはアイルランドに戻って高校を卒業した後、ハーバード大学に入学した。秋学期が終わらないうちに、ふたりはオンラインでのクレジットカード支払い手続きを簡素化するデベロッパー向けツールを書けないものか試してみることにした。コリソン兄弟が目指したのはデベロッパーがクレジットカード決済の実装を簡単で間違いなく、かつ即座にできるようにすることだった。つまりあらゆる面でペイパルの反対である。

ハーバードもＭＩＴも1月にまるひと月の冬休みがあった。ふたりは陰気で寒いケンブリッジを離れて真夏のブエノスアイレスでプログラミングに取り組むことにした。ブエノスアイレスは滞在費が安く、公衆無線ＬＡＮも普及していた。またパトリック・コリソンが「ハッカーに友好的な町」と評したように、レストランは午前2時まで、バーは午前5時かもっと後まで開いていた。到着後2週間でふたりは作動するプロトタイプを作り上げた。同時にロス・ブーシェという最初のユーザーも見つかった。彼は「280ノース」というスタートアップの共同創業者で2008年冬学期の卒業生のひとりだった。

ふたりは春学期が始まると大学に戻ったが、クレジットカード支払システムの開発をフルタイムで続けたい衝動を抑えきれなくなった。2010年6月、彼らはパロアルトで夏を過ごすことに決めた。その夏いっぱいかけて今後の進路をじっくり考えるつもりだった。「実は、ぼくらは当時どれほど大きなテーマに取り組もうとしているのかは全然わかっていなかったんです」とパトリック・コリソンは回想する。「5月には、ちょっとした便利だがニッチなシステムだと思っていました。完全にデベロッパー向けの小さなツールですね。別にそんなおおごとは思っていませんでした」

パロアルトに着くとまずポール・グレアムを訪ねた。グレアムは即座にYコンビネーターが投資すると決めた。彼らはスタートアップを「ストライプ」と名づけ、YCの2009年夏学期に参加した。コリソン兄弟のツールを使ったユーザーは友達に良いものだから使ってみるように勧めた。その友達もまたその友達に勧めた。「その結果は驚くようなものでした」とパトリック・コリソンは言う。「なにしろデベロッパー向け支払いシステムなんていう専門的なツールです。流行りのソーシャルネットワークじゃありません。そんな口コミの広がりはまったく予想外でした」

既存のクレジットカード決済システムは使いにくいことおびただしかったので、ストライプが良いと聞いたデベロッパーはこぞって使い始めた。コリソン兄弟は他の起業家が目を向けなかった手付かずの巨大な問題を発見したのだった。グレアムは後に「目の前に転がっていながら誰も気づかなかった問題を取り上げたのは素晴らしい」とコリソン兄弟を賞賛した(29)。他の起業家たちは問題のあまりの複雑さにおそれをなして目の前のチャンスから目をそむけてしまったのだろう。

Yコンビネーターへの応募者は、誰もが「料理のレシピサイトを始めようか？ それともクレジットカード支払システムの改良に取り組もうか？」と思案した挙句、レシピサイトを選んだというわけではあるまい。クレジットカード支払システムに改良が必要なことはわかっていても、その困難さを無意識に感じ取って見ないようにしていたのだろう。新しいクレジットカード支払システムを実現するにはまず銀行と契約を結ばねばならない。どうやってそんなことができるのだろうか？ しかも現金を扱うのだから詐欺や不正を防ぎ、コンピュータ・システムへの侵入者と戦わねばならない。そのうえ、オンライン資金決済を規制する無数の法律や規則が存在する。これでは誰でもレシピサイトのほうを選ぶ。そんな困難に取り組む勇気のあるスタートアップはこれまで出て来なかった。

パトリック・コリソンは、そういった恐るべき困難の数々をどう考えるのかとグレアムから尋ねられたときに、「解決不可能にみえる問題も実際には見かけほど難しいわけではない。創業者も社員もつまらない問題より難しい問題にチャレンジするときのほうが力を出せるからだ」と穏やかに反論した。

２０１０年の夏、コリソン兄弟はペイパルの共同創業者ピーター・ティールと会った。ティールは「ストライプは〈2段ロケット〉なのがちょっと気がかりだ」と評した。「ティールは『2段目ではありとあらゆる素晴らしいことができるかもしれない。しかしすべては1段目がうまく作動するかどうかにかかっている』と言いました」とコリソンは回想する。そう言いながらもティールは出資を決めてくれた。

夏の終わりにはコリソン兄弟は２００万ドルの資金調達に成功していた。出資者はティールのほかにセコイア・キャピタル、アンドリーセン・ホロウィッツ、SVエンジェルといったベンチャーキャピタル、ペイパルのもうひとりの共同創業者のイーロン・マスクら、錚々たるメンバーだった。コリソン兄弟は秋の学期が始まっても大学には戻らなかった。

そして、ストライプにフルタイムで取り組み始めてからわずか1年半でふたりは（兄は23歳、弟は21歳だった）セコイア・キャピタルが代表を務めた資金調達ラウンドで１８００万ドルを調達した。このラウンドでの会社評価額は1億ドルと報じられた㉚。

再びYCに挑戦

オークトマティックの4人の創業者のうち、YCにも戻らず別のスタートアップも起業しなかったのはこの時点でハルジの従兄弟、クルビール・タガルだけとなった。しかし彼も結局スタートアップの生活の魅力に屈した。クルビールはYCの2011年の夏学期に参加した。

彼は今回はエンジニアのシュリニ・パングルリを共同創業者にしていた。パングルリ自身もYCの卒業生で、クルビールとハルジがオークトマティックの開発を始めた当初、プログラミングを手伝った人物だ。もうひとりの共同創業者オマー・セヤルはパングルリのスタンフォード大学コンピュータ科学科の同級生で親友だった。3人が取り組もうとしたのは大きなプロジェクトだった。彼らのスタートアップ「タグスタンド」はNFC（近距離無線通信）というテクノロジーの普及が狙いだった。このテクノロジーは非接触式の支払いなどスマートフォンの利用範囲を大幅に拡大することが期待されている。

その前の年、クルビールは自分は何をやってもうまくいく気がしないとハルジにこぼしたことがあった。ハルジは物事がうまくいくかどうかは環境が大事だと答えた。クルビールはYCに帰り、再び野心的で楽観的なエネルギーに満ち溢れた同僚に囲まれる生活に戻った。ハルジは正しかった。環境は本当に重要だった(31)。

第6章 アイデアに行き詰まる

スケールできるビジネスでなければスタートアップではない

Yコンビネーターを当初から象徴するメインホールの壁は全面特徴のあるオレンジ色で、一方の端には凸凹の防音材が貼ってある。このホールは昔に比べてずいぶん拡張された。YCがマウンテンビューに引っ越してきた当初は9メートルほどのテーブルをひとつ置くだけですんだ。2006年の冬学期にはたった8社の創業者のための座席さえあればよかった。それ以来、部屋を広げるために一方の端の仕切壁は3度にわたって動かされた。今やメインホールには長テーブルが6本置かれ、2011年夏学期には160人の創業者がこの部屋に収容された。

毎週火曜の午後遅くになるとチリかスパゲッティソース、それともシェフのその晩の特製料理の匂いが大きなスロークッカー鍋から漂ってくる。創業者たちは早くからノートパソコン持参で席につき、仕事を続けながらオフィスアワーの自分の番を待つ。チームのハッカーたちは最初のプロトタイプの完成を急いだり、既存のプロダクトに新機能を加えたりするためにコードを書いている。中には書き上がったコードを捨てて一からやり直しを余儀なくされるグループもある。YCに応募するときに提示したアイデアを追求するのが正しいのかどうか迷いにとりつかれるグループも出る。アイデアを詳細に検討していくうちに次第に自信を失ってくるのだ。
「スタートアップの本質は単に新しい会社だという点にはない。非常に急速に成長する新しいビジネスでなければいけない。スケールできるビジネスでなければいけないんだ」とポール・グレアムは説く(1)。だからプログラマーがウェブサイトのデザインについて助言するコンサルティング会社を創立しても、グレアムの定義によれば、それはスモール・ビジネスの開業であってスタートアップの起業ではない。しかしウェブサイトの構築を自動化し容易にするようなソフトウェアを開発する会社を作るのならそれはスタートアップの起業だ。

ウェブサイト構築自動化のようなソフトウェアは、簡単に配布可能であり、品質が高ければ急速に大量のユーザーを獲得できる可能性があるだろう。ともあれ、一見したところではそう思えた。実は夏学期にこのアイデアを取り上げて実践したチームがあった。しかしその創業者たちはすぐに思い知らされたのだが、スモール・ビジネス向けのウェブサイト構築自動化ソフトウェアを開発するのはよいが、それを販売するためには創業者たち自身で顧客1社ずつ個別に営業しなければならなかった。これでは「急速に成長可能」というスタートアップの重要な定義に合わないことになる。

新しいアイデアを生みだす3カ条

自信喪失で麻痺状態に陥った会社のひとつはカルビン・チームだった。カルビン・ワン、ジェイソン・シェン、ランディー・パンの3人は最近スタンフォードとバークレーを出たばかりで、YCのパートナーたちにレトロな写真アルバムを作るサービスのアイデアを売り込むのに成功していた。第1回目の夕食会でゲストの講演が終わるとカルビン・チームはさっそくグレアムにアドバイスを求めた。

彼らは数週間前、スカイプのビデオチャットでYCの若きパートナー、ハルジ・タガルにアイデアを説明していた。ハルジは彼らの写真サービスのアイデアについて「どうやってユーザーを効率的に獲得するのか?」と尋ねた。そのときは説得力のある答えができなかったが、やがて、写真を印刷してアルバムにするというサービスを考えついた。しかしこのアイデアも、どこからユーザーを獲得するのかという重要な問題に正面から答えるものではなかった。

オフィスアワーの機会を捉えて、彼らは印刷した写真アルバムを提供するというサービスを今後も追求すべきかとグレアムに助言を求めた。グレアムはちょっと待てと言ってノートパソコンのところに行き、彼らとの面接の後で書いたメモを開いた。グレアムは戻ってきて「猛烈にエネルギッシュな創業者チーム」と書いてあったと告げた。つまりグレアムも写真アルバムをプリントアウトするサービスの積極的後援者ではなかったわけだ。

グレアムはカルビンたちに言った。

「いいか、アイデアを生みだすための3カ条だ。1.創業者自身が使いたいサービスであること　2.創業者以外が作り上げるのが難しいサービスであること　3.巨大に成長する可能性を秘めていることに人が気づいていないこと」

1カ月前の面接の席でグレアムはマイクロソフトの起業のベースになったのがぱっとしないアルテア・パーソナル・コンピュータだったことを指摘した。グレアムはその話を繰り返した。ささいなきっかけがビジネスを巨大なものに成長させることがあることを強調した。マイクロソフトは1機種のマイクロ・コンピュータのためにBASICプログラミング言語を提供する会社としてスタートした。やがてマイクロソフトはBASICを他の多くの機種のために開発した。それから他のプログラミング言語も開発した。さらにオペレーティングシステムの開発に成功した。そしてアプリケーション・ソフトウェアを販売するようになった。「それから会社を上場したんだ！　四段飛びだ」とグレアムは勢い込んで叫んだ。一連の成功は、ビル・ゲイツが自由にプログラムされたソフトウェアを作動させることができる最初のパーソナル・コンピュータに大きな可能性を見てとったことから始まった。

「誰かが自分のためにスタートアップを作ってくれるとしたらどんなのがいいか自問してみる。次に、自分以外の誰かにとってどんな困った問題がありうるか考えてみるのもよい」とグレアムは言った。

カルビンたちはこれらの質問に自分たちで答えを出そうと努力したが、うまくいかなかった。「がんばって取り組んでみようと思えるような問題分野を探したんですが、既存のソリューションより絶対良いというようなアイデアが全然思い浮かばないんです」とジェイソン・シェンは告白した。

「仕事をしていて、ここのところを誰かうまく解決してくれたらなあと思うようなことはなかったのかい?」とグレアムは尋ねた。グレアムは別の言い方をした。「グーグルの創業者たちは検索分野に強かった。そういう意味で、きみたちが強いのはどんな分野だ?」

「ぼくたちが少しでも強みがあると思えるような分野は全部探してみました。しかしどれもこれもつまらないんです」とシェン。

グレアムは未解決の問題を解決した優れたスタートアップの話をもうひとつ持ちだして気を引き立てようとした。アップルはスティーブ・ウォズニアックが「自分のコンピュータが欲しい」と思ったことから生まれた。「ところがウォズニアックはコンピュータの部品が買えなかった。そこで彼はコンピュータを紙に書いてデザインした。そこにDRAMが登場した。チップが安くなってウォズニアックにも買えるようになった。そこでコンピュータを作ったんだ」。スティーブ・ジョブズはそのコンピュータを見て、これを売ったらどうだと提案した。

後から考えれば、パーソナル・コンピュータという製品へのニーズが存在することは自明に思える。グレアムはこう自問してみるよう勧めた。「今解決されていない問題が、後になればニーズなんだ。私のマックブック・エアは起動するのに1分もかかる」。グレアムは絶望を強調すべく声を高めた。「バカげてるじゃないか！」それから声の調子を戻して続けた。「いいかね、今から3年もすればみなこう言うに違いないんだ。『昔はパソコンが起動するまで何分もじっと座って待っていたんだぜ。信じられるかい！』とね。そのうち『起動時間』なんていう概念そのものがなくなっちまうはずなんだ」

グレアムは未来の年寄りと若者のやり取りを再現してみせた。

「なんだって？　起動時間ってどういうことなんです？」

「つまり電源を入れてからコンピュータが使えるようになるまでの時間さ」

「まじで？　昔はそれに時間がかかったの？」

グレアムは優れたアイデアというのはいくらでもそのあたりに転がっていて、誰かが拾い上げるのを待っているのだと説明した。「そういう話はいくらでもあるんだ」と彼は締めくくった。

とりあえずグレアムが提供できるアドバイスはそこまでだった。カルビンたちの表情を見ると、そういうアイデアが「いくらでもある」という考えに納得しているようではなかった。

他の連中より真剣に考えぬいた点だけが優位性になる

ブランドンBというのは別のYCスタートアップの暫定名だ。このチームも何をテーマにしてよいか迷っていた。ブランドン・バリンジャーと共同創業者がYCの夏学期に応募したとき、バリンジャーは学歴からも職歴からも有力な起業家候補だった。彼はワシントン大学のコンピュータ科学科を卒業し、すぐにグーグルに採用された。グーグルに5年勤めた後、起業を決意して辞めた。

ブランドンBチームの面接でバリンジャーは共同創業者を伴わずに、ひとりで部屋に入って来た。

「きみだけかい？」とグレアムは尋ねた。

「ええ」とバリンジャーは答えた。バリンジャーの共同創業者は突然スタートアップから離れてしまったのだった。「それがなにしろ昨夜午前12時半のことで」とバリンジャーは説明した。

グレアムは「今までにもYCの創業者でそういう目に遭った連中はいる」と言った。「ともかくぼくには最初の経験でした」とバリンジャーは笑った。バリンジャーが試練に立ち向かっているのを見てYCのパートナーたちも笑った。

バリンジャーは当初YCに応募したときのアイデアを変えたのだと語った。彼の新しいアイデアはモバイルアプリの開発だった。このアプリはユーザーの現在位置情報をベースにして付近で行われる予定のイベントを網羅して表示するというものだ。彼はコンピュータ科学の最新の論文を参照した。彼が選んだのは「イベントの抽出——ウェブサイトを訪問し、近く開催されるイベントの情報を抽出するソフトウェア」という論文だった。バリンジャーはこれを「隠れマルコフ・モデルによる分析で、文脈自由文法解析を行い、次いで意味論的分析に連結する手法です。これは音声認識で使われる手法に非常に似ています」と説明した。

ごく狭い地理的範囲で予定されているイベントを扱うスタートアップというアイデアにパートナーたちは恐れをなした。近所のバーのハッピーアワーの情報を網羅したからといってどれほどの需要があるのだ？　最悪なことに、そういう次第でバリンジャーは単独の創業者になってしまった。YCは原則としてチームにだけ投資する。しかしYCのパートナーたちはバリンジャーに将来性を見込んで、夏学期への参加を認めた。

YCの学期が始まり、ブランドン・バリンジャーはハルジ・タガルのオフィスアワーにやって来た。バリンジャーは良いニュースを携えてきた。彼は共同創業者としてジェイソン・タンをリクルートした。ふたりはタンがワシントン大学のコンピュータ科学科である講義を取ったときにバリンジャーが助手を務めていて出会った。卒業後タンはスタートアップ3社で働いた。タンはバリンジャーとチームを組むためにシアトルからサンフランシスコに移ることを決め、実はこの日、全財産を車に積み込んでハイウェイを南下しているところだった。バリンジャーが小さい会議室に入ってきたとき、彼は移動中のタンを電話に呼び出してスピーカーにつないでミーティングに参加できるようにしていた。

バリンジャーとタンは最初のローカル・イベント情報のサービスというアイデアを見なおしているところだった。ふたりはほかに4つのアイデアを考えていた。そのひとつ目はオンライン・フォーラムのユーザー体験を改善するためのスパム探知フィルターの開発だった。バリンジャーはYC出身で成功しているスタートアップのCEOと話したとき、スパムが彼のウェブサイトで非常にやっかいな問題になっていると言われた。「スパムを誰かが根本的に解決してくれるといいんだが」とCEOは言った。バリンジャーはこのアイデアに興奮した。彼はグーグルでキーワード・スパムの排除を担当していたし、タンも関連した仕事の経験があった。ただバリンジャーの懸念は、こうしたスパム排除システムが必要になるような大規模なオンライン・フォーラムの数はおそらく数千程度しかないだろうという点にあった。これはスタートアップの成長に限界があることを意味する。

もうひとつのアイデアは研修医の勤務日程表を作成するソフトウェアだった。「これがどういう仕組みか知ってるかい？　まず毎年始めに病院の主任勤務医が勤務医全員の専門にしたがって勤務日程表を作る――」

「いったいなぜまたそういうアイデアを思いついたんだ？」とタガルが尋ねた。

「われわれは医者をたくさん知っているんだ。ジェイソン・タンは十数人の医者と電話で話した。ぼくは医者の友だちからなんどもこれが非常に面倒な問題だと聞かされていて……」

タガルはこのアイデアには見込みがなさそうだと考えて、会話を最初のアイデアのほうに戻した。「スパムの件だけど、きみたちは以前、関連のある分野で働いた経験があるんだね？　医者のアイデアとなると、結局きみたちは、どんなプロダクトが必要とされているのか、医者の友だちの言葉を頼りにしなければならないわけだ。それはちょっと危険だな」

バリンジャーはそこで最初のローカル・イベントのアイデアを蒸し返したがこれにもタガルは気乗りしなかった。タガルの見るところ、この分野にはすでにあまりにも多くのスタートアップが参入していた。

「うん、たしかに競争が激しい分野かもしれない」とバリンジャーも認めた。

「われわれはきみが面接に来たときから懐疑的だった」とタガル。

「わかっている。あのときのポール・グレアムの言葉は『やれやれ！』だった」とバリンジャーも笑った。

「これはよくあることなんだ。そのことについて他の連中より真剣に考えぬいたという点だけが優位性になる」

「われわれのローカル・イベント情報の優位性は、われわれなら徹底的にウェブをクロールして近隣のイベント情報を１００％収集できるところにある。ズヴェントやイベントフルといったライバルはせいぜい10％の情報を集めるのが精一杯だ」とバリンジャーは主張した。

「で、その他のアイデアは？」とタガルが尋ねた。

「もうひとつのアイデアは生鮮食料品の定期購入サービスなんだ。きみは料理するかい？」

「いや、そんなにしないね。どちらかといえば食材より食事の宅配を定期購入したい」

「調理済みということ？」

「そうだ。いや、それがスタートアップのアイデアとしていいと言ってるわけじゃない。ともかく食料品の定期購入のアイデアをもう少し詳しく聞かせてくれ。どういうシステムなんだい？」

「ぼくたちの友だちには自分でもっと料理をしたいと思っている連中が多い。何かをソテーするとかだけなら15分もかからない。しかし買い物に行って、材料を揃えて、レシピを調べて、となると1時間か1時間半くらいかかってしまう。そんな時間はとれないのでぼくは普段、料理をしない。そこでアイデアというのは、一回の料理に必要な材料を送ってあげようというんだ。週の初めに何食分欲しいか知らせてもらう。そうすると買い出しやらレシピ調べやらの手間をかけずに料理が楽しめるというわけなんだ」

タガルは説明を聞いて疑わしそうな顔をした。「あったら便利だろうと思えるようなサービスの典型だな。しかし〈それがなくては絶対に困る〉というようなニーズを満たすようなソリューションではないところが問題だ。「そもそも、『料理をしたいけど買い物が面倒だ』と思っている人数――」タガルは言葉を切って言いなおした。「まあそういう人間はたくさんいるとしよう。しかし、その中で食料品を定期的購入したいと熱烈に思っている人間の数となる、やはり少ないだろう。ほかにアイデアはないのかい？」

バリンジャーは次にソーシャル・トラベル・サービスのアイデアを持ち出した。「これはバーチャルなコルクボードみたいなもので旅行の計画を立てたり準備をしたりするのに便利なサイトなんだ。旅行を終えてからは、写真や記録の保管場所にもなる」

これはYCがすでに出資した「フリッジ」というスタートアップのアイデアに非常によく似ていた。タガルはバリンジャーの持ち込んできたアイデアのリストをひとまずお預けにすることにした。

将来ユーザーを奪い合う分野を探せ

「きみたちふたりはそもそもどんなことをやりたいんだ？　どんなタイプのプロジェクトだったら楽しんでできると思う？」とタガルは尋ねた。

「ぼくは友だちがいつも便利に使ってくれるようなものを作りたいという欲求がある。そうなればクールだと思う。そうでなければ技術的にすごく難しい課題にチャレンジしたい。こっちはたぶんスタートアップを始めるには良くないアイデアなんだろうけど――」とバリンジャーは答えた。

「いやいや、技術的に難しい課題こそスタートアップに向いているんだ。もしその課題が人が困っている問題を本当に解決するならね。ある解決法に難しい部分が10あるとすれば、それはライバルの参入に対して有効なハードルになる。そこがいいところだ。ところで、今挙げた5つのアイデアのうち、いちばんきみたちにとっておもしろいのはどれだ?」とタガルは尋ねた。「ぼくらの技術を活かせるという意味ではローカル・イベントとスパム防止だな。これはぼくらがいちばんうまくやれる分野だ」とバリンジャー。

タガルはこうアドバイスした。「少し抽象的な話になるが聞いてくれ。いちばんいい分野——つまりきみたちが本当にやってみたい分野というのは、必ずどこかにニーズがあるものなんだ。出来の悪いサイトでもいいからローンチしてしまうと、誰かが自然と使い始める。プロダクトを公開した当初はユーザーの数はそれほど重要じゃない。ユーザーがどれほど熱心に使ってくれるかが重要なんだ。サービスは後になっていくらでも拡張することができる」

バリンジャーとタンは60人ほどの友だちに「食料品定期購入」と「近所のイベント」のアイデアを話してみたという。その結果は二極化した。友だちはアイデアをひどく面白がるグループとまったく興味を示さないグループに分かれた。

「友だちはあてにならない」とタガルは言った。「消費者が何を欲しいと思っているかではなくて、企業が何を必要としているかに注意を集中したほうがいい。一般消費者がどんなものを喜ぶかは偶然の要素が大きい。事前にはなかなかわからないものなんだ」。タガルはフォースクエアの例を挙げた。「自分の位置をスマートフォンから公開するサービスなんて誰も成功するなんて思わなかった。成功した後からはいくらでも理由づけできる。しかし予言は難しい。だからはっきりした需要が見てとれて、確実に金が稼げるアイデアに集中すること」とタガルは言った。タガルはスパム防止サービスをどういう仕組みで作るつもりなのか尋ねた。

「フォーラムなり、記事なりにコメントが投稿されると、運営者がコメントとIPアドレスなどのメタデータをぼくたちのところに送ってくる。ぼくらはスパムかどうか判定して、運営者に教えてやる。その際、投稿がスパムである可能性をゼロから1までの数値で評価する」

そのときタガルはあることを思い出した。ベンチャーファンドの名門、セコイア・キャピタルがスタートアップの持ち込むアイデアを評価するのに使っているシステムだ。「彼らのシステムでは、『需要の緊急性』を重要な要素のひとつとしている。これはつまり新しいアイデアを見たら、まずその時点で他のグループがそのアイデアを追求しているかどうか調べるということなんだ。セコイアは『そのアイデアで、どんなつまらないソリューションでもいいから、今現に誰かが提供していないか？　将来のユーザーを奪いあうことになりそうなライバルはいないのか？』と創業者に尋ねる。『いいえ、誰もいません』というのがいちばんいい答えだと思うだろう？　しかしそうではないんだ。それはそのアイデアにそれほど差し迫った需要がないことを意味する。その点、スパム防止のアイデアはなかなかいいんじゃないか？」

バリンジャーはある会社に話したところ「そういうサービスができたらエンジニアふたりの年俸分くらいの料金を払ってもいい」と言われたことを告げた。その会社ではスパム対策にエンジニアをふたりほどフルタイムで張り付けねばならないと考え始めていたからだ。

「それは有望じゃないか」とタガル。

バリンジャーとタンは研修医の勤務日程表作成ソフトのアイデアを蒸し返した。「これは緊急救命室の当番医を決めるシステムにも使えるんだ。これだと毎月必要になる。緊急救命室向けなら研修医向けより需要は多いと思うし」

タガルは依然として懐疑的だった。「今まで聞いたアイデアの中でスパム・フィルタがいちばん健全に思えた。なぜかというと、第一にこの分野にはきみたちに実際の経験がある。それにすでに金を払ってもいいという潜在的なユーザーが存在する。なるほど、どこまで大きく成長できるかはわからないが、企業として成立しそうなアイデアだ。いいかい？　退屈であまり魅力的に見えない会社が金を稼ぐんだ」

バリンジャーはそれを聞いてもめげなかった。「スパム・フィルタは魅力的なテクノロジーだよ」とバリンジャーは笑った。

「それならますますいい」とタガル。彼は他のアイデアを振り返って「ほかのはどれも不確実性が高すぎる」と評した。「しかし最後に決めるのはきみたち自身だ。間違っていてもなんらかの決断をするほうが、ずるずると決断を引き伸ばすよりずっといいんだ。自分が興味を持てることをやるのが重要なのははっきりしている。しかし、失敗のコストが最小であるようなアイデアを選ぶようにしなけりゃいけない。この場合のコストというのはきみらがそれにかける時間だ」

ミーティングは40分ほど続いていた。そろそろ終わりの時間だった。タガルはバリンジャーをメインホールに送り出したが、別れ際にさらに一言、アドバイスを付け加えた。タガルはバリンジャーとタンが消費者向けのアイデア、食料品定期購入やローカル・イベントのアイデアに未練があるのを知っていた。

「消費者向けのサービスだが、きみはそれを友だちが使ってくれて、その友だちにも使うように勧めてくれると考えているんだろう。友だちは、友だちだから使ってくれるかもしれない。しかし彼らが新しいユーザーを連れてきてくれるかどうかが本当のテストになる。なぜかというと、本当に良いものでないかぎり、友だちだからといってそこまでする義理はないんだ」

セカンド・オピニオン

ハルジ・タガルは大きな身振りもしないし、声を張り上げたりもしない。しかし彼の物静かな口調の中に、スパム防止フィルタのアイデアをもっとも高く買っていることがはっきり読み取れた。タガルはふたりの創業者たちに消費者向けサービスに潜む危険性について十分に警告した。しかし創業者たちは他のYCのパートナーからセカンド・オピニオンを得るのも自由だった。ジェイソン・タンがサンフランシスコに辿り着くと、ふたりはサム・アルトマンにオフィスアワーの予約を入れた。彼なら消費者向けサービスのアイデアを推薦してくれるかもしれない。

バリンジャーとタンはアルトマンに5つのアイデアがあると切り出した。ふたつはB2B（企業向け）だが、いちばんやりたいと思っているのはB2C（消費者向け）のアイデアだ。タンはアルトマンに「われわれは消費者向けビジネスがやりたいんだ」と言った。「われわれの母親でも使えるようなサービスです」

「ちょっと待った」とアルトマンはさえぎった。「ここはひとつ大人の意見を聞こうじゃないか」

ポール・グレアムが呼ばれてやって来た。創業者たちは消費者向けプロダクトをやりたいのだと繰り返した。「ぼくたちはこのアイデアに興奮しているんです」

グレアムは何週間も前からそれは間違いだと言い続けていた。しかし彼らはまるで初めて話すかのようにまた同じ言い分を繰り返している。「64チームに分散投資していてよかったと思うのはこういうときだな。崖から飛び降りてみたいならかまわないからやってみたらいい」とグレアムはそっけなく言って部屋を出て行ってしまった。

創業者たちは「ママでも使えるサービス」に挑戦するのを諦めた。

第7章　新しいものを作り続けろ

急いでローンチしろ

「急いでローンチしろ」はポール・グレアムの口癖だ。なにかアイデアを思いついたら最小限動くモデルをできるだけ早く作れ。作りかけのプロトタイプでもかまわない。とにかく現実のユーザーの手元に届けて反応を見る。そうして初めてそのプロダクトがユーザーが求めていたものなのかどうかがわかる(1)。急いでローンチすることによって人が求めているものがわかるのだ。

スタートアップの創業者に対してこうした助言が数多く寄せられてきたことから考えれば、急いでプロダクトを公開することの重要性をあまりよく認識していない創業者が多いのだろう。骨組みだけでもいいからすぐに公開しろ――スタートアップへの助言者たちはさまざまな表現でこのことを言ってきた。『リーン・スタートアップ』の著者エリック・リースは「実用最小限の製品（Minimum Viable Product）」(2)、スティーブ・ブランクは「最小限の機能セット」(3)と表現する。そのプロダクトの本質を形作る最小限の機能が実装できたら直ちに市場に公開すべきだという主張だ。グレアム自身は少々難しく「量子的可用性」と言う。「1ビットだけでもいいから世界を進歩させるようなプロダクト」という意味なのだ。いちばんたくさん引用されている表現はリンクトインの創業者リード・ホフマンの言葉かもしれない。「最初にリリースしたプロダクトが赤面するほどひどいできでないというのなら、そのリリースは遅すぎたのだ」と言ったとされている(4)。

2005年のYコンビネーターの最初の学期のスタートアップもみな同じことを言われた。「できるだけ早くプロダクトを作り上げろ。そして即刻リリースしろ。ユーザーからフィードバックを集めて改良しろ。それを繰り返しながらデモ・デーまでにできるだけたくさんユーザーを獲得しろ」

しかし何百社というYC参加企業の中にはプロジェクトが野心的でデモ・デーまでにプロトタイプを制作できなかったグループも存在する。それどころか完成までに非常に長い時間がかかった例もあった。これまでで投資からリリースまでの期間の最長記録は「クラストリックス」だろう。2006年冬学期参加のデータベース・ソフトウェア会社だが、製品のローンチまでになんと4年もかかっている(5)。

2011年夏学期のスタートアップにとって4年もの開発期間というのは想像もできない長さだ。3カ月後のデモ・デーまで待つことすら多くのグループにとっては耐えられないほど、のろくさしていると感じられる。スタートアップの生活のテンポはここ数年だけでも大きく加速した。夏学期のYCのキックオフ・ミーティングの時点で多くのスタートアップは相当数のユーザーをすでに獲得していた。一部のグループは売上さえ得ていた。こうした幸運なグループは自分たちのアイデアがうまくいくかどうか不安にかられてはいなかった。彼らはＹＣのパートナーにオフィスアワーを予約してアイデアに関して助言をもらう必要も、このアイデアは捨てて新しいアイデアを考え出さねばならないかもしれないと悩む必要もなかった。

その中でもひときわ幸先良いスタートを切ったグループが「ラップ・ジーニアス」だ。このウェブサイトはラップ・ミュージックの歌詞を解説するというもので、すでに目がくらむようなスピードでユーザーを集めつつあった。ＹＣの学期が始まった瞬間からラップ・ジーニアスはデモ・デーのころにはものすごい注目を集めているだろうと創業者全員が知っていた。

ポール・グレアムはシリコンバレーで広く引用される格言が好きだ――「数字で測れるものを作れ」(6)。数字で測ることとは、プロダクトのパフォーマンスのある側面を注意深く観察することにつながる。それがプロダクトの改善をもたらす。グレアムは売上やユーザー数のようなスタートアップにとって必須となる重要な項目を選んで毎週、成長目標を設定するように勧める。目標達成に直接関係しない要素はとりあえず脇にのけておく。

グレアムによれば、毎週10％の成長を目標にすべきだった。グレアムは野心ある創業者はたとえ一瞬でも目標達成に失敗するのを嫌うことをよく知っていた。彼は「ＹＣユーザー・マニュアル」にこう書いている。

ある週に目標達成に失敗したら、次の週は二度と失敗しないようにする方法を考え続けろ。

目標設定が効果があるのは、集中力が養われるからだ。スタートアップではやるべきことは毎日無数にある。コードを書いて新しい機能を追加する、メディアで紹介してもらう努力をする、顧客と会う、そのほか何百もの必要な仕事がある。しかし毎週成長目標を決めたら、その目標を達成するのにどうしても必要な仕事はどれとどれなのか、適切な時間の使い方を必死で考え抜く必要がある。新機能の開発に3週間かける前に自問すべきだ。この作業は成長目標を達成させるためにどうしても必要か？ 3週間もかける前に、もっと簡単なバージョンを1日で書いて、ユーザーがそれを気に入るかどうか試してみるべきではないのか？ メディアに対して1日かけてプロダクトの説明をする前に、それによってサイトに何人のユーザーが増えるか考えるべきだ。それがつまり、数字で測れるものを作るということなのだ。

しかしこの助言はすでにプロダクトをリリースしているスタートアップに対するもので、夏学期が始まった時点の一部のグループにとってはプロダクトのリリースは気が遠くなるほど遠い目標だった。逆にラップ・ジーニアスにとってはすでに無用な助言だった。なぜならトラフィックは創業者たちが何もしなくても急激に増え続けていたからだ。新しいユーザーの大部分はグーグル検索から来ていた。ユーザーがラップの歌詞の一部を入力してグーグルで検索すると結果のトップにラップ・ジーニアスのサイトが表示される。

またラップ・ジーニアスのユーザーが友だちに勧めるクチコミも大きな役割を果たしていた。

これはウィキペディアの場合と同様の有機的な成長だった。コンテンツがユーザーを引きつける。訪問したユーザーは自分でも時間を割いて無償で新たなコンテンツを投稿する。新たなコンテンツがさらに新たなユーザーを呼び込む。ラップ・ジーニアスではユーザーがコンテンツ――ラップ歌詞への注釈――を投稿することに対する唯一の報酬は〝ラップＩＱ〟スコアが上がることだけだった。このスコアは投稿者のハンドル名の横に表示された。もうひとつ、ラップ・ジーニアスがウィキペディアと似ていたのはこのウェブサイトには広告も掲載されず、有料でもないという点だった。ラップ・ジーニアスが興味を抱いた投資家に説明するときに用いるのはユーザー数の成長グラフだけだった。売上のグラフは出て来なかった。しかし広告を掲載しない歌詞サイトはユーザーにとって魅力的だった。こうしたサイトを訪れるユーザーはポップアップ広告や着メロの有料ダウンロードの勧誘の多さにうんざりしていた。またラップ・ジーニアスはすでにラップの歌詞のサイトとしてはもっとも権威があることを主張できた。サイトの自己紹介には「大学時代の寮の仲間に〈ラップの生き字引〉みたいな奴がいたでしょう。このサイトはそのインターネット版です」とあった(7)。

ラップ・ジーニアスは「急いでローンチしろ」についても「デモ・デーまでの成長目標」についても心配する必要はなかった。彼らは同期の仲間が悩んでいるような問題とはすでに無縁だった。とにかくラップ・ジーニアスの存在は夏学期の他のどのグループと比べても異色だった。彼らはあっという間にプロダクトをリリースしただけでなく、創業者たちは立派な定職を持ちながら余暇の時間だけを利用してそれを成し遂げた。それに開発の作業といっても好きな音楽にどっぷり浸かって過ごすだけのことだった。一言でいえば、ラップ・ジーニアスの創業者たちは信じがたい幸運に恵まれていた。

大切なのは休みなく新しいものを作り続けること

キックオフ・ミーティングから3週間後、ラップ・ジーニアスの創業者トム・レーマンとマーボッド・モハダムのふたりが、ハルジ・タガルとのオフィスアワーに現れた。3人目の共同創業者イラン・ゼコリーはまだカリフォルニアに引っ越してきておらず、ニューヨーク市からスピーカーフォンを通じて参加した。

レーマンはまず現状を簡単に報告した。「トラフィックの成長は順調だ」と彼は言った。最近2週間のトラフィックはその前の2週間に比べて25％成長していた。

「新しいトラフィックは全部検索エンジンから来てるのかい？」とタガルが尋ねた。だいたいにおいてそうだった。ラップ・ジーニアスの訪問者の80％以上が検索エンジン経由だった。

「そのほかにもぼくらに見てもらいたいものはあるのかい？」とタガルが尋ねた。

「いや、ない」

「それじゃどんな新機能を計画しているんだ？」

その答えには少々時間がかかった。ラップ・ジーニアスにはおそろしく熱心なユーザーがたくさんいたが、彼らが歌詞その他共通の話題について会話を交わせる場所がラップ・ジーニアスのウェブサイトの中になかった。そこでユーザーたちが自発的にグーグル・グループを利用したフォーラムを立ち上げていた。レーマンにとってこれは頭の痛い問題だった。ラップ・ジーニアスは独自のユーザー・フォーラムを作ってユーザーを囲い込むべきだろうか？　それとも、ユーザー・フォーラムなどは歌詞に注釈を付けるというサイトの本来の目的からユーザーを引き離す余計な機能だろうか？

タガルはユーザー・フォーラムをどうするかなどはラップ・ジーニアスの当面する重要な問題ではないという考えだった。タガルは顔を撫でると、静かな早口で創業者たちに別の面を考えるよう勧めた。「ちょっと広い視点から考えてみよう。あと何年か経って、たとえば今から5年後に、このサービスが巨大なものになっていると想像してみよう。それできみに、このサービスはなんでこんなに急成長したのかと尋ねる。そしたらきみはなんて答える？」

「ソーシャルな要素が大きかったと答えるかな」とレーマン。

「それじゃきみたちは何になっているんだ？　それじゃつまりきみたちのサービスをラップ歌詞に興味のあるユーザーのソーシャルネットワークにしたいのかい？」

そこでマーボッド・モハダムはラップ・ジーニアスについて別の将来像を模索した。「われわれが運良く本当にビッグな存在になったらこのサイトにはベストのラップ・アーティストが集まってくるだろう。ラップ・ジーニアスのラッパーだ」

レーマンも別のビジョンで答えた。「ベストの歌詞サイトになっていたいね。歌詞の注釈や、そういったいろいろな情報が読めるだけじゃなくて、音楽の趣味が一致するユーザーが集まって歌詞について議論したり、ただ雑談したりできるようなソーシャルネットワーク機能もあるようなサイトだ」

「しかしそういうユーザーの数はやはり限られているんじゃないか？」とタガルは懸念を述べた。タガルは音楽そのものではなく歌詞だけをテーマにするサイトの将来性については懐疑的だった。同時にその音楽を実際に聞くことができなくて、単に音楽について議論するのがそんなに面白いだろうか？ タガルはラップ・ジーニアスの熱狂的なファン層がどんな連中なのか興味を感じた。彼らはラップ・ジーニアス・サイトにそもそも何を求めているのだろう？ 共同創業者たちはファンと実際に会って話を聞いているだろうか？

「みんな携帯アプリを欲しがっているんだ」とモハダムは答えた。「みんな歌詞の意味をすぐに教えてくれるシャザム〔携帯電話のマイクで演奏されている音を拾ってアップロードするとすぐになんという曲か教えてくれるサービス〕の歌詞版みたいなものを欲しがっているんだ」

モハダムはその要望をプログラミング担当のレーマンに伝えてあった。レーマンの返事はいつも同じだった。「言われなくてもそんなことはわかってるよ」

「きみたちに必要なのは、このサービスを本当に大きなものに成長させるための基本的なビジョン、戦略といったものだな」とタガルは言った。

「ぼくたちの戦略の少なくともひとつは、ラップ・ミュージックの全部の歌詞を常にカバーし続けるということだ」とレーマンは答えた。

「歌詞だけじゃなくて、詩なんかにも範囲を広げるのもいいかもしれない。当然だが、ロック・ミュージックが次に狙うべき分野だろう」。ただしロックは別のバーティカルだった。ここでバーティカルというのは、他と区別される特有の性格とファンを持つ市場という意味だ。

「今まで話し合った中では、新しいバーティカルに挑戦するというのがいちばん面白そうだな。そのためには新たな投資を受ける必要があるだろう。ただし、きみたちのアイデアを投資家に売り込むときには、単にラップの歌詞が載っているサイト以上のものだということを納得させなければならない。そこが難しいところだ。他の分野でも繰り返せるような成功の方程式を発見したんだ。実証できれば非常に説得力がある。もしロック版を作って、そこでも急速にユーザーを獲得できたら、きみたちはまぐれの一発屋ではないと証明できる。きみたちのサイトはある新しいアイデアに基づいていて、そのアイデアはスケールアウト〔急速な規模の拡大〕が可能だ。そうなれば投資家は大いに興味を示すはずだ。それできみたち自身、その点についてはどうなんだ？　他の分野に進出可能だと思ってるかい？　他のバーティカルでも成功できるかい？」

「もちろん、できる」とモハダムは答えた。しかし新分野、ロックなどに進出することをレーマンが嫌がるのだという。「トム〔レーマン〕はいつも〈帝国の過度の拡張〉を心配している。彼はローマ帝国マニアでね。さしずめぼくは暴君ネロで、ローマに火を放って竪琴だかを弾きながらそれを眺めているという役回りらしい。ぼくはロック・ジーニアスをすぐにでも始めたい」

レーマンは自分の懸念を説明した。「ラップ・ジーニアスはオーガニックに〔広告などに頼らないクチコミによる〕急成長だ。それをぶちこわしにしたくない」

「その不安はわかる。しかし現実を考えてみよう。きみたちのプロジェクトを本当にビッグなものにするには、それがきみたちの野心だと思うが、そのためには一発屋ではダメなんだ。きみたちの発見した方式が他の分野でも繰り返し成功を呼び込めると証明しなければならない」とタガルは言った。

モハダムは「ラップ・ジーニアスにはすでにロックの歌詞の注釈も投稿されていて、その量は加速度的に増えている」と言った。「ロックの歌詞の投稿はたくさんだというくらい来ている」

「それは有望じゃないか」とタガル。

「しかしロックはそんなにトラフィックを集めてない」とロック分野に進出するのをあくまで嫌うレーマンが言った。

ふたりはタガルにラップIQリーダーボードを見せた。これはラップ・ジーニアスの週間トップ投稿者リストだ。良い解説やコメントにはポイントが与えられる。この「ラップＩＱ」というポイントを毎週もっとも多く獲得した投稿者のリストがホームページの目立つ位置に掲載される。

タガルもこれはよいと認めた。「きみたちのサービスではこういう機能を設けるのは重要だ。誰でも何かの専門家だと自慢したい気持ちがある。それを煽るのはいい考えだ」。それから夕ガルは少し考え込んだ。「このリストに載るようなユーザーはいわゆるインフルエンサーだな。影響力が強い。こうしたトップ・ユーザーの身元が調べられないか？　彼らはラップ・ミュージックについて詳しく知っていて、他のファンに影響を与える力がある。つまりアーティストやレコード・レーベルにとって価値ある人々だ。ツイッターのセレブと同じでサービスの影響力を高めるのに役立つだろう」

レーマンはタガルのラップ・ジーニアスに新しいジャンルを追加すべきだという勧めに話を戻した。「新しいバーティカルを追加する場合の問題は、それが大仕事だという点なんだ」。レーマンは3人の共同創業者の中で唯一のハッカーだった。つまりプログラムはなんであれすべてレーマンがひとりで書かねばならない。彼は「大規模な開発のぬかるみにはまって身動きとれなくなりそうで怖い」と認めた。

「もしロック版を追加するとしたらその手順はどういう具合になる？」とタガルが尋ねた。

「まずドメイン名が大きな問題なんだ。ロック・ジーニアス・ドット・コムが欲しい。ところがそのドメインの現在の所有者はメールで連絡しても返事をよこさない」

「ドメイン名を買おうとするなんて時間の無駄だ。それをやっちゃ駄目だ。ドメイン名の買収というのはスタートアップの創業者がよく陥るブラックホールなんだ」とタガルは言った。スタートアップ創業者があるドメイン名がどうしても欲しいと思い込む。しかしドメイン名の現在の所有者がそのドメイン名をどうしても欲しがっている人間がいることに気づいたら最後、たちまちとうてい手が届かないような値段をふっかけてくる。

「ロック・ジーニアス・ドット・コムが駄目でもぼくたちはロック・ジーニアス・ドット・ネットなら押さえてある」とレーマンが説明した。

「オーケー。それじゃこの問題をよく考えてみよう。将来、どこかの時点で、きみたちはラップ以外にジャンルを拡張しなければならない。そうだね？」

「それはそうだ」

「新しいサービスをどんなかたちにする？」

「ロック・ラップ・ジーニアスにするか、それともラップ・ジーニアスの上にもっと他のサービスも取り込めるような傘を被せるか？　問題は、サイトに独特のパーソナリティーがないと駄目だということなんだ。あまり一般的な名前にすると、ユーザーがこのサイトは自分たちのものだと思って愛着を感じてくれるような雰囲気がなくなってしまう」。モハダムは困惑したように頭を振った。

「ドメイン名の問題はそれとして、どうやってロック歌詞の分野にサービスを拡張するか詳しく考えてみたことはあるかい？」とタガルは尋ねた。

「やりたくてたまらない。さあ、ロック・ジーニアスをやらなくちゃ駄目だ、とずっと言ってるんだ。なんならロック・ファン風に髪型を変えてもいい。タイトなジーンズを履いてもいい」とモハダムは冗談を言った。

タガルは既存のサイトにロック部門を新たなセクションとして設けるという地味な選択肢を提案した。「ぼくは、一挙に大きなものリリースしようとせず、小さく理論をテストするようなやり方が好きだ。ごくシンプルに手軽な方法でね。それで何が起きるのか様子を見る。ところでラップ・ジーニアスにロック歌詞のセクションができたことをどうやってユーザーに知らせる？」

レーマンはトップページに「ロック」というタブを設けることを提案した。しかし同時に、それによってラップ・ジーニアスのラップ専門サイトというアイデンティティーが薄れるのではないかという懸念をまた持ちだした。「このサービス名の問題で夜も寝られないんだ」とレーマン。たしかにその懸念には一理あった。ラップ・ジーニアスというドメイン名を維持したままでどこまでジャンルを拡張できるだろう？

モハダムはロック・ジーニアス・ドット・ネットのドメイン名に話を戻した。「ドット・ネットで行けるかも」

「それは駄目だ」とタガルが即座に反対した。

「ドット・ネットじゃそんなにまずいかな？　インディーぽくていいんじゃないかと思うんだが。どのみちロック・ジーニアスのユーザーになるのはインディー・ロックのファンだろう」

「そういうことは決め込まないほうがいい。ドット・コムならユーザーは安心する」

タガルはラップ・ジーニアスにごく簡潔な言葉でアドバイスを与えた。「YCの3カ月を無駄にしてしまうやり方でいちばんよく見るのは、何もしないことだ。毎週何か新しいことをやり遂げていかないのなら失敗は確実だ。そんなことがあるわけないと思うだろう？　YCの参加者は全員が面接をパスしている。エリートだ。それがせっかくYCに参加できたのに3カ月も無為に過ごすなんてありえないと思うのが普通だ。もちろん誰もぶらぶらしてビールを飲んでプレイステーションで遊んで過ごしたりはしない。そういう意味で何もしないというんではないんだ。そうではなくて忙しく間違ったことをして過ごす人間が多いんだ。たとえば、コードを1行ずつ見直しするとかデータベースの検索効率を改善するとか、それもある意味では仕事をしていることになる。しかしそんなことをしても、新しいユーザーを獲得するといった本当に重要な目標を達成する役には立たないんだ」

タガルはこれまで数多くのYCのスタートアップを見てきた経験を話した。新しいプロダクトをリリースする前には誰でも強い不安を感じるものだ。しかし今まで「修正できないほど出来の悪い」プロダクトは一度も見たことがない、とタガルは言った。「新しい実験はユーザーから学ぶ絶好のチャンスだ」とタガルは繰り返した。「きみたちが何か新しいことをやる。するとユーザーから『これは好きだ、これは嫌いだ』と反応が返ってくる。それできみたちは次に何をやればよいのか、新たな情報を得ることとなる。要するに新しいものを作り出さないことは何もしないということなんだ。そこに気をつけないといけない」

タガルは如才なく付け加えた。「すまん。あまり具体的な助言ができなかった。どうも話が少し抽象的になってしまったようだ」

「いや、いいんだ」とレーマン。

「きみたちはポール・グレアムと話をしてみるべきだ。絶対に役に立つ。彼が得意とするのは、大きな視野で考えること――戦略立案だ。きみたちが投資家に売り込みをするときに説得力があるようなストーリーを考え出してくれると思う」とタガルは勧めた。

タガルはラップ・ジーニアスの創業者たちに穏やかな口調で新分野への拡張を勧めたが、グレアムならおそらく、まったく穏やかでない口調で同じことを勧めるだろう。YCのパートナーは全員が同じことを繰り返し言うに違いない。しかし口調がどうであれ、それはすべて助言であって命令ではなかった。YCに参加するスタートアップは、第三者の投資家からの投資を受け入れる前に、創業者が株式の93%を所有しYCが7%を所有するという取り決めを結ぶ。だからYCは少数株主にすぎず、創業者がYCの助言を受け入れたくない場合、そうする権利が十分にあるわけだ。

第8章 エンジェル投資家

真のリスクテイカー

スタートアップの世界の部外者は「ベンチャーキャピタル」と聞くと高いリスクをものともしない冒険的投資家を想像するかもしれない。しかし起業家の目にはベンチャーキャピタリストたちは徹底的にリスクを嫌う人種と映っている。

2007年にグレアムは「ハッカー向け投資家ガイド」という記事の中で「真のリスクテイカー」として個人の「エンジェル投資家」を讃えた。そもそもこうしたエンジェル投資家の資金がなければ多くのスタートアップはベンチャーキャピタリストたちの興味を引く段階まで成長できなかったはずなのだ。「グーグルがクライナー・パーキンスとセコイアから投資を受けたことは誰でも知っている。しかし多くの人々はこのベンチャーキャピタリストの投資が非常に遅い段階で行われたことを知らない」とグレアムはグーグルの最初にして最後の資金調達に言及した(1)。このふたつのベンチャーキャピタルからの投資ではグーグルの企業価値を7500万ドルに評価されている。しかしエンジェルたちの投資がそれ以前に繰り返し行われていた。グーグルへの最初の投資は、サン・マイクロシステムズの共同創業者のひとり、アンディー・ベクトルシャイムがラリー・ペイジに手渡した10万ドルの小切手だった。当時グーグルはスタンフォード大学の寮の一室で運営されており、まだ会社として設立されてもいなかった(2)。「多くのベンチャーキャピタリストは「いち早く尻馬に乗る人種だ」とグレアムは言う。「多くのベンチャーキャピタリストは誰が勝つかあえて予想しようとはしない。彼らは誰かが勝ち始めればいち早く気づく。しかしエンジェル投資家は誰が勝ちそうか予想しなければならない」

グレアムはヴィアウェブの売却に成功した後、自分でもエンジェル投資家になりたかったが、実際にそうなるまでに7年を要した。Yコンビネーターを創立したのはエンジェル投資家のやり方を学ぶ彼なりの方法だった。しかしグレアムは多数のスタートアップに同時に投資することでリスクの低減を図った。その後、リスクのさらなる低減を図るために投資対象の数をさらに増やした。2009年になるとYCの規模はパートナーたちの出資だけでは資金をまかない切れない規模に成長した。

そこで2009年には175万ドルをセコイア・キャピタルから調達した。2010年には600万ドルを調達したが、これも大部分はセコイアからだった。そこで、当初からそう計画したわけではなかったが、YCは最初期のスタートアップに少額を投資するという点ではエンジェル投資家である一方、外部から集めた資金を投資するという点ではベンチャーキャピタリストでもあるような存在となった。

ロン・コンウェイはエンジェル投資家のスターだ。彼は2011年に300件近いスタートアップ投資を行った(3)。コンウェイはグーグル、フェイスブック、ツイッター、ジンガの初期の投資家として有名だ。スタートファンドを通じてYCの夏学期の全チームに投資している。

500スタートアップス・ファンドのデイブ・マクルーアもスーパー・エンジェル投資家のひとりだ。彼のファンドは2010年に2900万ドルを集め、2年経たないうちに250社以上のスタートアップに投資を行った。500スタートアップスはマウンテンビューのダウンタウンでアクセラレーターを運営しているが、規模はYCより小さい。その投資の大半はアクセラレーターとは関係なく行われている。500スタートアップスの投資ポートフォリオにはYC卒業組が25社入っている。あるカンファレンスでマクルーアは彼のファンドとYCのいちばん大きな違いは何かと尋ねられたことがある。マクルーアは「グレアムはたぶん自分をホームラン・バッターだと思っているだろう。私はむしろシングルヒット、せいぜい2塁打をこつこつ狙うほうだ。もちろんホームランが打てればうれしいだろうが」と答えた(4)。

有利な条件で投資する理由

2011年夏学期を締めくくるデモ・デーが終わって最後の夕食会の席上でポール・グレアムが何気ない口調で語った言葉に、創業者全員がはっとした。夏学期が始まったとき、スタートファンドの出資者、ユリ・ミルナーとロン・コンウェイは参加したすべてのスタートアップに対して15万ドルずつの投資を行った。グレアムは「この投資のほとんどは無駄になった」と述べたのだ。グレアムはこのことを少しも非難する様子ではなく、淡々と事実を告げる口調だった。夏学期の終わりになってYCの他の出資者は、ユリ・ミルナーやロン・コンウェイがしたような創業者たちにきわめて有利な条件での投資の例にならうことに戸惑いをみせ始めていた。グレアムは創業者たちに対してその理由を解き明かそうとしていた。

「ちょっと説明しておこう。その理由は――」とグレアムは言葉を強調するように引き伸ばした。「失礼だが、ユリとロンがきみら全員――正確にいえばきみらのうち62チームに投資したとき、始めから失敗を覚悟のうえだった。統計的にいえば、63チームの中には先輩のエアビーアンドビーやドロップボックスのように大化けするチームがひとつはある。しかしそれがどれかを知る方法はない。特に学期の最初に知る方法はまったくないんだ。そこでふたりは63チーム中の1チームに出資するために他の62チームにも出資したというわけだ。62チームへの出資が無駄になっても、どれかわからないが第2のドロップボックスになりうる1チームに出資するチャンス逃がさないためだ」

グレアムは続けて、スタートファンドのユリとロンは全員に投資を受け入れさせるチャンスは学期の始めしかなく、しかもきわめて創業者たちに有利な条件で申し出をするしかないと知っていたのだと説明した。条件が少しでも厳しいか申し出のタイミングが遅れるかすれば、まずいちばん有望なスタートアップから先に申し出を断ってくる可能性が高くなる。「そこでスタートファンドは馬鹿げたほどきみたちに有利な条件で投資をせざるをえなかったのだ」とグレアムは締めくくった。

モバイルワークス

グレアムたちは「スタートファンド」という単語を2011年の冬学期から全スタートアップに投資を始めたふたつのエンジェル投資ファンドを一括して指すのに使っていた。正確にいえばスタートファンドはユリ・ミルナーの組織で、こちらが各スタートアップに10万ドルずつ投資し、ロン・コンウェイのSVエンジェルが5万ドルずつを投資した。スタートファンドとSVエンジェルの2組織だけが、参加したすべてのスタートアップに無条件で出資することを決めていた。その結果、ユリ・ミルナーがスピーチに真っ先に呼ばれ、ロン・コンウェイがその次の回になるなどYCの世界でふたりは目立つ地位を占めていた。

スタートファンドとSVエンジェルは学期でもっとも有望なスタートアップには一律の投資とは別に個別に追加投資をする計画だった。YCのパートナーたちはこれをブラックジャックのゲームでプレイヤーが賭け金を倍にできるルールにかけて「ダブルダウン」と呼んでいた。ミルナーはスタートファンドの若手アソシエート、フェリックス・シュピルマンをシリコンバレー担当に充てていた。シュピルマンは南カリフォルニア大学を2007年に卒業していたが、見た目はそれよりさらに若かった。夕食会ミーティングを控えた火曜の午後になるとYCのメインホールにシュピルマンが現れ、創業者のグループを次から次に回って追加投資のための話し合いのアポを取って歩く姿が見られた。

YCではロン・コンウェイとSVエンジェル・ファンドは同一視されていた。しかしコンウェイの正式な肩書きは「スペシャル・アドバイザー」で、デビッド・リーが唯一のゼネラル・パートナーとして投資に関する最終的な権限を握っており、コンウェイは投資の最初の段階だけに関わっている。このファンドは2009年と2010年の2回にわたり合計6000万ドルの資金をおよそ100人の裕福な個人から調達した。これらの出資者はリミテッド・パートナーとなった。シード資金として6000万ドルあれば相当数のスタートアップに投資が可能だ。YCの夏学期の参加スタートアップ全チームに5万ドルずつ投資するインデックス・ファンドを組成するために必要な資金は300万ドルにすぎなかった。

コンウェイがYCで夕食会の後にスピーチを行う予定になっている火曜の午前中、元グーグル幹部のリーと部下が追加投資の候補を求めてYCを訪れて起業家たちをインタビューした。リーは「モバイルワークス」の創業者4人とテーブルを囲んだ。4人はプログラマーだが、カリフォルニア大学バークレー校の情報大学院で「ソーシャル・エンタープライズ」の講義を取っていて知り合った。このチームは安価な携帯経由で定型的作業を賃金の安いインドの労働者にアウトソースするサービスを開発した。この会社の基本方針のひとつは「労働者に貧困から脱け出せるような賃金を支払うこと」だった。「クラウドソースによってクラウド労働者をハッピーにする」がモバイルワークスのモットーだった。

4人の共同創業者はさまざまな大陸の出身者だった。アナンド・クルカルニとデビッド・ロルニツキーはアメリカ育ち。プラヤグ・ナルラはインドからフィリップ・グートハイムはドイツから来た。SVエンジェルのリーに対する説明ではクルカルニが口火を切った。「われわれは企業と労働者の仲介役を果たします」

「なるほど」とリーは言って分厚い手帳に几帳面にメモを取った。「で、きみたちはどうやって金を儲ける？」

「たとえばユーザーが手帳に書いた手書きメモをPDFファイルに変換してウェブサイトにアップロードしたとしましょう。われわれはそのメモの画像を細かく分割してインドの作業者に送ります。彼らがそれを文字に書き起こします。われわれはPDFファイルを作成してユーザーに渡します」

「なるほど。きみたちはどこでこういうアイデアを思いついたのだろう？」

これについてはナルラが説明した。「最初はアマゾンのメカニカル・タークで作業者を募って、インドの労働者の携帯で実行させようと考えたんです。しかし実際に調査を始めてみると、この方法ではビジネスのスケールを急速に大きくすることができないとわかりました」

「きみたち4人はどこで知り合ったのかい？」

「われわれ4人は全員バークレー校を卒業しました。このスタートアップは大学院での研究プロジェクトの延長です」とクルカルニが説明した。

「このサービスはもう稼働している？」

「労働者へのアウトソースの部分に関しては稼働中です。パイロットプログラムの段階ですが、これまでにある会社からの5万件の業務をインドにアウトソースしています。しかしまだウェブサービスとしては公開されていません」。ウェブサービスのソフトウェアは現在、書き直しているところだった。クルカルニは「あと1週間くらいで完成させたい」と語った。

「4人の仕事の分担は？」

「われわれは全員がソフトウェア開発の能力があります」。クルカルニはモバイルワークスでは肩書きはさして意味がないと述べた。しかし資金調達のために投資家に対して説明を行うのは主にクルカルニが担当しており、YCに参加する以前にすでに少額の出資を集めていた。

「つまり全員がプログラミングもすればビジネスの現場にも出て行っているわけです」

クルカルニはモバイルワークスが今後取り組まねばならない課題を数え上げた。「手書き文字認識。音声認識。翻訳。その他さまざまな手作業。われわれは人間の作業とシステムを効率よく融合させるために使いやすいツールを開発していくつもりです」

「ビジネスチャンスの規模についてもう少し教えてもらえるかな？ そもそもアマゾンのメカニカル・タークの売上はどのくらいなんだろう？ 私には見当がつかないが、かなり有望な市場のように思えるね」とリーは言った。

クルカルニはいくつかの数字を上げて質問に答えた。特に専門的な技術を必要とせず、誰でもどこでもできるような定型的作業のアウトソースの市場規模は年間600億ドルから700億ドル。たとえば医療カルテの入力作業だけで150億ドルの市場だという。

「そこでわれわれはまずインドへのアウトソースを手がけたんです。インドでは携帯の普及率が非常に高いのがいちばん大きな理由です」とロルニッキーが付け加えた。「われわれの社会的使命についても議論しました。現在世界には一日に2ドル以下しか稼げない人々が膨大に存在します。そういう人々はパソコンは持っていませんが、無制限のデータプラン付携帯電話なら持っています。だからこういう人々に業務を依頼するのは非常に容易にできるのです」

サンフランシスコのスタンダード・チャーター銀行はモバイルワークスに強い興味を示し、オフィス・スペースを無料で提供してくれた。

リーはメモを書き終えると創業者たちに礼を言い、部屋の反対側の端にいるグループをインタビューするために席を立った。

「この創業者の下で働いてみたい」と思うか

デビッド・リーに「シード資金の投資が増えているのはバブルの兆候ではないか？」と尋ねれば、彼は強く反論する。リーは「誰であれ新たにビジネスを立ち上げようとするのを応援するのは有意義であって、決して害にはならない」と考えている。しかし役に立たないビジネスのアイデアで誰もが簡単に金を集めることができるようになったら問題だ。「まだ少しも形になっていない一般消費者向けインターネット・サービスが500万ドルも集めるようになったら、それはバブルなんです」とリーは言う。リーは1990年代の末、ベンチャーキャピタリストが実績のない創業者たちに何百万ドルもつぎ込んだドットコム・バブルの狂乱を指している。リーはYCに参加しているスタートアップはどれもそういったバブルの兆候を一切示していないと言う。金額もはるかに小さいし、売上も立っていないうちに大量の社員を雇うようなこともしない。個々のスタートアップが失敗しても、影響を受けるのはその損に耐えられる資産を持ち、かつスタートアップへの投資のリスクについて完全に理解している少数の個人だけだ。SVエンジェルは年金ファンドや大学の基金といった機関投資家からの投資は一切受け入れていない。「リスクなんてどこにありますか？　単に何人かの金持ちのエンジェル投資家が比較的少額の投資を失うだけです」

リーはスタンフォードから電気工学の修士号を得ているが、同時にニューヨーク大学で法律の学位も取っている。リーは弁護士として働いた後、グーグルに入社してビデオサービスの分野で事業開発に携わってきた。一方、ロン・コンウェイのテクノロジー分野でのキャリアは1970年代にナショナル・セミコンダクタでマーケティングを担当していたときまでさかのぼる。SVエンジェルは一般ユーザー向けプロダクトを開発するスタートアップを好むが、リーの興味は創業者が優れたエンジニアであるようなスタートアップに向かう。

「私が投資すべきかどうか判断する際にいちばん注目するのは創業者です。今42歳ですが、『私はこの創業者の下で働きたいと思うだろうか』と自問することにしています」とリーは説明する。「創業者は私にその下で働いてみたいと思わせるような潜在能力を持つ必要があります。もちろん初めからそんな能力がなくてもかまいません。『彼は（ツイッターとスクエアの創業者）ジャック・ドーシーじゃない』『こいつは（フェイスブックの創業者）マーク・ザッカーバーグじゃない』などというのは間違いです。今日の地位を築く前にドーシーやザッカーバーグに実際に会っていた人々のほとんどが、その後のふたりの偉大な成功を予言できませんでした。偉大さというのは最初からはっきり目に見えるものではないのです。だから私は優れたエンジニアである創業者たちが好きです。彼らは最初のアイデアがうまくいかなかったときに方向転換してやり直し、窮地から脱出することができるからです」

金鉱を掘るのではなくツルハシを売れ

続いてデビッド・リーはモンゴHQの共同創業者、ジェイソン・マッケイとベン・ウィロスディックに話を聞きに行った。リーがベンチに座るとマッケイがモンゴHQの誕生は自分自身のある苛立ちがきっかけだったのだと説明を始めた。新しいデータベース・ソフトウェアであるモンゴＤＢにはいろいろ優れた点があったが、クラウドで（つまり他人のサーバー上で）作動させることができなかった。

ウィロスディックが話を引き取った。「それでわれわれはやむをえず、自力でそういう仕組を開発することにしました。開発していくうちに、これは多くの人々が必要とする機能ではないかと考え始めました。そこで他の人々に役に立つかどうかまずは試してみることにしました。すると実際に役立ったのです」

続いてマッケイが説明した。「このプロジェクトはこれまでずっとパートタイムのいわば内職でした。ＹＣに参加できたので、初めてフルタイムの仕事として取り組めるようになりました。今までモンゴＨＱをフルタイムで開発できるチャンスがありませんでしたから、嬉しくて仕方がありません。プロジェクトを始めてから1年半になります。関わっているのはわれわれふたりだけです」

「それでは大変――」とリーが言いかけた。

「いやまったく大変でした。この数カ月は大忙しでした。しかしすでに市場に出ているこの種のプロダクトとしてはモンゴＨＱはベストのものだという確信があります。ライバルよりスタートで大きく先行していますし、これからもベストであるためにどうしたらいいかもわかっているつもりです」

「そのライバルというのはどんなグループです？」

「ビジネスの規模でいえば最大のライバルはモンゴラボですね。彼らは最近300万ドルの資金の調達に成功しています。すでにベータ版を作っていて、エンジニアを新たに採用していますし、もうすぐ実用段階になるでしょう。そう、彼らはわれわれを激しく追い上げています。こういう開発の苦労はよくわかるし、彼らのやっていることは尊敬に値します——が、彼らのプロジェクトはわれわれを大いに真似している」

「つまりみなさんは独力でオリジナルなプロダクトを開発したわけですね？　それじゃ今から5年経ったとして、どうなっていればあなた方は成功したといえると思いますか？　たとえば5年間にオレたちはこういう実績を上げたぞとリンクトインのプロフィールに書くところを想像してください。成功していたらそこにどんなことを書きますか？」

「われわれはいろいろなアプリに対してひとつのデータ・レイヤーを提供する存在になっているでしょう。われわれは今のところモンゴDBを対象としたツールを作っています。なぜなら、おそらく——」とマッケイが言いさした。

「この種のデータベースとして現在いちばん優れたプロダクトだから」とウィロスディックが続けた。

リーはモンゴDBの開発元である10ジェン社のCTO（最高技術責任者）のエリオット・ホロウィッツを知っているかと尋ねた。

「最初のころ、彼にはいろいろ助けられました」とウィロスディック。「われわれはバージョン1・0が完成する前に試し始めました。ところが『共有環境では使えないよ』と言われたんです。しかし共有環境で使えないと非常に困る。そこでエリオットたちに『なんとか助けてもらえないか？』と頼みました。エリオットは夜遅くまでかかってモンゴDBのソフトウェアにパッチを当てるなどして助けてくれました。彼らはわれわれが成功するのを本当に望んでいました。ひとつにはそれによってモンゴDBのブランド価値が上がると思ったんでしょう」

マッケイは続いてリーの「長期的な目標」という質問に戻り、他のデベロッパー（開発者）に「データ・レイヤーを提供する」という点について説明を試みた。「短期的な戦略としてはこういうデータベースのプロバイダーすべてと提携関係に入ろうということです。とりあえずヘロクとは1年前から提携しています。もちろんヘロク的なスタートアップは今ではもっとたくさんありますが」

「データ・レイヤーになろうとする動機は？」とリーが尋ねた。

「誰もが必要とするものだからです。どんなアプリも必ずデータが必要です。ところがデータの管理と処理というのはほとんどのデベロッパーが毛嫌いする部分なんです。どのデベロッパーに聞いてもらってもいいですが、みんなデータ処理はやっかいだ、嫌いだと言うでしょう。一方で、みな自分たちなりのイノベーションを実現したいのでクリエイティブな部分のコードを書きたいと思っています。ところがそこにいろいろとハードルが現れる。何かヘマをやって今までのデータを飛ばしてしまう。気がついてみるときちんとバックアップが取ってない。そんな事態が起きたら破滅的です。誰もデータをきちんと管理していない。これは非常に危険な状態です。そこでわれわれの出番になります。YCのこの学期に参加しているスタートアップの中にも『開発はずっとうまくいっていてテッククランチされた〔有力ITニュースブログ、テッククランチの記事に取り上げられた〕のはよかったんだけど、おかげでいきなりトラフィックの大波が押し寄せてきてシステムがクラッシュしてしまった。その後システムがめちゃくちゃになってしまった』なんてこぼしている連中がいます。そこでわれわれは連中のところに行って、『おい、ウチのデータベース運用プラットフォームを使ってみたらどうだい？』と勧めるわけです。われわれが運用をモニタしてメンテナンスの面倒を全部引き受けるよ、と。われわれはこの分野のエキスパートです。そうすればデベロッパーは素晴らしいアプリを作るためにプログロムを書くことだけに集中できます」

ウィロスディックはリーに「1849年のカリフォルニアのゴールドラッシュで儲けたのは金鉱掘りの人々ではなくて、彼らにツルハシを売った商人たちだった」というエピソードを話した。「ソフトウェア・デベロッパーのほとんどは自分たちのデータを安全確実に保管するノウハウを持っていません。だからわれわれが、いわば、ツルハシを売って『きみたちは金鉱探しに集中したまえ』と勧めるのは大いに有望なビジネスモデルだと思うんです」

「オーケー。了解です」といってリーはインタビューの終わりを告げた。しかしリーはこのチームについてどう判断していいかまだ迷っていた。「ちょっと漠然とした質問をさせてください。簡単に答えが出るような質問じゃないのはわかってるんですが――今どう感じているか本音を知りたいんです。みなさんがこのプロジェクトをやる理由が知りたい。これから先、5年かそこらの時間を100％このプロジェクトに捧げようとする理由ですね。どうしてそういう気になったのか？　最近、かつてなく事業を簡単に始められるようになったのは事実ですが、逆に始めた事業を大きく育てていくのはかつてないほど難しい時代でもあります。

だからみなさんがこれから先、どんな会社を作るつもりでいるのかを知ることが重要なんです。私は『データ・レイヤー』というビジョンは気に入りました。そういう優れたビジョンは優れたエンジニアを集めるうえで重要です。これからみなさんは優秀な人材集めに多いに時間を割かなければならないでしょうからね」。リーはこのあたりで次第にモンゴHQに対して投資しようという意思を固め始めた。「資金調達のほうはどうです？　現在どんな状態ですか？　もうスタートファンドからの資金は受け取りましたか？」

創業者たちは声を揃えてイエスと答えた。

「それはよかった」とリー。

「システムの強化の資金にします」とマッケイ。「前にも言ったように、われわれはできるかぎり自己資金だけでやりくりしようとしてきました。われわれの成長は爆発的というほどじゃありませんが着実です。後でグラフをお目にかけましょう。われわれは全般的な経費削減のために何ができるか検討しているところです」。創業者たちの説明によると、会社は損益分岐点にごく近いところまで来ているということだった。

「外部からの投資についてはYCのみなさんの忠告を守って話をペンディングにしてあります。デモ・デーまではプロダクトの開発に全精力を注ぐつもりです」とウィロスディックは言った。

マッケイが後を引き取った。「われわれはシステムを新しく作り変えようとしています。しかし同時に会社の日常業務も止めるわけにはいきません。サーバーは常に平常通り安定した運用を続けねばなりません。成長が始まると動きが激しくなります。どんなに動きが急になってもうまくバランスを取っていかねばならない。今のところ、われわれはプロダクトの開発に40%、事業の運営に60%くらいの割合で時間を配分しています」

「われわれは正規の5万ドルとは別にみなさんの会社に投資したい」とリーは言った。「皆さんの手助けをするために、まず5万ドル、それから15万ドル用意しましたが、今の話を聞いてさらにできることはなんでもしたいと思っています。ですから考えてみてください。時間は貴重です。デモ・デーが刻一刻近づいているのだからみなさんも時間を無駄にはしたくないでしょう。細かい詰めで時間をかけなくてすむよう、われわれの投資の条件はスタートファンドと完全に同一にします。つまりみなさんが今後新たに投資ラウンドを実施した場合、われわれの投資は自動的にその一部となり、前払いとみなされます。しかし、さっき言っていたように『正式な投資ラウンドはできるだけ実施せずにいました』という方針ならわれわれはそのほうがよいのです。われわれは人手を借りずになんでも自力でやるデベロッパーが好きですから。

そういうわけで、今のわれわれの提案を考えてみてください」

リーは次のインタビューのために席を立った。マッケイとウィロスディックは相談し、その日のうちにリーに返事を伝えた。ふたりはリーの申し出を受け入れた。

メインホールでの15分のおしゃべりでそれまでとまったく同じ条件での10万ドルの追加投資が決まった――他の投資家はしてやられたと地団駄を踏むことになるだろう。この資金調達はまったく楽だった。ところが実は条件はさらに有利なのだった。翌日の夕方、モンゴHQの創業者はデビッド・リーが15万ドルを投資しようとしているのではなく、オリジナルの5万ドルに追加してさらに15万ドルを投資しようとしていることに気づいた。さらにリーは別の投資家を紹介した。その投資家は創業者たちに電話をかけてきてさらに10万ドルの投資を申し出た。SVエンジェルのパートナーとの短い会話は総額25万ドルの投資を招き寄せた。

爆発的に成長する初期スタートアップを予測はできない

デビッド・リーは結局、YCの夏学期の3分の1のチームに追加投資を決めた。しかしリーはSVエンジェルとスタートファンドの投資でもっとも重要なのは学期の全チームに対する一括投資だと信じている。「SVエンジェルの一括投資はモンゴHQのような有望スタートアップにいち早く接触して追加投資をするためのコストなのだろう?」と尋ねられたら、リーは明確に「ノー」と答えるだろう。実際、リーは「SVエンジェルはなぜ全スタートアップに一括に投資するのか？　話題づくりのためではないのか？」と尋ねられて、リーはこう答えた。

別に評判になろうとしてこういうことをしているわけではない。単にこれが非常に有利なチャンスだから投資しているまでだ。時が経てばわかるだろう。スタートアップの初期の段階でどれがドロップボックスやエアビーアンドビーのような成功を収めることになるか予測するのはほとんど不可能だということを認めざるをえない。初期スタートアップへの投資家はドロップボックスのような存在に対して恐れを抱くべきだ。というのもユリ・ミルナーとロン・コンウェイはいわゆる投資家の寵児ではなかったからだ。ドロップボックスは、これはすごい、これは有望だ、さっそく投資しようとは誰も思わないような会社だった。ところがドロップボックスはスタートアップの概念を新たにするような爆発的な成功を収めた。

常に成長率に目を光らせろ

次の火曜日、定例夕食会を控えてジェイソン・マッケイとベン・ウィロスディックはYCのメインホールのテーブルで仕事をしていた。ポール・グレアムがふらりとやってきて「きみらは今何をやってるのかね？」と何気なく尋ねた。

「今のところビジネス面にかかっています」とマッケイがやや弁解するように言った。

グレアムはビジネス面をやることに別に弁解する必要はないと言った。「スタートアップの創業者がハッカーであるかぎり、ビジネス面に時間を割くことに問題はない。ハッカーは時間さえあればプログラミングしていたいはずだからだ。ビジネス面の仕事をやっているならそれは必要に迫られてのことだ。ハッカーの創業者の問題はむしろビジネス面に注意を向けさせるのが難しい点だ」とグレアムは説明した。

モンゴＨＱチームは最近彼らに接触してきた何社かのベンチャーキャピタルについての評価をグレアムに尋ねた。グレアムは好意的な評価を述べた。一方のベンチャーキャピタルは創業者に対してすぐに返事をくれるという。もう一方の会社をグレアムは「ゴルフなんかにうつつを抜かさない若い世代のベンチャーキャピタルのひとつだ」と言って誉めた。

グレアムはモンゴＨＱが今学期でトップクラスのスタートアップだとは直接には言わなかったが、受け身形を使ってそれとなくほのめかした。「きみらが63組の中でトップクラスだと考えられていたら資金調達は望みのままというところだろう。それで正式なシリーズＡの資金調達ラウンドを実施したらその金で何をする？　ハッカーを雇うか？」とグレアムは尋ねた。

「そうですね、ハッカーを雇いたいです」とウィロスディック。

「何人？」

「３人から5人というところでしょう。それとビジネス担当もほしい」

「エンジェル投資家から合計80万ドルくらい集めてもいいかもしれないな。デモ・デーではこう宣言するんだ。『われわれは今資金調達をしていない。1年後に非常に高額な会社評価額でシリーズAの調達ラウンドを実施する予定だ。ただ今現在でもその評価額で投資しようという投資家がいるなら受け入れる』デモ・デーでは完全にリラックスしていていい。資金調達に関するかぎりもう勝ったも同然だ」。それからグレアムは成長の状況を尋ねた。「今週の売上の伸びはどのくらいだ?」

創業者はふたりともとっさに数字が出てこなかった。ウィロスディックは数字を調べるためにノートパソコンのキーボードを叩いた。

「だめじゃないか。そういう数字はいつも頭に入れておかねばいけない」とグレアムは叱った。「いいかね。毎週10%の伸びというのは黄金の数字なんだ。それはとてつもなく高い成長率だ。1年に換算すると142倍の成長になる」

グレアムは「常に成長率に目を光らせ、なんとしても設定した目標成長率を達成しなくてはならない」と檄を飛ばした。「ゲームだと思え。どうしても目標を達成しようと努力しているうちに何をしなければいけないのかが自然にわかってくる。集中が答えを与えてくれる。成長率は羅針盤だ。この次に成長率を聞かれたら即座に数字が答えられるようにしておくんだ」とグレアムは締めくくった。

第9章 契約は必ず成立させろ

打たれ強くなれ

クリス・タムとポール・チョウはこの数週間、長い時間をバーで過ごしている。この夏学期のどの創業者よりも長い。バーは、ふたりが「オペス」のアイデアを試すために行かなくてはならない場所だった。YCに応募したときのオペスの説明は「バーテンダーのためのファンサイト」だった。いずれこのアイデアを、ほかのサービス職も含むように拡大していくつもりだった。ウェイター、ヘアスタイリスト、個人トレーナー、マッサージ師など、客が最高のサービスを求める専門家たちだ。オペスは、「並外れたサービスのプロ」が、ファンである客と交流できるウェブサイトを提供する。

タムとチョウはポール・グレアムが創業者全員に課した、外へ出て自分の顧客と会う、という義務を重く受け止めていた。「その人のサービスを受けるために客がわざわざ店に足を運ぶような優れたサービスを提供できるプロがいる」という仮説が、アダムというバーテンによって実証されているのを発見してふたりは喜んだ。

タムとチョウはともにハッカーだ。タムはイェール大学で数学を専攻し、チョウはMITでコンピュータ科学を専攻した。ふたりは6年前の夏にゴールドマン・サックスでインターンをしているときに出会い、それぞれ3年と4年、ゴールドマンで働いた。夏学期が始まる直前、タムはハーバード・ビジネススクールでMBAを取得したばかりだった。ふたりは完全に打ち解けたとみえ、互いに初対面ながら生き生きとしゃべりあった(1)。

タムたちは、バーテンダーのアダムが地元で伝説の人物であると聞き、彼を探しに来ていた。自己紹介をして、自分たちの作っているものを説明した後、アダムからトライアルへの協力を取り付けた。ふたりは数日後の夜、友達を何人か連れて戻ってくると、アダムを指名するよう彼らに頼んだ。名前を呼ばれると、アダムのショーが始まる。「彼は8分から10分かけて友人たちにドリンクを2杯作ったんです。バーでそんな話聞いたことがないと思いませんか」とタムは言う。友人たちはテーブルに戻り、ドリンクを「素晴らしい」と口々に言った。今度はもっと友達を連れてくると誓った。

タムとチョウはこの記念すべき体験をすべての客に味わってほしいと考えた。もちろん問題が起きる可能性も見越していた。たとえば、バーテンダーが4人いて、次々とやってくる客がアダムだけを指名すればアダムは反感を買うことになる。あまり並外れていない人たちを敵に回すことなく、並外れた存在を売り込む方法を考える必要があった。

ふたりは週に3〜4日、マウンテンビューのカストロ通りを行き来してバーを渡り歩いた。ある水曜日の夜、ふたりは寿司屋で何か学べることはないかと、テーブルにモバイルオフィスを構えた。その時間は書き入れ時だったが、ここでも現地で市場調査をするつもりだ。この日のために作ったカードを、客に伝票を渡すとき一緒に渡してくれるよう店主を説得した。カードの上端にはこう書いてあった。「私のサービスはいかがでしたか」。そして、レビューを書いてくれれば無料ドリンクをもらえることも。レストランの名前は、名刺の角に「〜は素晴らしいサービスについて考えています」という一言と共に書かれている。そして別の角には「オペス、究極のサービスをここに」

客が誘導されるウェブページは、iPhoneアプリのように見えるが、実際にはアプリではなくダウンロードは必要ない。ウェブサイトに来た客はオペスのアカウントを作り、サービス担当者を5つ星で評価し、任意でコメントも残せる。レストランの店主は客がフィードバックを送るたびにメールを受け取り、給仕の誰かが低い評価やネガティブなコメントを受けたと知ることができる。

客にアプリをダウンロードさせるのではなく、ウェブページに誘導することによって、タムたちは寿司バーに座ってウォッチングしているときでも、その場でコードを変更できる。客がカードに書かれた勧誘に答えてスマートフォンのウェブブラウザをいじっているところを見ることもできれば、フィードバックがウェブサイトに着くやいなやそれを読むこともできる。ふたりのノートパソコンにはオペスのウェブサイトのコードが、すぐにいじれるように表示されている。変更は直ちに公開される。店主にも、アイデアがあればすぐに組み込めることを伝えている。「今夜中に作れますよ。言ってくれればどんなことでも」

常連客は勘定書きと一緒にオペスのオファーを受けとる。しかし、反応は少ない。タムとチョウはノートパソコンを打ちながら横目で周りを見ている。ふたりのうち社交的なタムは、店主と話しにしょっちゅう店に顔を出している。タムのガールフレンドも、夏休みを利用してニューヨークから来ていて時々立ち寄る。チョウは、ドリンクの特典はドリンクが運ばれるときに提示されるべきで、勘定書きが来て客が帰ろうとしているときではないのではないかと悩んでいる。カードにはこう書かれている。「レビューを書けば、このドリンクが無料になります」

ふたりは、無料ドリンクで客を捕まえる方法が長続きしないことを知っていた。無料ドリンクは、そのサービス自体に魅力があり、おまけを必要としないかどうかを見極めるための、いわばひとつのハック（手段）だ。この夜ひとつわかったのは、ウェイターたちがバーテンダーほどにはこのサービスに乗り気ではないということだ。ウェイターたちはフィードバックが直接店長に渡ることを知っているので、経営ツールのひとつとして使われでもしたら、厄介の種になりかねないと考えているのだ。そして、客側が自由に選べるバーテンダーと異なり、ウェイターはほとんどの場合、同じような忠誠心を引き出せない。ウェイターがショーを演じることもない。

レストランの常連客たちも、フィードバックを返す機会に対して、さほど強い熱意を見せていなかった。タムとチョウは潜在顧客たちの中に自らの身をおいて、客がオファーを無視する瞬間をその場で見た。それは、グレアムとリビングストンがふたりに覚悟するよう警告していた「拒絶反応」だった。今夜の客のうちおよそ10人に9人がオペスを無視するだろう。タムたちの目の前で。アパートの部屋で、さびれたウェブサイトのトラフィックデータや、アップストアで気づかれずにいるモバイルアプリのダウンロード数を見ている創業者たちは、拒絶の痛みから比較的隔離されている。もし、すぐ近くに座っている潜在ユーザーが、自分のサービスを試すよう金銭的インセンティブを与えられているにもかかわらずそうしないとき、拒絶はさらに直接的になる。しかしタムとチョウは、動じていないようだった。

クライアントとの交渉

YC出身スタートアップの多くは、自ら営業に努める必要がある。自分たちの製品が他の企業に使われることを意図している場合は特にそうだ。企業対企業、いわゆるB2Bの世界では、創業者たちはつねにほかのスタートアップに話しかける機会をうかがっている。彼らは、デビッド・マメットの1984年作品、『摩天楼を夢見て』のセリフにあった原則を肝に命じるべきだ。「ABC。Aオールウェイズ（Always）。Bビー（Be）。Cクロージング（Closing）。契約は必ず成立させろ。契約は必ず成立させろ」(2)。スタートアップの状況はマメットの劇中の設定にある薄汚い不動産業者の事務所とは異なる。YCの創業者たちは自営だし、雰囲気は映画のセットの暗さとは対照的に明るい。しかし、ABCはあらゆる営業に必要であり、そこにはスタートアップの創業者も含まれる。契約は必ず成立させろ。必ず！契約は成立させろ。

夏学期の創業者の中でも、「ヴィドヤード」のマイケル・リットは見るからに生まれついての営業マンだ。リットは努力して営業に注意を払う必要がない。「契約は必ず成立させろ」を持って生まれてきた男だ。

カナダのウォータールーで設立されたヴィドヤードは、企業が自社のウェブサイトに説明ビデオを載せる際の裏方の作業を引き受ける。スタートした後も、引き続き運用を担当する。6月にはまだソフトウェアが開発中だったが、ヴィドヤードはすでに同期でもっとも社員が多かった。リットを含めて創業者が3名、従業員が3名いた。計画では、企業に提供するビデオには、ユーチューブの識別子が画面の隅に表示されるもっとも安価なものから、識別子のない高価なものまで、さまざまなオプションがあった。ヴィドヤードのソフトウェアが完成した暁には、それぞれのビデオを毎日何人が見たか、どこで見たか、視聴者が途中で見るのをやめたどうか、もしやめたときはどこでやめたか、などを追跡し、ヴィドヤードのクライアントに報告する。もしクライアントが自社サイトにすぐ載せられるビデオを持っていなければ、ヴィドヤードがオーダーメイドで制作を請け負うこともできる。

リットはワシントン州ベリンガムにあるセイ・イット・ビジュアリーという、企業クライアントのためにウェブサイト用説明ビデオを制作している会社と電話会議を設定した。リットはこの会社を説得し、クライアントをヴィドヤードに紹介してもらい、ビデオホスティングを取り扱わせてもらえることを願っていた。

セイ・イット・ビジュアリーの共同創業者マシュー・ダンがリットに尋ねた。「コンテンツの配信やストレージの冗長度などについて私にもう少しギークらしく話してくれないかな」

「もちろん」とリット。「バックエンドはラックスペースの上につくり、コンテンツ配信にはアカマイを使っています。最近アマゾンS3ストレージシステムとクラウドフロントに移行したところです」

「オーケー」とダンは言った。

「いちばん問題だったのは、ユーチューブやブライトコブといったビデオサービスが、時々クリックしても全然動かなかったり、動くまでに5～6秒もかかったりすることでした。実際、分析結果を見ると、ビデオの読み込みに5～6秒もかかると、クリックした視聴者の30％は再生が始まる前に脱落していたことがわかりました。だからみんなに言ったんです。ぼくらは技術ギークの集団だよねって。ぼくたちは、コンテンツのストリーム速度を最適にしたいのです」。彼はちょっと笑って、こう続けた。「頭にあったのは、もしコンテンツがストリーミングされなければ、あるいはブガッティ・ヴェイロンが時速60マイルになるまでの速さで読み込まれなければ、みんなビデオを見るのをやめるだろうということでした」（ヴェイロンは16気筒100馬力の自動車ロケットで、静止状態から2・3秒で時速60マイルに到達する）

セイ・イット・ビジュアリーとの議論は、新ビジネスにつながることなく終わった。ヴィドヤードの製品は完成には程遠い。バックエンドには、ビデオを信頼性高く高速で配信するインフラストラクチャーを構築していた。その部分の作業は完成している。しかし、フロントエンドと分析用ソフトウェアに載せるビデオプレーヤーがまだ開発中だ。リットはその作業が終わるまで待たなかった。契約は必ず成立させろ。

あきらめない

見ず知らずの人にアプローチすることは、リットのようなハッカー出身の営業マンにとって初めてのことではない。YCのB2Bスタートアップ——開発者対開発者だからD2Dと呼ぶべきかもしれない——の創業者たちは、夏学期の同期生の中からまず営業マン候補を探す。創業者たちが求めているのは売上ではなく、問題を解決してくれるベータ版ユーザーだけだ。運が良ければ、こうした早期ユーザーが将来本物のユーザーになる。自分たちのサービスを仲間のスタートアップに使ってもらうのもひとつの方法だ。たとえばモンゴHQのようにデータベースを持っているサービスはそうしている。あらゆる企業のウェブサイトに統合できるチャットサービスの「エンボルブ」もそうだし、「ペーパーリンク」は販売資料にQRコードを使う企業を支援している。

タイトDBの共同創業者、アレクサンダー・スティグセンとビャルン・クリスチャンセンは、夏学期で同期の写真管理サイト、スナップジョイのマイケル・ドワンとJP・レンを説得して、開発途中のタイトDBを試しに使ってもらうことができた。スナップジョイ自体も進行中のプロジェクトなので、両社の創業者4人が密に協力して、相互にフィードバックを出しあっている。同期生同士すぐに意志を通じあえる。だからドワンとレンも、タイトDBの未完成のソフトウェアに問題が生じたときは、すぐにアレクサンダーとビャルンが助けにきてくれると信じている。

夏学期のスタートアップたちは、YC出身のスタートアップたちとつながりを持つことによっても、販売地域を広げることができる。先輩のYC出身創業者たちもまた、さらに先輩のYC出身のスタートアップに助けられた経験があり、恩返しの意味でも、できるかぎり後輩たちを助けたいと思っている。

もしYC出身のスタートアップが自分たちをYCファミリーの一員と考えているなら、ドロップボックスやエアビーアンドビーは夏学期生にとって裕福で偉大な叔父たちということになるが、十分な計画なしには協力をお願いするのはむずかしい遠い関係である。もしドロップボックスかエアビーアンドビーが、生まれたばかりのスタートアップの顧客になれば、それは計り知れない価値をもたらす。しかしそうしたことは、めったに起きない。広く名前の知られた企業は、質の高いサービスと確かな実績を持ち多数のクライアント企業から信用を得た会社としか手を組みたがらない。まだ孵化していないスタートアップは、YCの後輩というだけでは成功を収めた先輩スタートアップに相手にしてもらえない。

マイケル・リットがエアビーアンドビーのウェブサイトを見たとき、そこはビデオが活用されていて、ヴィドヤードのサービスにうってつけに思えた。エアビーアンドビーのエアーTVセクションには一風変わった宿泊施設や個性的な家主たちのビデオがある。ここのニックネームは「エアビーアンドビーの『ゆりかご』」だ。ヴィドヤードのソフトウェアはまだ完成していないが、リットはエアビーアンドビーを頼って、創業者のブライアン・チェスキーとジョー・ゲッビアのふたりにメールを送った。それは夏学期の最初の週だった。契約は必ず成立させろ。

リッツが最初に送ったメールの件名はこうだ。「エアーTVへ、現役YC企業が素早い洞察を求めています」。書き出しはこうだった。「みなさんこんにちは。ぼくたちはビデオ配信プラットフォーム（エンコード、分析、カスタマイズを含む）を作っています。みなさんがエアーTVで取り組んでいることについて、聞きたいことがあります」。リッツは、ヴィドヤードならエアビーアンドビーがすでに配信しているビデオに分析レポートを付け加えられる、すなわち、「ぼくたちは御社の仕事を全部引き受けることができますよ」と書き加え、最後にヴィドヤードとエアビーアンドビーが同じルーツであることにも言及した。「お返事お待ちしています。YCの一員であることに感謝しています！」

リッツのメッセージは、エアビーアンドビーのビデオ担当マネージャーであるベネシアア・プリスタベックに転送された。そのときエアビーアンドビーはヴィド・ネットワークのビデオサービスを使っていた。ヴィド・ネットワークは、ヴィドヤードが提供しようとしているビデオホスティングと分析を行うスタートアップだ。しかしプリスタベックは、エアビーアンドビーは新しいビデオサービスを探していると言った。ヴィドヤードには残念なことに、エアビーアンドビーは置き換え候補を、ビデオホスティングのビッグネーム2社、ウーヤラとブライトコブに絞っていた。明らかにエアビーアンドビーはビデオ提供業務を次に任せるのは、スタートアップよりも大手と決めていた。

リットはひるまなかった。プリスタベックに、話す時間が欲しいと願い出た。「たまたま別のプロジェクトの入札でウーヤラとブライトコブと競っているんです」。リットは自分たちヴィドヤードに大手と戦えるだけの力があることをほのめかすと、プリスタベックに質問への回答だけを求めた。「何かを売り込むつもりがないことを約束します。ぼくはセールスマンではありません。潜在ユーザーからのフィードバックに期待しているだけです」と彼は言った。

一方、ポール・グレアムはプリスタベックとエアビーアンドビーの創業者たち宛てに、ヴィドヤードチームの仕事への意欲は本物なので、最終決定に至る前に彼らに売り込みの機会を与えてくれるよう依頼するメモを書いた。リットはゲッビア宛てに熱烈なメールを送った。「これは最高の機会です。必死でがんばります。言うまでもないことですが、貴社のブランドはわれわれに対して驚くべき影響力を持っています。そしてこれは両社にとって完璧なタイミングです」

リットはさらにメールを送ったが、すべて無駄に終わった。エアビーアンドビーは当初の計画を変えず、ヴィドヤードは契約にたどりつくための口上を述べる機会も得られなかった。リットは立ち止まらない。「しつこくてごめんなさい」。彼はまたエアビーアンドビーにメールを書き、「われわれは本気で頑張っています」と誓った。さらに、ヴィドヤードがエアビーアンドビーのためにいくつかビデオを製作することを提案した。この提案も仕事には結びつかなかった。しかしリットにとって、完全な「ノー」はない。あるのは「つづく」だけだ。

マイクロペイメント

ノア・レディー＝キャンベルとカルビン・ヤング。グーグルで出会ったふたりのソフトウェア・エンジニアは夏学期に取り組むには大きすぎるプロジェクトをひっさげてＹＣにやってきた。彼らと比べると、他の同期のスタートアップが取り組んでいる仕事は週末プロジェクトに見える。ふたりが手掛ける「ミンノ」は、他の多くのスタートアップが失敗したことを成功させようという試みだ。それは「マイクロペイメント」と呼ばれるもので、非常に少額のお金を、デジタルメディアを読んだり見たり聴いたりする支払いに使える可能性を秘めたサービスだ。支払い部分のソフトウェアを開発するのはもちろんだが、それはむしろ簡単な部分で、大変なのは、訪問者に料金を支払うよう依頼することをウェブサイトのオーナーに納得してもらうことだ。

一方でマイクロペイメントは、サイトオーナーにとって至高の目標である。1990年代、数多くのスタートアップが、マイクロペイメントの普及を試みては失敗を重ねた。ファーストバーチャル、サイバーコイン、ミリセント、デジキャッシュ、インターネット・ダラー、ペイツーシー、マイクロミント、サイバーセントなどだ。クレイ・シャーキーは2000年に書いた「マイクロペイメント事件」と題する追悼文で、ユーザーがそれを嫌ったのは、「面倒とも呼べないほど小さな」取引にいちいち気を奪われて、「精神的処理コスト」がかかるからだと分析した(3)。レディー＝キャンベルとヤングは、そのころとは環境が変わっていると考えている。今のユーザーはアプリストアのアプリやゲーム内のバーチャルグッズに少額を支払うことになれているからだ。

実験のため、ふたりは、自分たちのソフトウェアをニューヨーク・タイムズのウェブサイトで試してみた。新聞社の許可は得ていなかった。ユーザーはミンノにミンノ・クレジットで5セントを払うことによって同紙の有料壁を飛び越えることができた（ユーザーはミンノに登録すると2ドル分のクレジットを無料でもらえる）。「5セントでニューヨーク・タイムズ」は長くは続かなかった。わずか1時間あまり経ったとき、タイムズから電話がかかりサイトを閉鎖するよう要求された。しかし、意図した目標は達成され、ミンノのマイクロペイメント復活案には多少の注目が集まった(4)。

投資家たちはミンノに強い関心を寄せた。カルビンとノアがYCに参加した時点で、ふたりの口座には70万ドル以上入っていた。ロサンゼルスのGRPパートナーズとエンジェル投資家から調達した資金だ。これは、他の夏学期生がスタート時に集めた総額を大きく上回る金額だ。スタートファンドとSVエンジェルの15万ドルさえ霞んでみえた。

レディー＝キャンベルとヤングはYCが提供する資金を必要としていなかったが、それならなぜやって来たのだろうか。ふたりのアイデアを実現するためには、多くのウェブオーナーがミンノの支払いシステムを導入する必要がある。70万ドルで、巨大出版企業、コンデナストとのミーティングを買うことはできない。しかしYCに入ったことによって、コンデナストのミーティングは、YCが最初の夕食会を開催するより前に、いち早く設定された。それは、YCの2005年学期メンバーで、2006年に買収されて以来コンデナスト帝国の一員であるレディットの助けによって実現した。ただし、ミーティングは提携には結びつかなかった。

ミンノ(Minno)は創業以来のサービス名で、Minnow.comのドメイン名が手頃な価格で購入できなかったためにつけられた。しかしふたりはそれを捨て、「バイシンプル」という名前に変えることを、夏学期が始まると同時に決心した。ふたりは従業員第1号、ジェフ・ヨーレンも雇った。仕事は事業開発だった。平たく言えば「潜在コンテンツパートナーのドアの隙間に足を入れること」だ。

ヨーレンはＹＣの第１週にエムスポットとのミーティングを設定した。エムスポットは主要無線キャリアにラジオ番組欄を供給する卸業者だ。最近は映画も扱っている。さらに自社ブランドを広めるために、エムスポット自身のウェブサイトでスマートフォンやパソコンのブラウザでストリーミングが可能な映画レンタルを手掛けており、アマゾンと競合している。気むずかしい通信キャリアへの納入業務を中核事業にするからには、名の通った会社になる必要があった。

エムスポットには多くの幹部がいるようだ。そのひとりでエムスポットの製品マネージャーであるエリック・トーマスは、ジェフ・ヨーレンの古くからの友人だった。ヨーレンはレディー＝キャンベルを、パロアルトにあるエムスポットの質素なオフィスに連れていき、トーマスとふたりのマネージャー、ブルック・イートンとウィリアム・グドローに引きあわせた。

「ジェフがデモを見せてくれた」、そうトーマスがレディー＝キャンベルに言い、ミーティングは始まった。「だからこの製品のことはだいたいわかっているつもりだ。（イートンとグドローのほうを向いて）この連中はそれが何であるかをすごく高いレベルで知っているけど、まだ詳しくは見ていない」

レディー＝キャンベルは待ってましたとばかりに話し始めた。「ぼくたちは人々がウェブでデジタル製品を買うための支払いを簡単にしたいのです。人々のデジタル製品との付き合い方に、大きなカルチャー変革のようなものが起きていると考えています。今や多くの人がマイクロペイメントを使っています。ｉＰｈｏｎｅではアプリ内課金の支払いに、フェイスブックではソーシャルゲームの中で使っています。そしてぼくたちは、あらゆるパブリッシャーが来訪者を直接収益化できる支払いシステムを作りたいのです」。レディー＝キャンベルの語りはスムーズで、まるで何百回もしゃべったことがあるようだったが、実際にはそうではなかった。

「今はプライベートベータ公開中です」とレディー＝キャンベルは続けた。「最近サウンドバグとの提携を発表しました。大きなインディーズ音楽サイトで、月間ユニークユーザーが１３００万人います。ほかにも多くの会社と話しています」。彼はノートパソコンをプロジェクターにつなぎ、初めてのユーザーにバイシンプルの支払いサービスがどう見えるかを示した。スクリーンショットにはバイシンプルのボタンが音楽の曲名の横に置かれているところが写っている。

「ここをクリックするだけでいいんです。新しくアカウントを作る必要もありません。フェイスブックのアカウントとつなぐだけです。つまり、もしこのパソコンでフェイスブックにログインしていれば、タイプする必要もありません。『許可する』の画面が表示されるだけです。ユーザーはメールアドレスを確認したり、新しいパスワードを選んだりという、新規アカウントにつきものの問題から解放されます。本当にすぐ入ることができます。ユーザーに関する情報はすべてフェイスブックから取ってきます。使うのはプロフィール情報やソーシャルグラフなどです。こうすることによって、不正対策がずっと簡単になります。その人たちは本物の人間であると仮定して、はじめにわれわれから2ドルをプレゼントします」

「アカウントはどこにあるんだい？　その後どうやってアカウントに入金するの？」とグドローが尋ねる。

「サインアップしたときにもらった2ドルとか3ドルを使い終わった後、クレジットカードの提示を求めます」

「つまりコンセプトは、最初の支払いは簡単にすぐ始められる。そしてあとで戻ってきたときにアカウントを設定する、ということだね」、とグドローがおさらいした。

彼は別の話題に移った。「では次に、きみたちが誰かに話すたびに必ず聞かれる質問をしよう。きみたちはペイパルとどう違うのか、どこがペイパルよりいいのか」

「最終的にはコンバージョン率（購入にいたった割合）です。ペイパルの標準的実装では、新しいウインドウが開いて、そこに支払情報を全部入力して、それから元の売り場サイトに戻ってこなければなりません。3つか4つのステップがあります。もしこのうち3ステップを取り除いて1ステップにすることができれば、ユーザー体験がずっと良くなって、パートナーにとってもずっと有益だと考えています」

エムスポットの映画レンタル担当マネージャー、ブルック・イートンは、バイシンプルがエムスポットにいくら取引手数料を請求するつもりか尋ねた。完全に無料だ、とレディー＝キャンベルが言う。しかし将来的にはバイシンプルは収益分配を要求し、5〜10％を受け取るつもりだ。

それは受け入れられない。「もっといい条件で経費を減らさなくてはだめだ」とイートンが言う。今エムスポットはペイパルに5%払っているので、バイシンプルが興味を引くためにはずっと低い数字が必要だ。「われわれにとってコンパージョン率はどうでもいいんだ。結局大切なのは必ず利益の出る商売をすることだからね」

エムスポットの幹部たちが顔を見合わせ、ミーティングの終了をほのめかすと、ヨーレンはテーブル越しにイートンを見て、真剣な顔でこう言った。「そちらが料金に興味がないことはわかっています」。それは冗談だった。価格はイートンがもっとも興味を持っている部分だ。ふたりは2〜3分気さくに話した。しかしヨーレンが赤字覚悟の無茶な価格を提示したとき、イートンが真剣になった。「きみたちからお金をもらうつもりはない。きみたちが長くビジネスを続けられると思わなければ取り引きしたくないからね」

「それにもっとユーザーを増やすことだ」とトーマスが付け加えた。「アカウントを作ってほかにも使えるようになれば、ずっとクールになる」

「そのとおりです」とレディー＝キャンベル。

別れのあいさつを交わしながら、ヨーレンは来週までにエムスポットが興味を持ったかどうかの返事をもらう約束を取り付けた。

しかし、答えは「ノー」だろう。重要な会社からの返事はたいてい「ノー」ばかりで、「イエス」はない。営業マンは異常なほど楽観的であるべきだが、同時に完全に忘れ去られてしまうことを暗示する「ノー」には気をつける必要がある。バイシンプルは、マイクロペイメントが2011年になっても2000年並みに未成熟のままである可能性を考慮しなくてはならない。

5月中旬、1回目の夕食会の前に行われた最初のオフィスアワーで、レディー＝キャンベルとヤングは、順調そうに見えるとグレアムに声を掛けられた。そのうえ、ふたりがお揃いのTシャツとジーンズを着ているというばかりでなく、腕を組む仕草まで似ているとも言った。それはグレアムがほかの創業者たちの中でも見てきた、成功の可能性が高いことを示す良い兆候だった。しかしグレアムは、バイシンプルの見通しは、ほとんどのスタートアップ以上に「二極化」しているとも言った。大成功するか、惨めな失敗に終わるかどちらかだ。

第10章 営業マン探しは難しい

陣取り合戦

キャンパスクレドの創業者たちは、最終選考面接でつらい時間を体験した。彼らは素晴らしいアイデアを持っているように思えた。大学生のための特典サイトだ。問題は、ポール・グレアムには、それがどれほど素晴らしいかを彼らが理解しているとは思えなかったことだった。キャンパスクレドのメンバーが、最初に参入したカリフォルニア州の6つのキャンパスでのユーザー数の成長データを見せたとき、グレアムは明らかに興奮していた。しかし、国内の6つのキャンパス以外はほったらかしで、ライバルたちに侵入の余地を残していた。これは陣取り合戦だ。グレアムは話しながらじっとして声を抑えていられなかった。キャンパスクレドはすぐに行動を起こす必要がある。さもなければ市場を失ってしまう。グレアムは立ち上がらんばかりに、声を張り上げた。

「とにかく全部を占領しろ」。グレアムはまるでごく簡単なことかのように言った。「成長は無限だ。来月さっそく実行したまえ」

4週間が過ぎたが、リストに加わったキャンパスは2つだけだ。まだ無数に残っている。キャンパスクレドは、20歳のCEO、サガー・シャー、22歳の営業マン、ブライアン・キャンベル、そして28歳のハッカー、ベン・ペローが作った会社だ。3人は何をおいても、アメリカ中のキャンパスを傘下に収めるために、寝る間も惜しんで働き続けたかった。YCの面接の前から、すでに睡眠時間を削りノンストップで働き続けていて、その後も続けるつもりでいる。しかし、やるべきことが多すぎる。キャンパスクレドのウェブサイトは一から作り直す必要があった。バックエンドのコードも作り直しだ。学生たちが使うモバイルアプリも必要だった。

ペローがこれら全部をひとりでこなすことはできない。あるいは、キャンベルが一軒一軒店に電話をかけたり、店先から店先へしらみつぶしに訪問したり、あらゆる市場にキャンパスクレドの特典を売りに行くこともできない。外交セールスマンとして働いてくれるクローン集団が必要だった。

キャンパスクレドの事務所はサンフランシスコにある。YCの夏学期が始まると、創業者たちは終わりがないように見えるToDoリストをどう攻めればよいかのアドバイスを求めて、オフィスアワーのためにマウンテンビューにやってくる。シャーは、大きな戦略的アドバイスを求めるなら断然ポール・グレアムだが、サム・アルトマンも運用の詳細に関して優れたアドバイスをくれると感じていた。アルトマンとのオフィスアワーが日曜日の午後にあることを知ったシャーは、ありがたくその日最後の20分枠を予約した。約束の時間がすぎてもアルトマンに追い出されないことを願って。

グルーポンに食い込め

最初にすべき仕事は、アルトマンにキャンパスクレドの最新情報を伝えることだ。大学の春学期も終わりに近づいていたが、状況は必ずしも良くなかった。シャーはアルトマンに売上を示すグラフを渡した。「今直面している主な問題は、全米の数多くのキャンパスで浸透率が停滞していることです」と彼は言った。平均浸透率、すなわち最低1回はキャンパスクレドのクーポンを買ったことのある学生の割合は、今学期から販売を開始したキャンパスでは約8%だが、1年前に始めたバークレーの浸透率は15%だ。

「それで、最大どこまでいくと思っているの？」

「学生市場なので、40か50はいけると思います」

「そんなに高く？」

「はい、そう信じています」

キャンベルが但し書きをつけた。「大学によりますが」

「では進出済みの学校で浸透率を高くするのと、新しい学校に進出するのとでは、どちらが早く成長できるのかな」

「新しい学校です」と、3人は声を揃えて言った。

「だったら、それが、きみたちの計画なんだね」

「はい」とシャーは答えると、地図を取り出した。「今は8校です」と言いながらそれぞれの場所を指差す。オースチンのテキサス大学以外はいずれもカリフォルニア州内だ。次に地図の別の場所に付けられた印をいくつか指差した。「これは秋までに必ず行きたいという目標を立てている大学です。どれも優先度の高いターゲットで、合わせて20校になります」。シャーが追加したい大学の数は12校で、どこの大学を選ぶかはともかくこの数字ははっきり決まっている。シャーはアルトマンにこう言った。「ひとつ聞きたかったのですが、秋には全国展開のようなことをしたほうがいいと思いますか? それとも、ニューヨークならニューヨーク大学とコロンビア大学の両方を、ボストンでは、ハーバード、MIT、ボストン大、ノースイースタンを全部まとめてというように、地理的な位置を考えて展開すべきでしょうか」

「最初の何校かを立ち上げたときに、みな同じ地域にあったことは、きみたちにとってどのくらい重要だったのかな」

「それほどでもありません」とシャーとペローが同時に言った。店に登録させなければならないのはキャンベルなのだが、彼は答えない。

アルトマンは続けた。「では、もし人数が足りるなら、全国展開するのがいいと私は思う。私の直感では、7～8%の学校を増やすほうが、既存の学校の7%を40%に伸ばす努力をするよりもいい。これからはどんどん難しくなっていくだろうし、伸びることも証明されていないからね。新規追加したキャンパスの浸透率が7、8%というのはきみたちが証明済みだ。これは陣取り合戦みたいなものなんだろう？　早く多くの大学を勝ち取りたいわけだ」

　ようやくキャンベルが口を開いた。「ぼくたちに足りないいちばん大きなものは、営業力だけだと思っています。スタートするとき、少なくとも最初に問題なのはどれだけクーポンを持っているかですから」

「きみたちはこの書類が、アンドリュー・メイソンのデスクの上に置かれることになっても構わないかね」とアルトマンが尋ねた。メイソンというのはクーポン最大手、グルーポンのCEOで、アルトマンが手に掲げているのは、今日キャンパスクレドが持ってきた、改訂ウェブサイトに載せる予定の機能一覧が書かれた複数ページの書類だ。

　キャンベルは顔を少しだけシャーのほうに向けた。「メイソンにはわからないだろうね」

　シャーがきまり悪そうに同意した。「少なくとも今は」

　アルトマンが話を続けた。「あの連中は自分たちの、年間数億ドルのビジネスに忙しすぎてこれをまったく理解しないだろう。彼らが今すぐきみたちを本気で相手にする可能性はすごく低いと思う。そのほうが都合がいいよね。たぶんきみたちはこれをリビングソーシャルとグルーポンのCEOのデスクに置いてきても大丈夫だ。そうやっても、リビングソーシャルやグルーポンがきみたちに一瞥をくれる以上のことはおそらくない。あったとしても、結局買収のオファーになるだろう。たぶん、何も起こらないだろうが」

　ブライアン・キャンベルが欲しいのは、自分が雇いたい営業マンをどうやって探すかについての助言だ。「たぶんぼくたちに必要なのを大学市場を知っている若者です」とキャンベルは言った。

「わかった。私なら、いやこの段階のスタートアップならほとんどがそうだろうが、友達の友達を探す。すぐ家に帰ってフェイスブックにこう書くだろう。『ニューヨークかボストンで大学キャンパス周辺の店に営業をかける人を探しています。誰か知りませんか？』ひとりはたぶんニューヨークとボストンを受け持てる。ひとりは、たとえば大西洋岸を担当する。これは電話でいいのか、それとも実際に店に足を運ばないといけないのかね」

「電話で大丈夫です。ただし店によってはそれが通じないところもあります。すぐに決めたいなら、直接会う必要があります」とキャンベルが答えた。

ほかにはどんな選択肢があるかとシャーがアルトマンに尋ねた。

「この手のことにはクレイグスリストが結構役に立つんだ。問題は、ゴミも山ほど手に入ることだね。ハッカーニュースに出したことはあるかい」

「いいえ」

「あそこは私の第1候補だ。うちでハッカーニュースに載せて大成功したことがある。本当に質の高い人材が見つかる」

キャンベルは驚いた。「技術者以外でですか？」

「そう。世間にはハッカーニュースを読んで、ただひたすらＹＣのスタートアップと関わりたいという、スタートアップ中毒《ジャンキー》がたくさんいるんだが、彼らは技術者ではないから、そのチャンスはあまり多くない」

「何か具体的に調べたり聞いたりしておくことはありますか？」とキャンベルは聞いた。

「会えばどんな人かはわかる。きみたちが探しているのは、動物と同じで答えにノーを選ぶことのない人たちだ。超積極的で本当に根性がある。これは、定義するのが難しいことのひとつだが、良い営業マンというのは、会えばその人から何かを買いたくなるものだよ」

それこそが、キャンパスクレドに必要なものだ。店に登録してもらうことはどんどん難しくなってきている。「グルーポン疲れがひどく蔓延している」からだとシャーは言う。

この後、ウェブサイトの大リニューアルと、キャンパスクレドが外注しようとしているデザインとエンジニアリングの高額な契約について長い議論が続いた。アルトマンは外注するという決定に不満だ。「私にはどうもひっかかる」と言い、コードの納品が遅れるリスクを心配していた。アルトマンは、他のYCのスタートアップで似たようなことをしそうなところがあるとは考えられないとも言った。

話し合いは1時間以上続いた。シャーの勘は当たっていたようだ。アルトマンは早口だが、根っからの忍耐強い先生だ。

24時間戦えますか？

ブライアン・キャンベルがハッカーニュースに求人広告を出すと、多くの反響があった。キャンベルと同年代の若者もいたが、多くは年配の人たちで、銀行業務やコンサルティングの経験者もいた。キャンベルは彼らがバラ色のスタートアップライフを描いていると感じた。「グーグルだ！　ＩＰＯだ！　シリコンバレーでは何もかもすごい！」応募者の話を聞いているとまさにそんな感じだと、キャンベルはシャーやペローに説明した。キャンベルは、スタートアップライフに対するこの甘い認識に遭遇すると、声を大にしてこう言いたくなる。「そうじゃない。きみたちが自分で手を動かして仕事を終わらせなきゃならないんだ。あのレベルに行くためには、山ほどのきつい仕事や単調でうんざりする作業をする必要がある。自分たちがやらなきゃ、誰もやらない」。年配の応募者たちがスタートアップに必要な仕事について悲しいほど無知なのを見て、キャンベルは対象を最近の大卒に絞った。

あるときキャンベルは大学院修了を間近に控えた応募者とスピーカーホンで話していた。相手は、これもキャンベルが以前面接した元マッキンゼーのコンサルタントほど年はいっていないが、清潔感あふれる22歳というわけでもなかった。キャンベルは、「話上手」を見つけたいのだが、仮の名前をジョン・ドーとするこの候補者は口数が少ない。声にも活気がない。

「キャンパスクレドのブライアンです。はじめまして」

「はじめまして」とジョン・ドーも言う。

「では、履歴書は見せてもらったので、電話で少し話を聞かせてください。ところで、キャンパスクレドの名前や何をやっているかについて聞いたことがありますか」

「はい。キャンパス向けにあらゆる種類の日替わりクーポンを扱っている会社ですよね」

「そのとおり」。キャンベルは熱弁をふるい、キャンパスクレドが特典サイト、いわば学生向けグルーポンとしてスタートしたが、今は学生たちと小売業を結びつける新しい方法を検討していることを説明した。その後少しトーンを下げ、「とはいっても、クーポンはわれわれのやっていることの中で非常に大きな部分を占めています。市場に参入して地位を確立するためにはこれが最良の方法なのです」と言った。

キャンベルは普段から早口で、サム・アルトマンにも引けをとらないが、売り込みモードに入るとそれが倍速になる。早口のキャンベルと、寡黙なジョン・ドー、まったく対照的だった。ジョン・ドーは静かな物言いでこう言った。「もちろん私は地域ビジネスの構造を理解しているし、必ずあの変化の激しい学生集団をつかまえるつもりです」

「そのとおり」。キャンベルは反射的にまた言った。営業マンの口癖である。「単刀直入に言って、われわれが必要としているのは事業開発の実務担当者で、いくつかの地域を担当できる人を探しています。たとえば、北東地区。そこにはニューヨークやボストンの大学がいくつかあって、私が西海岸でやってきたことを出来る人が必要です。具体的には地元の店に電話をして、学生とつながることに興味をもたせたら、店に出向いて顔を合わせ、われわれのプラットフォームを試してくれるよう仕向けます。始めさえすれば、定着率は非常に高いのです。毎年続けて新しい学生と出会いたいと思いますからね。

「これまでの定着率はどのくらいですか」とジョン・ドーが割り込んだ。

「キャンパスによって多少違いますが、店が10軒あれば『もう二度とやりたくない』というのは、ひとつかふたつです。『たぶん』というのがあとひとつかふたつ。これは私からみれば『イエス』です。あとは20分ほど電話で話せばいいだけです」。キャンベルは、ドーがこの仕事に向いているかどうかに会話を戻そうとした。「役職と仕事の内容がわかったところで、この仕事にあなた自身をどう活かせるか、またそれを裏づける経験について聞かせてください」

「私はまさにその〝大学というマーケット〟のアクティブメンバーでした」とドーは言う。しかし、学生だったという以外に彼はこの仕事に関する資格を何も提示しなかった。彼は自分がキャンベルに聞きたい質問に戻りたかった。「御社の店舗獲得部隊の規模はどのくらいですか？」

「今のところ、私ひとりです。つまり、私が今の8つの大学全部に行って、8つとも押さえられたということです。そして、それがわれわれの計画していることで……」彼は自分が今から言おうとすることを思って笑った。「要するに私のクローンになって、私以上の成果を出してほしいのです。われわれが提携すべき店、提携したい店のオーナー全員に電話をかけて、必要なら出向いて顔を合わせるなり何でもやって、われわれのプラットフォームを試してもらえれば、きっと長期顧客になります。だからものすごく積極的で競争心のいる仕事なのです。求めているのは、意欲のある人です。あなたの話に戻りますが、私はあなた自身どうこの仕事に向いていると考えているのか、この仕事のどこに興味があるのかを知りたいのです」

ドーはすぐにはしゃべり始めなかった。キャンベルは待った。

「それは面白そうですね」と、ようやくドーが言った。大学院を終えたばかりの彼はこう尋ねた。「拘束時間はどのくらいですか?」

不思議な質問だった。なぜなら、スタートアップライフにおいて、捧げる時間の長さは1種類だけ、24時間だからだ。「われわれが求めているのはフルタイム、文字通りの意味です」、キャンベルは一瞬笑って中断し、「たくさんの時間です」と言った。笑いで場を和ませようとしたが、キャンベルは真剣だった。「私の予想では、特にスタート直後、慣れるまでの間は、ほとんどノンストップになるでしょう。スタートアップだから当たり前ですが。つまり、自分で終わらせられなければ、誰もやる人はいないということです。ただし報酬に関しては、スタートアップという性格上、仕事は多岐に及ぶので、実績ベースの部分は大きくなります。年俸は5万から6万ドルを考えていますが、だいたい3万ドルが基本給で残りは実績と歩合になるでしょう。どう思うか聞かせてください。やっていけそうですか」

すべての会話が息をもつかせぬ流れに乗ってやってくる。ドーは、基本給が予想より低いという知らせを受け止めながら一呼吸おいた。スタートアップの慣例では、早期従業員には業界水準の給料ではなく、相当な額の株式をストックオプションの形で与えることが多い。しかしキャンベルは株式のことは一切口にせず、ドーも尋ねなかった。ドーの関心はまだ基本給に向けられたままだ。

「えー、その、ニューヨークに住むにはお金がかかりますよね」とドーは言う。「だから、それでは私にはちょっと苦しいかもしれません」。熱意がないと思われてはまずいと、ドーは、なんとかポジティブな返事をかき集めようとした。「それでも、最終的な金額についてはもちろん理解しています。かなりいいと思います。この会社の勢いは間違いなく魅力的です」。ドーは、現在他の会社のプロジェクトに関わっているが、候補には残してほしいことを伝えた。「今すぐこちらで働けるかわかりませんが、ぜひこのお話を続けたいので私のスケジュールが変わり次第ご連絡します」

「もちろん。どうもありがとう」とキャンベルは言った。

顔をあげると、電話の間に部屋に入ってきていたサガー・シャーがいた。

「今来たところだよ」とシャーは言った。「彼の声は全然営業向きには聞こえなかったね」

「そうだね」とキャンベルも同意した。

それは、来る日も来る日もキャンベルが交わすことになる数多くの会話のひとつにすぎなかった。創業者の熱意に応えるような候補者はいなかった。

第11章 プロトタイプ発表

プロトタイプ・デー

YCの創業者たちは、同期生も多く、他のスタートアップが何をやっているかを知る機会もあるが、実際にはごく一部の同期生しか知らないことのほうが多い。知り合いが多いかどうかは、火曜日の夕食会でどれだけ人と話したかで決まる。学期が4週目に入っても、160人の創業者たちは、料理を待つ行列でたまたま隣になったり、同じテーブルに着いたりした同期生たちと、「やあ、きみたち何やってるの?」などと言葉を交わすだけだ。

学期が始まってすぐ、YCが公式の「パーティー」を日曜日の晩に開いたが、大学生にとってはおよそパーティーとはほど遠いものだった。むしろオープンハウスと呼ぶほうがふさわしい静かな雰囲気で、会話中心で音楽もなく、早く始まり早く終わるイベントだった。創業者の恋人や妻が訪れ、内部を見る唯一の機会でもあった。創業者の多くがこれをスキップした。

しかし、6月最後の木曜日、全員がメインホールに集まっていた。2日前の火曜日に夕食会があったばかりだが、この日も来るように言われていた。プロトタイプ・デーだからだ。それぞれ2分間ずつ、今取り組んでいるアイデアについてみんなの前で話す。それを聞いて、同期のスタートアップが何をやっているかを理解する。

ミニプレゼンテーションが始まる前、最初にポール・グレアムが、プロトタイプ・デーの伝統に関する小史を、グレアム流の激励を交えて披露した。「プロトタイプ・デーは一種のたくらみだ。発明したのはロバート・モリスだ。モリスは、デモ・デーという締め切りがあるからスタートアップは必死になることに気づいた。それならば、もっと早い時期に締め切りを作ったら、もっと必死に働くはずだ。デッドラインを作れと」

しかし、今やこの動機づけは奇異に感じる。ここにいる創業者たちは、何かと先延ばしにしたがる大学生ではない。YCに入れたのは、ものごとを成し遂げたという実績があったからだ。実際彼らは、デモ・デーがたちまちやって来ることを初日から強く感じていた。同期生のひとりが作った、残された時間が秒単位まで正確に刻まれているデモ・デー・ページを訪れては、そこに書かれている「なぜきみはここで時間を無駄にしているのだ？」という叱責メッセージを見る。

プロトタイプ・デーの真の目的は、仲間たちのやっていることを見る機会を創業者全員に与えることだ。「ここにはきみたち以外誰もいない」とグレアムは言う。「見栄えを心配する必要はない。自分たちのやっていることを説明するだけでいい。するとたいてい誰かが『ああ、それをやった友達を知っている。彼がやったのはこれだ』と教えてくれる」

2日前の夕食会では、2007年夏の卒業生でドロップボックスの創業者、ドルー・ハウストンがゲストスピーカーだった。ハウストンは成功するスタートアップについて言いそびれたことがあったとグレアムに言った。「ブラブラしないこと。成功するスタートアップはミートアップに行かない、アドバイザーたちと話すために走り回らない、ひたすらコードを書き、顧客と話す」。これはグレアムが何度も繰り返したスローガンでもある。コードを書け、顧客と話せ。

グレアムは、自分やYCのパートナーが、学期中、つねに創業者をランクづけしていることに気づいていないかもしれないと言う。一方でこれは、パートナーにとっての実地訓練でもあると言う。パートナー自身、将来成功しそうな応募者を見抜く力を磨きたいのだ。

「われわれのランキング、少なくも私のランキングを見渡すと、トップクラスのほとんどが、まるで野獣のように営業をかけているのがわかる」とグレアムは言った。

グレアムは必要なのは営業力だけだと言いたいのではない。「ハッキングが得意で、かつ営業に積極的でなくてはだめだ。われわれが投資する相手は全員ハッキングが得意だ。それは見ればわかる！」むしろパートナーが見過ごしがちなのは、営業に挑戦しようという意欲だ。

「私が営業と言っているのは単に電話をかけて売り込むという意味ではない。外へ出て顧客と話し彼らが何を求めているかを知ることだ。では、どうすればよいか。営業を優先することだ。すべての時間を営業に費やして、ハッキングを副業にするということだ、わかるな？」

この無謀とも言える提案が、グレアムをさらに生き生きとさせる。「それが……」と彼は強調するために言葉を切る。「それが本当に良い結果を生むのだ」

グレアムはある事例を頭に浮かべている。すると何かを思い出すように言った。「ヴィドヤードはいるか?」と言ってグレアムは聴衆を見まわした。「ヴィドヤードは自分たちのサービスをエアビーアンドビーに売り込もうとしたが、ノーと言われてしまった。彼らはコードを書くか何かの契約をすでに結んでいたんだ。それでヴィドヤードはこう言った。『どっちみちぼくらはエアビーアンドビーにしつこく迫り続けるつもりだ。いずれ何かが起きることはわかっているからね』」

グレアムの説教は最高潮に達した。「ヴィドヤードみたいになるんだ。セールスアニマルに。もしきみたちがセールスアニマルでないなら、そうなるように自分を強制するんだ。たとえそれがどんなに不快だったとしても」

ゆっくり話せ

ノートPCが1台テーブルに置かれ、演台の後ろの白い壁に画面が映しだされている。今日のイベントはプロトタイプ・デーと呼ばれてはいるが、プロトタイプを見せる必要はない。すべてのスタートアップが自分たちのアイデアを紹介して、さらに完全なデモを見せるには人数が多すぎる。アイデアをうまく説明するセリフがいくつかあれば十分だ。

チームの中には、いまだにアイデアがぼんやりしていて、スタートを切るまでには時間がかかりそうなところもある。あるいはすでに本物の顧客がいて、プロトタイプ段階よりはるか先に進んでいるスタートアップもある。ほとんどのスタートアップが、そんな両極端の間のどこかにあてはまる。

カルビンズは、印刷されたフォトブックというアイデアで応募した3人の若者で、ポール・グレアムが個人的にこう書き留めていた。「めちゃくちゃエネルギッシュな創業者たち。『新しいアイデアの宝庫』」。その彼らが新しいスタートアップのアイデアを発見した。名前は「ライドジョイ」。ほかにライドバンク、ライドタスティック、ライドビーなどの候補もあった。ジエイソン・シェンがそのアイデアを紹介する。

「われわれのコンセプトはずばり相乗りです。相乗りを超簡単で楽しくすることによって、人々の移動手段を変えたいと思っています」。クレイグスリストに掲載されている相乗り広告の数は――現在サンフランシスコ湾岸地域だけでも約1000件ある――需要を示す心強い証拠だ。シェンは、ネバダ州の砂漠で近く開催されるバーニングマン・フェスティバルとサンフランシスコ・ロサンゼルス間向けに、長距離のマイカー相乗りをスタートする計画だと言った。

ほかのスタートアップがプレゼンテーションの最後にやるのと同じように、シェンはメンバーの役割分担を紹介した。カルビンとランディーは開発担当で、自分自身は、拒否されてもモチベーションを保てるタイプだと紹介した。「ぼくは30日連続で拒否されたことがあります」とシェンは、自分の「拒絶セラピー」体験について話した。そこでは、毎日1回以上違う人から拒否されるように無理な要求をしなくてはならない。拒否される痛みに慣れるためだ(1)(たとえば、無料でファーストクラスにアップグレードしてくれるようフライトアテンダントに頼んだそうだ。また別のケースで、彼は列車の中で魅力的な女性を見つけて電話番号を聞こうと決心した。彼女が断ればその日のノルマはクリアーできる。シェンは彼女の近くに座って会話を始め、一緒に列車を降りて電話番号を聞くと、彼女は「オーケー」と言った。シェンはこれを「拒否されることの失敗」に分類した)。「ですから、飛び込み営業に強くなりたい人は、ぼくに声をかけてください」

「ブランドンB」――ブランドン・バリンジャーとジェイソン・タン――も新しいアイデアを考えていた。彼らは消費者向け製品を避けるようにというYCパートナーの忠告が頭にひっかかっていた。バリンジャーが言う、「シフト・サイエンス、いわゆるインターネットの保安官です」。バリンジャーの後方には、冗談っぽく、ケーブルテレビ番組のリノ911の登場人物が映し出されていた。ブランドンBは「ユーザーの疑わしい行動」を選り分けるソフトウェアを作っている。たとえばオンライン・フォーラムへのスパムコメントなどがその対象で、これは彼らのアイデアの元になった。あるいは、エアビーアンドビーなどのサイトで詐欺師が部屋の貸し手と借り手の両方に登録することで、サイトをマネーロンダリングに使うといった、明らかな詐欺行為も対象になることがある。バリンジャーは同期生たちに向けたこんな言葉で締めくくった。「もし誰かこの手の問題を抱えている人がいたら、声をかけてください。よろこんでお手伝いします」

もうひとり、インドからきた創業者がプレゼンを終えた後、グレアムが部屋の横手からみんなに向かって言った。「こうしたトークには、覚えておくとデモ・デーで役立つことがいろいろ含まれている。今のプレゼンの教訓は、外国語なまりのある人は、ゆっくり話さなくてはならないことだ」

「パース」は大人数チームのひとつで、創業者が4人いる。うちふたりは経験豊かなYC出身の創業者だ。ティコン・バーンスタムはスクリブドの共同創業者で2006年夏学期卒、ケビン・ラッカーはゲーマドールの共同創業者で2010年冬学期の出身だ。自身も開発担当で、将来パースのサービスをほかの開発者に販売することになるバーンスタムは、明快な説明から入った。「私たちはモバイルアプリ版のヘロクです」。これは、クラウドサービスに関連するスタートアップのアイデアを持つ創業者が必ず引き合いに出すわかりやすいコンセプトだ。

パースは、別々に応募した2チームが、グレアムの助言によって併合されてできたチームで、6月時点ではまだスタートしていなかったが、それ以来迅速に行動している。「われわれのサイトはすでに動いています。われわれのSDK、つまりソフトウェア開発キットさえ使えば、バックエンドのコードを書く必要はありません。レイルズやPHPと格闘しなくていいのです。みなさんのモバイルアプリに必要なクラウドサービスはすべて入っています」。わずか3週間で、このスタートアップは、アップルのiOSとアンドロイド両方のためのソフトウェア開発キットを書き、プライベートベータの公開を開始して200社のデベロッパーをサポートしている。その中にはすでにパースに依存するアプリを正式公開しているところもある。バーンスタムは続ける。「本当に簡単なのです。SDKをインストールして3行のコード――文字通りコードを3行書くだけで、パース・クラウドにデータを保存したり取り出したりすることができます」。バーンスタムは、グーグル・ベンチャーズを含め夏の初め以降に出資した投資家のリスト見せた。学期内で最速のスタートダッシュだ。

グレアムがほかの創業者たちに向かって言った。「きみたちは、今のプレゼンテーションがどうしてわかりやすかったのか気づいたかな？ バーンスタムのゆっくりした話しぶりを聞けば、ほぼ全員が速すぎることがわかるだろう。適切な速さで話しさえすれば、ずっと理解しやくなるということだ。ゆっくりと。話すこと」

「アドポップ・メディア」のソフトウェア技術は、ビデオに商品画像をデジタル的に挿入するもので、デモンストレーションが必要だった。インイン・ウーが発表する。彼女がテニスの試合のビデオが映し出すと、コートに巨大な「NIKE」の文字が描かれているように見えた。まるでコート表面に塗られているように見えるが、それは錯覚で試合の後アドポップのソフトウェアが合成したものだ。このソフトウェアは普通のパソコン上で動作する。フットボール中継で攻撃地点を示すフィールドを横切る黄色のラインを描くのに使われるような、特殊なハードウェアは必要ない。ソフトウェアの使い方は簡単で、1枚のフレーム上で、広告や画像を表示したい領域の4隅を指定すれば、あとはソフトが広告を挿入して別のビデオファイルとして保存します。画像はまるで元の映像の一部のように見えます」とウーは言った。

アイデアが同じなら競わせる

Yコンビネーターに向けられる批判のひとつに、創業者たちが追求するアイデアが大胆さを欠く傾向にあるということが挙げられる。100日先のデモ・デーを目標とするあまり、考えが小さくまとまりがちだ。あの巨大市場を射止めたドロップボックスのドルー・ハウストンは例外だ。この日の午後もプレゼンテーションが進むにつれ、いくつかのスタートアップがこじんまりとしたアイデアを披露してこの問題を露呈した。果たしてここにいる創業者たちのアイデアが大きなビジネスに成長することなどあるのだろうか。そんな著しく大志の低い部類に入りそうなスタートアップのひとつが、「スプリッターバグ」だ。ふたりの創業者、マット・ホールデンとショーン・リンチは元グーグルのプログラム・マネージャーなので、大きく考える会社のことは知っていてもいい。しかしスプリッターバグというモバイルアプリのすることと言えば、一緒に旅行したルームメイトや友達同士の費用分担を手伝うだけだ(2)。それでも、聴衆の中にこのアイデアを批判する者は誰もいない。スプリッターバグがプレゼンを終えたとき、それ以前のチームと変わらず温かい拍手をあびた。

出資するスタートアップを選ぶ際、YCパートナーたちはアイデアよりも創業者たち自身に注目する。アイデアで見ると、同じ学期のいくつかのスタートアップでアイデアが重複したりほとんど同じであったりして、選考の決め手にならない。この夏、少なくとも3社のスタートアップが旅行アプリのアイデアを持ち込み、2社がプログラマーに技術的課題を提供するサービスに取り組んでいる。こうした重複は、グレアムやパートナーたちにとって大きな問題ではない。スタートアップたちに任せて淘汰させるだけだ。あるスタートアップがもう1社の存在によってマーケットの取り合いになりそうだと感じたなら、自由に新しいアイデアを追求してかまわない。

「インタビュー・ストリート」は、ハッカーのテストに取り組むスタートアップ2社のひとつだ。ソフトウェア会社に代わって求職者をふるいにかけるサービスに決めた。会社が実際に採用したら、インタビュー・ストリートに料金を支払う。ウェブサイトはすでに稼働している。もう1社の同期スタートアップは、まだ名前が決まってないが、同じくプログラマーに技術的課題を与えることを計画している。ただし、特定の企業に代わって選別を行うことはない。代わりに、プログラマーがゲーム風の問題を解くことによって、自分の腕前を示せる場を提供する。

ライアン・ブビンスキーとザック・シムズは2番目の会社の創業者で、ふたりともコロンビア大学の学生だ。ブビンスキーはコンピュータ科学と生物物理学の2科目を専攻し、最近卒業した。シムズは政治学専攻で3年次を終えたばかりだ。ブビンスキーは、コロンビア大学の学生が別の学生にプログラミングを教えるのを取り持つ「アプリケーション開発イニシアティブ」というクラブを設立した。コンピュータ科学の授業を1科目受けただけのシムズは、まさしくそのイニシアティブが助けようとしている非技術系学生だった。クラブでは、コンピュータ科学の学生たちにも、授業で習う以上の実用的スキルを教えた。教育現場というところは、教室で使うプログラミング言語の変更が必ず遅い。現在コンピュータ科学の講座では依然としてJavaを強く推していて、ウェブ開発でもっとも広く使われているJavaScriptやRuby、Pythonなどの言語をほとんど無視している。ブビンスキーのクラブはこの状況の改善を買ってでた。

シムズは夏学期の創業者の中では異端だ。21歳の非ハッカーで、すでに1年以上スタートアップ関連の経験を積んでいる。前の年、シムズはＡＯＬのベンチャー部門であるＡＯＬベンチャーズで夏休みのアルバイトをした。そしてその前の学年度中には、ニューヨークの「グループミー」というスタートアップとそこで最初の社員になるべく話を進めていた。グループミーでは「パートタイム」として週30から40時間働いていた（シムズの選択は正しかった。グループミーはスタートアップが最速で成長するところをインサイダーとして見ることができた。グループミーはグループ向けにテキストメッセージを送るサービスで、２０１０年8月に開業し、シードラウンドで85万ドルの資金を調達した。２０１１年1月にはベンチャーキャピタリストから１００

万ドルを調達し、2011年の夏には、8000万ドル以上でスカイプに買収された。スタートからわずか1年後だった)。

シムズとブビンスキーがYCに到着し、夏学期のほかのメンバーと顔を合わせたとき、インタビュー・ストリートを見つけた。そのアイデアは自分たちとまったく同じではなかったが、よく似ていた。しかし、落胆したのは別のことだ。インタビュー・ストリートのプログラミング課題をゲーム化する計画に対する、同期のハッカーたちの意見を聞かされたときだった。

「ぼくは絶対にこれを使わない」

「優れたプログラマーがこんな方法で自分の能力を証明しようとするわけがない」

「どこの優秀なプログラマーが仕事探しに苦労しているって?」

ブビンスキーとシムズは別のアイデアを探すことに決めた。ふたりはサニーベールにアパートを借りた。そこはマウンテンビューよりずっと退屈で、サンフランシスコよりもさらに遠い場所だった。あるとき、料理を注文しようとして、多くのレストランが専用のウェブサイトを持っていないことを発見した。今日このふたりが紹介する新しいアイデア「ビズプレス」は、スモール・ビジネスが簡単に専用ウェブサイトを立ち上げられるサービスだ。

「マウンテンビューのカストロ通りで緊急アンケートを行いました」とシムズは言った。あるブロックの12店舗のうち、6店がウェブサイトを持っていませんでした」。ビズプレスはこの明白なニーズを満たすべく、スモール・ビジネス向けにまず無料ホームページを提供し、後にオプションとして経理やソーシャルメディア管理などの有料サービスを提供するつもりだ。「バイシンプル」のマイクロペイメントシステムは、今学期中でもっとも野心あふれるアイデアを持つスタートアップと言えるだろう。しかし今日はプレゼンテーションを行わない。バイシンプルはもうこのクラスにいないからだ。創業者たちは、オンラインの世界はコンテンツの販売にマイクロペイメントを受け入れる準備がまだ整っていないという不本意な現実を認識し、YCを去った(3)。学期のチーム数は64から63に減った。

しかし、この学期から大きなアイデアがなくなったわけではない。「クラーキー」は、大志ある会社のひとつとして数あるプレゼンテーションの中でも傑出していた。創業者ふたりのうち、ダービー・ウォンがターゲット市場について話し、250億ドルという注目を引く数字を示した。ウォンと共同創業者のクリス・フィールドは、共に弁護士資格を持ち、企業の法的取引を自動化しようとしている。都合の良いことに、ふたりは弁護士であるだけでなく、ソフトウェア・エンジニアでもある。「ぼくたちは自分たちをビジネス取り引きのヘロクと考えています」とウォングが言う。ふたりはあらゆる法的取り引きをオンラインで扱えるソフトウェア・インフラを開発している。リーガルズームがもっとも基本的な取引の様式のみを規定したのに対して、クラーキーでは、どんな種類の取引でも、法律家や企業が独自の様式をアップロードできる。またリーガルズームが紙の書類を印刷して署名のために郵送するのに対して、クラーキーは電子署名を使用して「ペーパーワーク」を過去の遺物にする。ウォンが使用例を列挙する。雇用契約、守秘義務契約、ストックオプション契約、製造で使用される供給業者契約、家主が扱うリースおよびレンタル申請書。「ここがクラーキーの出番です。ぼくたちはこれらの取引を自動化し、すべてをアマゾンで何かを買うのと同じくらい簡単にします」。これは、机上の空論ではない。その部屋にいたスタートアップ全員がすでにクラーキーを使っていた。転換社債を処理するモジュールは夏の初めから実用化されていて、スタートファンドとSVエンジェルがすでに使っている。

ラップ・ジーニアス

発表者の中には声が聞き取りにくい者もいる。現時点では見せるものがほとんどないところもあった。しかし、ラップ・ジーニアスはすでに独自のカテゴリーを築いている。ステージに登場する機会をことのほか楽しんでいる創業者たちだ。トム・レーマン、イラン・ゼコリー、マンボッド・モガダムの3人は、自分たちの番が来ると会場の前方に集まった。

「最近どう？　ぼくはトム、これがイラン……」と言って、プロジェクターに接続したノートPCの横に座っているゼコリーに合図をする。

「最近どう？」ゼコリーが繰り返す。

レーマンが続ける。「そしてこれがマンボッド、3人揃ってラップ・ジーニアス。ぼくらはちゃんと使える歌詞サイトを作っています」。リル・ウエインの歌「6フット・7フット」で歌詞に唐突にラザニアが出てくる一節を口にする。「これってどういう意味？」とレーマンが尋ねる。誰も答えない。「だったらグーグルに打ち込んでみよう、オーケー、どこのサイトにあるだろう？」ゼコリーがグーグルの検索ボックスに歌詞を打ち込むと結果が表示される。「ぼくらが検索結果のトップです。クリックします。ラップ・ジニーアスに飛んできて、そこから歌詞のページに行って、この歌詞の説明が開きます。この歌についてちょっとばかり書かれていますね」。レーマンがウェブサイトを簡単に紹介する。続いてライバルサイトが表示される。メトロリリックスはAOLの関連サイトだ。「これが我社のライバルです」とレーマンが見下したように言う。「これがたった今この歌詞サイトが見えている画面です。行くと大きな着メロの広告があります。これはひどい！　歌詞はいったいどこにあるのでしょう」と言ってサイトを埋め尽くした広告を指して、あきれた仕草をする。どういうわけかリル・ウエインの歌詞の横に表示されている朝食シリアルの広告がばかばかしくて聴衆も笑う。

レーマンの声がさらに大きく、自信に満ちていく。「つまりぼくたちは、こうやって歌詞サイトを支配するつもりです。メトロリリックスをやっつけます。他のサイトもみんな。その後は、あらゆる文字テキスト。詩。聖書。文学。税法。わかるかな？」再び笑いが起こるが、ほかの部分についてはあいまいに説明しただけで、ラップの歌詞に続いて何をやるのかについては触れない。おかしなことに、ロック歌詞の作業状況についても説明がない。6週間前のハルジ・タガルとのオフィスアワーでは、これを2番目の分野として試すばかりのように見えたのだが。

ローンチパッド・トイ

この日いちばん遊び心にあるプレゼンテーションは、受けもいちばん良かった。「ローンチパッド・トイ」の創業者、サスハン・アマラシリワルデナとアンディー・ラッセルのふたりは、「トゥーンタスティック」というiPad用の教育ゲームを披露した。子供たちがアニメ化されたお話を作れるアプリだ。この部屋のハッカーたちにとっては、今すぐ興味の湧く製品のようには見えないだろう。子持ちはほとんどいない。しかしふたりの創業者には、ローンチパッド・トイのデモを見せる以外にも、ビジネスに関して伝えるべき話があった。アマラシリワルデナは、ラッセルをノートPCの前に座らせたまま、まずレゴで作った作品の画像を見せた。「今おもちゃ業界では非常に興味深い現象が起きています。子供たちが欲しがるおもちゃのトップ3は、私たちが『おもちゃ』と考えていないものばかりです。デュラセルが毎年、子供たちの欲しがるものに関する報告書を公表していますが、トップ3は、iPhone、iPod touch、そしてiPadでした」。聴衆に驚きの笑いが起きる。「これは私たちにとってまたとない大きなチャンスです」とアマラシリワルデナが説明する。「今、互いに激しくぶつかり合っている2つの市場があります。ひとつはプレイ・ドウ、レゴなどの創造的遊び業界で35億ドル規模。もうひとつは子供向けTVゲーム業界で、市場規模は25億ドルです」。創造的遊びと子供向けTVゲームを合わせれば、新しいカテゴリーが生まれる。アマラシリワルデナはそれを「デジタル・プレイ」と呼ぶ。

「デジタル・プレイとはどんなものか。それは私たちのアプリ、トゥーンタスティックに似ています。すでに数カ月前からアップストアで公開しています。これまでに何度も記事に取り上げられました。すでに10万本のマンガがこのデバイスで作られています」とプロジェクターにつないだiPadを手に、話しながらデモを見せる。「本当に簡単なんです。この動くフィギュアは、大きさを変えたり、回転させたり、腕を動かしたり、いろいろな方向に歩かせたりすることができます」。この発表はデベロッパーがデベロッパーに何かを売り込むほかのプレゼンの中では息抜きのようなもので、トゥーンタスティックのキャラクターが何かをするたびに、笑いが起こる。

「私たちが今やろうとしているのは、どの子供でも馴染みのある遊びのパターンを集めてデジタル化することです。と言っても録画ボタンを追加するだけです。この夏はバイラル化に力を入れるつもりです。やり方は私たちにとって重要な成長方法のひとつで、マンガを共有することです。どこの親も、自分の子供がすることを自慢するのが大好きです。私たちは当社のアプリに、強力なソーシャルツールを組み込むつもりです」とアマラシリワルデナが説明した。ローンチパッド・トイはトゥーンタスティックと一緒に使えるバーチャルグッズの販売も開始する予定だ。「デジタルアイテムは、作るのに一切費用がかかりません、一切」と付け加えた。

アマラシリワルデナはもう1本のアプリの短いデモを見せた。ラッセルとふたりで開発中の、子供が自分でビデオを作れるアプリだ。iPadに内蔵されたビデオカメラと、アニメ化されたオーバーレイを組み合わせる。まだアプリに名前はないが、彼はiPadのカメラを聴衆に向けてデモした。画面手前には光線銃の絵が、背景には聴衆のライブ映像が表示され、銃の標的となってじっとしている。「今からあなたがたを撃破する」と陰の声になって低音で言った。ソフトウェアから発射音の電子ノイズが流れる。「こういう小さなおもちゃを山ほど作っていきます」と普通の声に戻して締めくくった。大きな拍手が沸き起こった。ローンチパッド・トイを気に入ったのだ。

拍手が鳴り止んだとき、後方に立っていたポール・グレアムが大声で叫んだ。「ところで、今のはすごくいいプレゼンだったよ」

結果発表

3時間にわたるプレゼンテーションが終わり、投票のときが来た。創業者たちはそれぞれ、気に入ったスタートアップを2組選んで、メールで送る。もちろん自分たちには投票できない。

数分後、グレアムが発表した。「勝者が決まった」。8位から順に上位へと発表していった。

「2位は、パースとアドポップが22票で同点。そしてナンバーワンは——本当に本当に僅差の23票でローンチパッド・トイ!」。歓声が収まったあと、グレアムが短い激励の言葉を残して会を終えた。「さて、諸君、今日発表した仲間の何を覚えているだろうか。良いプレゼンテーションは注目を集める。重要なのは、右肩上がりのグラフと、良いプレゼンテーションだ」

第12章 ハッカソン

スナップジョイ

傍観者にとって、ソフトウェア・エンジニアの仕事はまったくビジュアル的な興味に欠ける。YCの創業者たちは、夜型、朝型の違いはあっても、ほぼ一日中キーボードを叩き続ける。もしYCがインキュベーター方式を取り入れて、夏学期の創業者160人を1カ所に集めて作業をさせたとしても、そこが観光名所になることはないだろう。そもそも、そんな情景は存在しないのだが。YCの創業者たちは、シリコンバレー周辺の各々のオフィス、たいていは自宅で作業している。大学院生と変らない。創業者たちの体験は人それぞれである。

「スナップジョイ」にとって待ちに待った公式デビューの日がやってきた。ITニューズブログのテッククランチが写真アルバムを作成する彼らのサービスを紹介する記事を掲載した。無料の「公開ベータ」版にユーザーが次々に登録する。ソフトウェアは過酷な耐久テストによって安定性を試される(1)。コロラド州ボウルダーからやってきた創業者のマイケル・ドワンとJP・レンは不安だった。ふたりは今朝4時半まで起きてコードをデバッグしていた。サイトが爆発的トラフィックに圧倒され、また長い夜になるかと思うと気が気ではなかった。準備はできている。レッドブルを買い込んである。

ふたりのアパートはサニーベールにある。YCからサンフランシスコに向かって車で10分の距離だ。そこは徹夜で気を散らされることなく作業するのに適した場所だ。部屋には最小限の家具だけしかなく、テレビもなく、短期滞在者が住むのにふさわしい場所だ。手前の部屋はあらゆる壁が巨大な白い紙で覆われ、ホワイトボード代わりになっていて、スナップジョイのソフトウェア・アーキテクチャーの概要と、ToDoリストが書かれている。ドワンは、夜誰かに外から見られたら「テロリストに見えるだろうね、壁に書いてあるのは世界征服の作戦だけだから」と言った。

シートの1枚には、マイルストンとして目標設定したユーザーからの写真のアップロード枚数と、それぞれの目標が達成された日時が書かれている。ノートパソコンを見たドワンが、ワーッと叫ぶと、興奮しながらシートに新しい項目を書き加えた。10万。この記念すべき書き込みは、カメラで自動的に撮影され、後でスライドショーに使われる。リビングルームにはカメラが三脚に設置され、10秒毎に8時間にわたって撮影される。スライドショーのための材料が集められているのだ。撮影はドワンの妻が担当している。猫がソファの後ろに沿って歩いているのは、達成を確認するためではない。

ドワンとレンはその日の早くに問題が発覚したとき、「幻覚状態」を2度体験したと言う。直近のその問題は、ユーザーがアップロードしたファイルが破損していたために起きた。スナップジョイが稼働しているヘロクの実行プロセスに大混乱を引き起こし、たちまち3万600

0枚のアップロードが停滞して処理待ちになった。スナップジョイはヘロクから割り当てられる処理量の単位「ダイノ」の数を増やす必要があった。サポートチケットを申請したが、割り当てられた100の値は変らずそのままだ。ドワンはヘロクの創業者にインスタントメッセージを送った、「どうかYCの兄弟分を助けてください！」　するとすぐに100ダイノが追加され、待ち行列は0に戻った。

テッククランチの記事はハッカーニュースのトップで紹介され、さらにユーザーを呼び込んだ。ピーク時近くには1分間に1000枚の写真がアップロードされた。ヘロクがYCスタートアップ全員にくれた5万ドル分の使用権が、たちまち底を突きそうだ(2)(YCのスタートアップたちは、ヘロク以外にもアマゾンウェブサービス、ドロップボックス、ラックスペース、ミックスパネル、マイクロソフトらのプロバイダーからも使用権をもらえる)。レンはヘロクが心配してくれていると言った。「ヘロクからメールが来て『きみたちはヘロクのクレジットを大量に持っている。たぶんあと数日はもつだろう』と言ってるよ」。数日？　じゃあその後は？

ドワンとレンは、スナップジョイを訪れるユーザーはひとり5000枚ずつの個人的コレクションをアップロードするだろうと予想している。スナップジョイのソフトウェアは、写真がアップロードされたるたびに、家族など別のユーザーが同じ写真をもっと高い解像度でアップロードしていないか調べる。もし見つかれば、低解像度版を持っているユーザー全員のコレクションを、高解像度版で置き換える。

今、そのソフトウェアが立ち往生している。レンはノートパソコンに表示されるエラーメッセージを追っている。致命的なものはない。「今出ているエラーは「ワーカー」が残していった単なる副産物らしい（「ワーカー」というのはヘロクで使われている擬人化表現で、ヘロクのソフトウェアを指す。「ジョブが群れをなす」も同類）。このシステムは、絶対にデータがなくならないように設計してあるんです。何かをなくすくらいなら、同じ処理を2回するんです」。ふたりには、破損したファイルがアップロードされる前に検知するコードを書く時間がまだない。

スナップジョイに「ベータ」と名がつくかぎり、サービスは無料で提供される。ユーザーには、スナップジョイが将来有料化されたときの料金は、1カ月写真4ギガバイトにつき1ドル程度になると告知している。ふたりは、ユーザーのサイトでの行動を監視するソフトウェアの画面を見て、将来有料になることを説明してあるページを見た後でも、登録するユーザーがいることを知って喜んでいる。どこかのサービスに個人的な写真コレクションを預けようという人たちは、むしろ有料のほうが安心と思っているのではないかとレンは考えている。どうやって維持していくのかわからないサービスが、果たして信頼に足ると思えるだろうか。

世界征服の冗談を言い合ってふざけたりもするが、長期的目標を語るときは真剣そのものだ。100万ユーザーを集め、自前のデータセンターを一式作って、比較的高価なアマゾンのS3

クラウドサービスを使わずにすませる。全員の写真を集めたら、次は全員のビデオを集めたいと思っている。ビデオ1本につき1ギガバイトのストレージが必要になるかもしれない。個人がテラバイト（1000ギガバイト）、いやペタバイト（1000テラバイト）単位のストレージを必要とするようになるだろう。ふたりの計画は、バックアップのバックアップのバックアップまで見越している。何段階もの冗長性はほぼ底なしに容量を食う。

しかし、現時点でユーザーのアップロード量はインターネット回線の帯域幅に制限されている。個人ユーザーが家族の写真コレクションをスナップジョイにアップロードするには何日もかかる。しかしドワンとレンのアパートの部屋には非常に高速のインターネット回線が引かれている。「笑っちゃいます。ここでは3メガの写真を2秒毎にアップロードできます。速度は70メガビット。YC経由でもらったコムキャストのビジネスクラス回線です」とドワンは言い、「ビッ、ビッ、ビッ」と写真をめくるスピードを真似てみせながら、「ここを出るときは本当につらいだろうと思います」と言った。このアパートに立ち寄って回線速度を目の当たりにした郊外に住む友人が帰宅後ふたりに、「きみたちは現実離れしている」と言った。ドワンもその点は認識している。「実は、このサイトを一般ユーザーと同じように肌で感じるのは非常に難しいんです。だからコーヒーショップに行きます。ぼくたちにはとても速くてスムーズに見えるものが、ほとんどの人にとってはぜんぜん違うんですからね」

仕事は自宅でやれ

ポール・グレアムとロバート・モリスがヴィアウェブを始めたとき、ふたりはモリスのアパートを使い、留守にしていたルームメイトの寝室にグレアムが寝た。グレアムから創業者たちへのアドバイスは、これと同じことをしろというものだった。自分たちの生活空間をオフィスにする。「ハックするなら職場より自宅のほうがずっと楽だということを知っているだろうか」。2005年のエッセー「スタートアップをスタートする方法」にグレアムがそう書いている(3)。YCは開始当初から、創業者たちに仕事場を提供していない。経費節約のためではない。「連中のソフトウェアをいいものにするため」とグレアムは説明し、仕事場と生活空間は分けるべきだという〝プロフェッショナル〟な概念を一笑に付した(4)。

アパートの一室で始まったスタートアップでは、創業者たちの働く時間は不規則だし服装はこれ以上ないほどカジュアルだ。ウェブを見るのに「職場にふさわしい」かどうかなど気にする必要もなければ、敬語で話す必要もない。毒のある冗談だって好きに話せる。実は、この段階にある会社が、おそらく将来を通じてもっとも生産的なのだ(5)。

YC夏学期の創業者ほぼ全員が、スナップジョイのようにアパートで仕事をしている。しかし、ときとしてひとりかふたり、チームのメンバーとは別の仲間が近くにいてほしいと強く思うことがある。学期が進むにつれ、サンフランシスコを拠点とするスタートアップたちは不定期にハッカソン(*)を開くようになる。指定された日の晩に同期生がノートパソコンを持って集合し、主催者のアパートや仕事場で作業をし、共通する問題を一緒に解き、YCについて聞いた話などを情報交換する。

ほとんどの会社が入っている小さめのアパートはハッカソンの会場に向かないが、幸い同期生の中には、忠告を聞かずにオフィス・スペースを借りている会社がいくつかある。スタンダード・チャータード銀行の1階にスペースを借りているモバイルワークスは、1週間前にハッカソンを主催した。今夜のホストはキャンパスクレドで、何百平方メートルもある場所を同期生たちに開放する。といっても、キャンパスクレドの「オフィス」自体は、わずか2、3個のテーブルだけで、広いオープンな空間は他のスタートアップと共用している。どこの会社もロケットスペースという会社から「デスク1台当たり」の料金で場所を借りている(6)。

つぶれたらどうなるのか?

今夜、キャンパスクレドとゲストたちは最上階を使うことになっている。最初に現れたのはエンボルブのジェームズ・タンプリンで、この会社はスタートアップがウェブサイトで使うためのチャットサービスを提供している。数分後に、モバイルワークスの共同創業者、プラヤグ・ナルラ、フィリップ・グートハイム、デビッド・ロルニツキーの3人が到着し、続いてシフト・サイエンスのブランドン・バリンジャーとジェイソン・タンがやってきた。ほかの連中も後からやってくるだろう。

タンプリンがノートパソコンを開き、「5アワー・エナジー」ドリンクの小瓶を取り出し、3時間睡眠でもこいつがあれば大丈夫、と自慢気だ。今夜も眠れるとは思っていない。チームメンバーと共に明日エンボルブの新しいバージョンを公開するための準備をするからだ。

エナジードリンクを見たキャンパスクレドの創業者でハッカーのベン・ペローは、頼りになる瓶を1本手に持ってみんなに見せた。ビタミンBだ。しかし、ビタミンだけでは足りないこともある。ペローは中味の濁った大きめのガラス容器を取り出すと、「こいつはどうだい。強烈だよ」と笑いながら言った。「これは朝鮮人参で、この小さなカプセルの中に油と朝鮮人参が入っている。効き目抜群のドリンクさ」。ペローの持ち物自慢はまだ終わらない。「どちらも効かないときは、3番目のスーパー頼りになるめちゃくちゃすごいやつがある」――彼の手に

（＊）訳注：ハッカーとマラソンの合成語。ハッカーが集まって長時間にわたりプログラミングを競うイベント。

は別のガラス容器がある――「でもこいつは飲みたくないんだ。神経が高ぶりすぎるからね」

合法なのかと尋ねられると、そうだと答えた。これはただのお茶だよ。容器のラベルを読む。『活力とスタミナを増強』――なんとかかんとか――『血流、注意力、抗過敏症、抗糖尿、抗潰瘍』こいつは飲み下すことさえほぼ不可能という代物。だけど、スーパーパワフルさ」、そう言って効き目のすごさを思って笑った。「つまりこれが、週に80～90時間1年間働き続ける秘訣だよ。疲れ知らずさ。しかも、今まだ生きている」

タンプリンはガランとした部屋を見渡した。テーブルは、キャンパスクレドと同じく間借りしているスタートアップのパソコンモニターで満載だが、誰もいない。「まだ木曜の7時だよ。いったい全体ほかの会社はどこに行ったんだ。なまけものだな！」

プラヤグ・ナルラがペローのバークレーTシャツを見て驚いた。「UCバークレー出身だったんだ」

「そのとおり」

ナルラがノートパソコンの画面を見ながら、ハッカーニュースの見出しを声に出して読んだ。「『モンゴHQ、モンゴマシンを買収』、これはすごい！」と言って笑う。

「ぼくも読んだ。たぶんひとりだけの買収だ」とジェイソン・タン。

「うちは4人だ」とナルラがモバイルワークスの共同創業者たちのことを言った。「何かを決めようとするたびに大騒ぎになる」

「だからぼくらは、何か決めるときにはポール・グレアムを基準に考えるんだ」とタンが言った。預言者よろしく低い声で語るポール・グレアムを真似て言った。「わしには広告の未来が見える――行け、手下どもよ！」

フィリップ・グートハイムが、ナルラの共同創業者が4人いて手に負えないという話題に戻した。スタートアップの名前をモバイルワークスにした理由は、特にそれが気に入ったからではなく、別のドメイン名を決める投票で票が割れたからだった。『モバイルワークス』の名前を買えたのはラッキーだったよ。おかげで今こうしていられるし、議論も終わりにできたからね」と思い出しながら笑った。

「大会社のやりかたも同じだよ。誰も何かを変えて誰かを怒らせたくはない」とグーグル出身のバリンジャーが言った。

タンが、長いテーブルの端にノートパソコンをセットしてから反対の端まで歩いてきた。こちらの側にはキャンパスクレドの創業者たちと学生社員や学生コンサルタントたちが何人か座っている。

「きみたちがモンゴHQを買収すべきだ。6人でふたりを乗っ取るんだ」とジョークを飛ばす。

「どこかを買収したの？」とキャンパスクレドのサガー・シャーが聞く。

「うん、ハッカーニュースに書いてあった。『モンゴHQ、モンゴマシンを買収』って」

「まじで？ どうかしてるよ。自分たちがYCにいる間に買収するってこと？」

誰かが、ロケットスペースの前の住人が豪邸を借りて、部屋をほかのスタートアップに貸しているという噂について話した。

「テレビのリアリティーショーみたいに？」とバリンジャーが聞く。

「今まででいちばんつまらないショーになるだろうね」とタンプリンが答え、ナレーターの声色で、「そして彼らはまだタイプしています！」と言った。

みんなの注目がキャンパスクレドのある友人に集まった。彼はキャンパスクレドがプロモーション用に作ろうとしているTシャツのクリエイティブ・コンサルタントを引き受けている。その若者はこう紹介された。「かつてバークレーの学生新聞でセックスライターだった男」。本来この肩書きは、セックスパートナーを何人でも集められると相手に思い込ませるためのものだったが、本人は友達が自分の嘘とも本当ともつかない大学時代の逸話について語るのを黙って聞いている。

全員が興味津津に聞き入っている。スタートアップとセックスライターを兼業する方法があるのだろうかと、口にする者もいる。

会話は寄り道しながら、やがて本題に戻る。誰かが大型モニターの価格や財務的な情報を交換している。自分たちのサービスが面白いかどうか不安を口にする者もいるが、投資家から融資という形で大金を注ぎ込んでもらっており、失敗すれば本人たちに返済する方法はない。

「夏が終わった後つぶれた会社がどうなるか誰か知ってる？　もらった15万ドルはどうなる

の？」グートハイムが誰にともなく尋ねる。

「『どうなる』って、どういう意味？」ナルラは質問の意味を理解できない。

「もう存在しないってことだろ？」とシャー。

「そうさ」

「たぶんもう使っちゃってるからね」とペローが言った。

学期の始め、それぞれのスタートアップはYCの様式に従って独立法人を作る。その株の7%なりが1万1000ドルから2万ドルを投資した見返りとしてYCに渡り、残り全部を創業者たちが所有する。スタートファンドとSVエンジェルの転換社債は15万ドルの融資で、創業者個人ではなく会社に貸与される。企業における有限責任の概念では、所有者の個人資産は企業の債権者から保護されているため、この融資によって創業者側に負債が生じることはない。

グートハイムはドイツ出身で、創業者の法的義務に明るくない。「結局どうなるの。誰かが来て『おいおまえたち俺たちの金を返せ』って言われるとか？」

「違う、違う」とシャーが言う。「もし会社に資産がなければ、相手は何もできないんだ。会社が沈没すれば、金も沈没さ」

「厳密には借金のままなんでしょ、借りたんだから？」グートハイムが尋ねる。

「これは会社の借金なんだよ」とナルラ。

「やっとわかった」

ナルラは、有限責任という概念のおかげで会社の借金を背負わずにすんでよかったと思った。「アメリカに祝福を！」

会話は別の話題へと移った。前学期のＹＣスタートアップの95％が、投資家から資金を調達したという噂。今学期のスタートアップでは広告関連のアイデアが流行っている。誰がどのデータベースを使っているか、モンゴＤＢ、PostgreSQL、MySQL、Redis。ＹＣ２０１１年冬学期のスタートアップで自らを「いちゃつき仲介プラットフォーム」と称するライクアリトルが大量のユーザーを集めているらしい方法。その同じ会社が何のビジネスモデルも視野にないことなど。

バリンジャーは、ライクアリトルはまさにやるべきことをやっていると思っている。「消費者向けのサービスなら、まずユーザーを大量に集める。ユーザーが集まったら、どうすれば儲かるか考える」

「消費者向けインターネットは、きみやぼくがやっているのとは少し違うよ」とナルラが言う。「成長がすべて、だろ？　たとえば、もし5年前フェイスブックに投資する機会があったとしたら、当時は儲ける方法の手がかりさえなかったけど、それでも良い判断だっただろうね。成長だけをよりどころにして」

タンプリンが会話に加わる。「シフトサイエンスはすごい速さで伸びている！」

「でもぼくらは消費者向けじゃない」とバリンジャー。

「次のフェイスブックだ」とタンプリンが言うとバリンジャーは笑った。

「それで、売……」とナルラが聞こうとして「売上」という単語を言い終わる前に、バリンジャーが答えた。「ない、ない、まだだよ。今第一群のお客さんを相手にしているところ。まずはいい結果を出してこの人たちをハッピーにすること。それから……」

「ぼくたちも同じ考えだよ」とナルラが言う。「前はお客さんから金をもらうことばかり考えていた。でも、まず最低限使えることを証明したほうがいいと考え直したんだ」

お互い将来の料金プランや製品について尋ね合った。キャンパスクレドのベン・ペローは、モバイルワークスがクライアントのためにどんな種類の仕事を取り扱うのか知りたがっている。ウェブページから情報を取ってくるのもそのひとつだ。たとえば、モバイルワーカーにオンライン広告を見て主題のカテゴリー別に仕分けさせるというタスクも請け負う。

「料金の内訳は？」ペローが尋ねる。

「時間じゃなくてタスク当たりで課金する」とナルラが言う。

「タスク単位で課金する理由は何となくわかるけど、細かく分けるとしたら数字を教えてもらえるかな」

「タスクによっては複雑で時間もかかるから」と言ってナルラが言葉を切った。標準的な料金はタスクひとつあたり5セントだ。

「それなら、フェイスブックに行ってデータを取ってくるときのページ単価と同じくらいかな」

「情報ごとに別タスクになる。それでもたいていのライバルより安い。ほかに特長としては、質の高さと社会意識の高さがある」とナルラは説明した。

ナルラが最後の休暇はいつだったかと聞かれた。「3週間前の日曜に休みをとったよ」。それが2カ月間で最初の休日だった。ナルラは、毎日起きている間ずっと働けてはいないことを自覚している。「日曜日には10時間も12時間も働けないときもある」。日曜日に寝坊して6〜7時間だけ働くときが、ナルラにとっては週1回の休みにいちばん近い。自分の怠惰さをみんなに打ち明けることを恥ずかしがっているようにも見えた。

ナルラは長い間週7日働いてきた。YCが始まる前は5日間学校へ行き、2日間をスタートアップにあてていた。「2日だよ。2日じゃ何も終わらない。それで今は週7日働いているけど、それでもまだ時間が足りない」とナルラは言う。しかも新しいビザを取得する必要がある。さもなければ学校に戻らなくてはならない。「この上、学校にも力を入れなきゃいけなくなったら……」

今日も一昼夜続いた長い就業日だったが、仲間と語り合えた貴重な一日でもあった。疲れがピークに達した創業者たちは荷物をまとめて三々五々家路についた。

第13章 ピボットの決断

ジャスティンTV

Yコンビネーターでは、ビジネススクールはまったく役に立たないとみなされているので、それがソフトウェアのスタートアップと無関係だとわざわざ言われることもない。教育について聞かれるとすれば、大学を卒業したか、あるいはそもそも大学に行ったかということだけだ。

2010年、ペイパルの共同創業者で億万長者のピーター・ティールは、新しい研究奨励制度の設立を発表した。それは、20歳以下の起業家20人に対して、もし自分のアイデアを追求するために大学を辞めれば10万ドルずつ助成金を与えるというものだった(1)。起業家精神旺盛な若者が大学にこだわるかどうかという議論がネット上のフォーラムを駆け巡る中、2011年初めにジャスティン・カンが、イェール大学での自身の体験をつづったエッセーを個人ブログで発表した(2)。カンが大学で身につけた知識とスキルのうち、現在IT系起業家として役立っているのは、ごくわずかだ。

イェールに入学するまでが最大の難関だった。カンは次第に大学の授業に興味を持てなくなっていた。「勉強する代わりに、酒を飲んだりテレビゲームで遊んだりカレンダー・ウェブサイト〔キコ〕の作業に時間を費やしていました」と言い、「大人になるまでの暇つぶしにちょうどよい、品の良いクラブ」としての大学にカンは感謝していた。物理学と哲学を専攻したが、ソフトウェア・スタートアップの創業者として必要なスキルは教わらなかった。カンが必要と考えた分野は、プログラミング、ウェブ開発、デザイン、製品管理、経理、企業戦略、ビジネスコミュニケーションだ。たとえば大学時代に科学を専攻して医学に進んだり、経済学専攻でヘッジファンドをやったりしている別分野の友人たちもやはり大学での勉強では不足だったと言っている。イェール大学は学部生に経営学士を与えていないが、カンはイェールのカリキュラムに対して批判的ではない。いちばん必要だったこと、即ち「枠にとらわれずに考え、自分の行動と結果に責任を持って生きること、そして自分の力で実社会を生き抜くこと」はどこの教室でも教えていなかった。

コンピュータ科学専攻のエメット・シアーも、大学4年のときにキコでプログラミングの基礎を学んだカンも、卒業後、テクノロジー企業で働くつもりはなかった。スタートアップの創業者になりたかった。YCはまさにそのチャンスを与えてくれた。そして、その夏初めて開催されたYCセッションの終了時に、ふたりは投資家から5万ドルを調達してカレンダー・ウェブサイトを立ち上げた。しかし、この最初のスタートアップは、グーグルがキコと同じようなウェブカレンダーを公開した時点で、暗礁に乗り上げる。2006年にふたりは、キコのソースコードをイーベイに出品して、できるかぎり高く売る決心をした。出資者たちに返せればよいと思っていたが、結局それをはるかに上回る25万8100ドルで売れた(3)。キコは終わったが、その経験はそれまで以上にふたりをスタートアップ人生に打ち込ませる結果となった。今度は次のスタートアップのために新しいアイデアを思いつく必要がある。

カンとシアーはＹＣの２００６年夏学期の創業者たちと、可能性のあるアイデアについて話し合っていた。ＹＣの夕食会を終えて帰宅すると、カンは新しいアイデアを思いついた。自分とシアーが戦略について議論しているところを、ウェブでライブオーディオ中継するというのはどうだろうか。起業家精神のある人は興味を持つんじゃないだろうか。ちょっと待て、もっとずっといい考えがある。ライブビデオをフィードするんだ。だったら、特定の会話に制限する必要はないんじゃないか。誰かの生活を24時間ライブビデオ中継するというのはどうだろうか。チャットもつけて、視聴者がそのテーマについてビデオを見ながら一緒に話せるようにする。カンは、自分がその人物になろうと決意して、サービスの名前を思いついた。ジャスティンＴＶだ。ポール・グレアムはＹＣからふたりに投資するよう手配をして、カンとシアーは正式にはその学期に参加していなかったが、事実上２度目の参加となった。

ふたりが２００６年10月にジャスティンＴＶを始めるためにサンフランシスコに越してきたとき、ストリーミングビデオのコストがいくらかかるのかも、どうやって顧客を集めるのかも、スポンサーを見つけたり広告を売ったりするには何をすればよいかも、まったくわからなかった。カンとシアーはこれから直面することになる難題を忘れ、当時の限られた携帯電話回線（ｉＰｈｏｎｅ以前）でビデオを送るためのハードウェアを自作していた。どんな種類のビデオが視聴者にアピールするのか、皆目見当がつかなかった。結局ヒット商品を作った経験なしに、ヒットビジネスに参入することになった。何年も後に、当時何も知らなかったことを振り返って、カンはブログ記事にこんなタイトルをつけた。「ジャスティンTVを始めたことは非常にまずい考えだったけれども、やってよかったと思う理由」(4)

誰もが自分の頭にビデオカメラを付けて、起こることすべてを放送したいと思うわけではない。何年か後エメット・シアーは、エメットTVが作られていた可能性について聞かれ、質問のばかばかしさに笑った。カンのしたことを自分がやることなどありえなかった。2007年3月にジャスティンTVが放送を開始したとき、マスコミから大きな注目を集めたのは、ほとんどの人々にとってあまりにも魅力がなかったからにほかならない。その一方でカンとシアーは、共同創業者をあとふたり迎えていた。イェール大学の学友マイケル・サイベルと、MITを中退して合流するためにサンフランシスコにやってきたカイル・ボグトだ。

カンたちは、とにかくスタートしてジャスティンTVがどれだけ関心を引くかを見てみよう、という以外に何ひとつ計画らしきものを持っていなかった。約2000人が常連の視聴者になり、ジャスティン・カンはサンフランシスコの街中を歩くと気づかれるちょっとした有名人になった。しかし当然それだけで会社がやっていけるわけがなかった。しかもジャスティンTVにはスポンサーも広告もなかった。4人は面白そうな生活をしている人々を探しては、その人たちにビデオ機器を送って生中継を頼んだが、結果は期待はずれに終わった。

「ケーブルニュースのチャンネルを作るのにどれだけコストと時間がかかると思いますか。カメラを付けてひとり歩きまわるのとは、わけが違います」、カンが当時を振り返って笑いながら言った。シアーも、「毎週1時間分のちゃんとしたテレビ番組を作るには、たとえ少々ひどい番組でも大変な人数と多くの努力が必要なんです。本当に面白いコンテンツをひとりで作り続けることなどできないんです」と付け加えた。

そこで4人は、サイトを開放して、ライブビデオのための汎用プラットフォームにすることにした。ビデオを放送することがいかに費用のかかるものかは、サイトを立ち上げたときには知らなかった。最初の月に、コンテンツ配信サービス会社から3万8000ドルの請求書が届いた。銀行口座には1万5000ドルしかない。しかし、資金調達は得意とするところだ。すぐにエンジェル投資家から数十万ドル、次に2008年、そして2009年と合わせて720万ドルを調達し、銀行からも200万ドルの融資を受けた。

出資を考えている投資家の多くは、ヒットを当てにしたエンターテインメントビジネスらしきものに対して、まだまだ警戒心を抱いていた。しかしカンとシアーには情熱があった。「とにかく死ぬ気で売り込んだ」とカンはブログで回想している。そして4人の熱意は伝わった。多くの資金が集まり、カンたちは、実地から学ぶ時間をたっぷり与えられた。ちなみに4人は大学で経営学部に行かなかったことをまったく後悔している様子がない。会社を経営するために必要なことを、必要なときに学ぶ。それはスタートアップ人生の魅力のひとつだ。

ジャスティンTVが一般に開放されると、トラフィックの伸びは凄まじく、ひと月に50％増えることもあった。カンたちは、自前のネットワーク基盤を作ってコストを3分の1に減らす方法を見つける必要に迫られ、実践した。2008年になり広告を流し始めると、業績はさらに上がり十分に生き残れる調子だった。3000万人もの人々――ウェブ業界では「ユニークユーザー」と言う――がジャスティンTVのサイトで時間を過ごした（ひと月に2回、別の日にウェブサイトに来る人はひとりの「ユニークユーザー」として数えられる）。通信量が多いというビデオの特性を考えると、2010年までにこの会社は、比較的馴染みのないウェブサイトとしては、世界のどこよりも多くのデータを動かしてきたかもしれない。

しかし、成長が鈍化してくると、従業員を維持することも困難になった。「大きく勝っていて毎年3倍伸びているときや、毎年10倍伸びてすでに巨大になっているときに、やめようとする人など誰もいません。明らかな勝ち組でしたから」とシアーは言う。「でも、大きく成長しなくなったとき、みんなを引き止めてモチベーションを保つことはとても困難になります。『ほら、ぼくたちはこの素晴らしい宇宙船に乗っているんだ』と言うだけで人を動かすことはできません」

ゲームか、スマートフォンか

2010年秋、4人のジャスティンTV創業者たちは、会社としてもっと将来性のあるビジネスを始めるべきだという結論に達した。「会社に伸びる見込みがないことは明白でした。ぼくたちは次の段階に進むか、一文無しになるかどちらかです。これから15年間自分たちにいい給料を払い続けながら大して価値のない会社で働きたいとは、誰も思いませんでした」と当時を思い出してカンは言った。シアーも、「インターネットの世界では、それさえ保証されていませんけどね。いつ足元がぐらつくかわかりません。すごく、ものすごく大きくならないかぎり、中くらいのインターネット会社はもっとずっと大きい誰かに市場を食われる運命にあるのです」と言った。

YCに参加するスタートアップは、そこそこのアイデアから始め、そこへポール・グレアムがもっと大きく拡大する方法を教えてくれる、というのが典型的だ。ジャスティンTVの創業者たちが考えていたのは正反対の道筋だ。汎用プラットフォームを捨て、すでに持っているものの小さな部分に集中する。

シアーはゲームに集中したかった。業界を調べてその規模の巨大さを知っていた。そこにはゲームを売る会社だけでなく、ゲーマーの需要に応えるメディアビジネスもあった。マシニマという会社が単独で製作しているゲーマー向けオンラインビデオは、年間数十億ビューを稼いでいた。シアーにとってゲームは自然な選択に思えた。ジャスティンTVには、ゲームのためのライブストリーミング部門がすでにあり、ゲームはシアー自身も見ていたコンテンツのカテゴリーだった。

一方、マイケル・サイベルはスマートフォンで録画したビデオを扱いたかった。ジャスティンTVには放送用アプリもあったが、あまり使われていなかった。たぶん、スマートフォンアプリでモバイルライブ中継ができるようにするアプローチのほうが筋はいい。撮影したあと友達と共有するのも簡単だ。

どちらのアイデアが良いか、はっきりとはわからない。シアーたちは、両方のチームをつくると、毎月の売上目標を立ててユーザーの関心度を測定し、どちらが節目の目標に到達するかを見ていくことにした。どちらかが成功すれば、それが答えになる。どちらも成功しなければ、両方捨てて一からやり直すだけだ。そして、もし両方とも目標を達成したら、そのときは贅沢な悩みを抱えることになる。

シアーは4人のチームを率いてゲームに取り掛かった。カンは新しいビデオ共有アプリを開発するために別の4人チームを率いた。後にアプリの名前はソーシャルカムになる。それぞれのチームが6カ月をかけて、両方のアイデアの可能性について何が学べるか考えることにした。

シアーが作ろうと取り掛かったのはライブゲーミング専門のサイトで、当初はジャスティンTVのサーバーを使った。ゲーマーたちは自分がパソコンでプレーしたゲームを公開することができ、観客はそれを見ながらチャットができる。シアーはさらに別のサイトを立ち上げ、ゲーム好きなら間違いなくゲームを連想する「ツイッチＴＶ」という名前をつけた。

ゲーミングはユーチューブのビデオで最大カテゴリーのひとつだった。ユーチューブビデオの中にはゲーマーがプレーしているところを撮影したものもある。ツイッチＴＶはライブ競技の即時性がウリだ。ほかのスタートアップも以前同じようなことをやろうとしたが、技術的にまだ未熟で解決に苦しんだ。バックエンドの基盤は負荷に耐えるだけの能力が必要で、家庭のインターネット回線も高解像度ビデオを確実にサポートできる速さがなくてはならなかった。もしジャスティンＴＶがゲームをアイデアの中心にするのがあと4年速ければ、成功しなかったかもしれない。インフラがゲームの要求を満たせなかったかもしれないし、ユーザーは快適な体験に必要な高速インターネット環境を持っていなかったかもしれない。しかし２０１１年初めには、技術も追い付いていた。

別の面からも絶好のタイミングだった。かつてゲーム会社が依存してきたビジネスモデルは崩壊し、顧客を集められるウェブサイトと手を組もうと必死になっていた。「ゲーム会社は、箱に入った50ドルのゲームを店で売る今のやり方が長く続かないことをよく知っていました」とシアーは言った。「消費者はまだゲームにお金を使ってもいいと思っています。でも、みんなが目を向けているゲームは、ワールドオブウォークラフトのように、無料か非常に安い価格で手に入れて、そのあと追加機能のロックを解除するために少しずつお金を払っていくタイプなのです」。ゲーム会社の思いは、「どうすればできるだけ長くゲームユーザーを引き止めておけるのか」だ。ファームビル、ワーズ・ウィズ・フレンズ、マフィアウォーズといった無料あるいは低料金のゲームをフェイスブックとｉＰｈｏｎｅ向けに運営しているジンガは、新しい形態をとるゲーム会社の一例だ。ジンガの収益はユーザーの滞留時間に依存している。

専用ゲーム機を起点とするかつてのゲーム会社は、ゲームをまるで連続ドラマのように扱う。「今のぼくらはいわば『コールオブデューティ10』状態にあります」とシアーは言う。「ゲーム会社にとって最大の恐怖は、次の作品を出す前にユーザーが別のシューティングゲームを始めてしまうことです。だから、コールオブデューティ11が出るまでユーザーをコールオブデューティに縛っておくためなら、ゲーム会社はどんなことでもします。マインドシェア〔消費者の心理に占めるシェア〕を維持するためです」

ツイッチＴＶは、世界中からコールオブデューティのベストプレーヤーを集めようとしている。ワールドオブウォークラフトやリーグオブレジェンドのベストプレーヤーも。オンラインゲームのトーナメントを観戦スポーツへと変えた人々だ。そこに膨大な数のファンがいることは、ゲーマーの心理を理解しない人たちにはわからない。

最高水準の技術を持つプレーヤーでも、ライブのゲームトーナメントをプレーすることで生計を立てられる人はほとんどいない。この種のトーナメントでは勝者が賞金を総取りするのが普通だ。しかしシアーは、ジャスティンＴＶに来てプレーをストリーミング中継することによって、腕の立つプレーヤーたちがプロになる機会をつくった。やり方は簡単だ。プレーヤーは自分のパソコンでゲームを立ち上げ、ビデオキャプチャーソフトを走らせ、サイトに向けてストリーミングを開始するだけだ。それ以前にもプレーヤーがプレーをストリーミングするしくみはあったが、同時にマイクロフォンを付け、コメンテーターとして自分のプレーを解説しなければならなかった。そのため、しゃべることに意識がいって、プレーに100％集中できなかった。シアーはプレーヤーたちに「試しにストリーミングだけやってみないか？」と言って誘い、一定数のファンを集めたプレーヤーたちには、ストリーミング中継で得た広告売上を折半する提案をした。

ジャスティンTVゲーム部門の実験的取り組みは、すぐに有望な結果を残した。シアーのチームはゲーマー向けに別サイトをオープンする準備を始めた。5月にはツイッチTVを招待者向けに制限つきで公開し、6月には一般利用者向けにもサイトを公開した。

タイラー・〝ニンジャ〟・ブレビンスは、ツイッチTVが生んだ「ヘイロー」のスタープレーヤーで、広告収益の分け前で毎日100ドルを稼ぐまでになっていた。ブレビンスの「勤務時間」、即ちゲーム時間は10時間にも上ったが、気にしている様子はない。「ゲームをするのが大好きだからね。ヘイローをプレーしていて楽しくなかったことなんて一度もない」(5)

ベストゲーマーたちが技を見せるライブ中継を増やせば増やすほど、熱狂的ゲームファンが集まってくる。ひとたびサイトに来れば長時間見続ける。ゲーマーのライブ中継は、ユーチューブの短編ビデオにはないやり方でファンを釘付けにした。ひと月の間にツイッチTVは300万以上のユニークユーザーを集め、ゲームのライブトーナメントを見るためにひとり平均4時間半サイトに留まった。この数字はすぐにゲーム運営会社の目に止まった。

ゲームのプロジェクトが進む一方で、モバイルビデオ共有の作業も行われていた。3月、テキサス州オースチンのサウス・バイ・サウスウエスト・カンファレンスで、マイケル・サイベルはiPhoneとアンドロイド機両方のソーシャルカム・アプリを発表した。翌月アップデート版が公開されると、アプリを使ってフェイスブック、ツイッター、ポステラス、タンブラー、ドロップボックス、さらにはメールやテキストメッセージ経由でもビデオ共有ができるようになった。ジャスティンTVは、このアプリが最初の1カ月で25万回ダウンロードされたとは言ったが、どれだけの人数が定期的に使っているかについては言わなかった。あるときテッククランチの記者が、ソーシャルカムのユーザーが撮影して共有するのはどんな被写体かと尋ねたところ、「もっぱらペットや赤ちゃん」という答えが返ってきた(6)。

6月、並行実験が始まってから6カ月が経ち、かつてカンたちが望んでいた贅沢な悩みに直面した。ツイッチTVとソーシャルカムのどちらを選ぶのか。いずれも設定した目標を達成していた。カンたちは、当面両方に投資して実験運用を続ける決断を下した。

最初はキコ。次がジャスティンTV。そして今またふたつの新しいアイデア。おそらくYCの歴史上これほど多くの新しいアイデアをポール・グレアムに投げかけてきた創業者ペアは、カンとシアーしかいないだろう。ふたりは、モチベーションが保てなくなるたびに、何度も気持ちを高めてくれたことをグレアムに感謝している。カンは次のように話した。

あれほどのエネルギッシュな人はめったにいません。ネットで顧客開拓について読むことも、エリック・リースが話すのを見ることも、デイブ・マクルーアのスタートアップ向けAARRフレームワークを見ることもできます(7)。どれもみな素晴らしい。でも、それとは違うんです。ポールとじかに話しをすると、そんなアイデアではダメだ、全部クソだ、たとえそう言われたとしても、その場を離れるときにはもう何かを作りたくなっているのです。

コードアカデミー

「ビズプレス」を飛び立たせようとしていたザック・シムズとライアン・ブビンスキーは、自分たちが困難な状況にいることに気づいた。ブビンスキーの書いたコードは、理論的には、スモール・ビジネスの経営者がパソコン上でドラッグアンドドロップするだけで、カスタマイズされたウェブサイトが簡単に作れるはずだった。しかし、一般的な経営者はドラッグアンドドロップさえ使いこなせないことにふたりは気がついた。自社のウェブサイトを持っている企業でも、何年も前に作ったまま更新されずにいて、社長も今はまるで関心がないかもしれない。

「これが次の10年間にぼくらがやりたいことだろうか」とふたりは悩んだ。

7月の終わり、ふたりはビズプレスを一時中断し、週末プロジェクトとしてスマートフォンアプリを作り始めた。シング・マークスというそのアプリは、ふたりにとって新しい選択肢になるかもしれないとシムズは思った。アプリが地図を表示すると、ユーザーはレストランやバーの場所にマークを付け、あとで簡単に探すことができる。週末をかけて完成させ、ポール・グレアムに見せに行った。「これはひどい、会社で作るようなアイデアじゃない」。けんもほろろに言われ、ふたりは続ける意欲をなくした。といって、ビズプレスに戻ってやり直す気力もなかった。夏も3分の1を残すだけで、別のアイデアを考える時間はなかった。

そんなありえない状況の中で、コードアカデミーのアイデアが浮上した。その夏シムズは、コードを書けるようになってブビンスキーを助けようと、毎晩Rubyを勉強しようと努力していた。しかし、本を読んだり教育ビデオを見たりすることが苦痛で、欲求不満に陥っていた。まるでバスケットボールの教本を2時間読んで5分だけプレーするようなものだった。ブビンスキーとなら、自分のような非プログラマーにコードの書き方を教えて、簡単な概念を学んですぐその場で試せる対話型サイトを作れるかもしれない。ふたりはニューヨークにいる文系の知り合いを思い浮かべた。スタートアップに興味があるといつも話していた投資銀行家やコンサルタントだ。その非ハッカーたちは、スタートアップのアイデアを持っていて、技術系の共同創業者を探していると言っていたが、プログラミングを習うのは難しすぎて自分たちには無理だと思い込んでいた。

このアイデアをグレアムに持っていったところ、すぐに気に入った。プログラミングのレッスンをゲームにすればいいとグレアムは考えた。シムズたちは夏の初めにプログラミングの課題にゲームを使うことを考えていたにもかかわらず、グレアムのこの提案に対して冷静だった。このコースは誰にとっても魅力的なものにしたい。だからゲームはいらない。

ふたりは最初のコースを作り始めた。ここではJavaScriptを教える。ブビンスキーには、初心者の視点でプログラミング言語を見る能力がとっくになくなっていたので、シムズが山ほどプログラミングの本を読み、ブビンスキーに相談してからレッスンを作ることになった。デモ・デーまで残り4週間、どうがんばってもサイトを間に合わせられそうになかった。デモ・デーに出なくてもよいかグレアムに尋ねてみた。参加しないことは恥ずかしいが、話にならないほど未完成なサイトを見せるよりはましだ。「本当に恥ずかしいかどうかよく見てから決めろ」。それがグレアムのアドバイスだった。

コードアカデミーはブビンスキーとシムズがこの夏に試す3つ目のアイデアだ。初めからやっていれば1カ月ではなく3カ月あったのにと思うと悔しくてならなかった。3カ月あればもっと時間を有効に使えていたはずだ。その夏ふたりは、サニーベールのスパルタンアパートの一室で週7日働き続けた。しかし、どのスタートアップでもまっすぐ上昇航路を飛んでいけるわけではない。シムズたちには、たとえどんな結果に終ろうとも後悔する理由がない。

第14章 リスクと変曲点

どのYCパートナーに相談するか

YCパートナーには互換性がある、とポール・グレアムは夏の初めに創業者たちに言った。オフィスアワーに誰のところへ行っても、たいてい同じアドバイスを受ける。コードを書いて顧客と話せ、早く出してやり直せ、数字で測れる週間目標を決めて集中しろ。これらはYCの教義だからだ。しかし、その先に千差万別のアドバイスが控えていることも創業者たちは知っている。

大学の研究室と同じく、YCパートナーたちもさまざまな世代に分散している。グレアムはポール・ブックハイトよりも前の世代で、ブックハイトはハルジ・タガルよりも前の世代、そしてタガルはサム・アルトマンよりも前の世代だ。ジャスティン・カン、エメット・シアー、ゲリー・タン、そして夏の終わり近くに加わった新パートナー、アーロン・イバといった面々が守備範囲を広げる。創業者たちは、自分たちのアイデアを誰よりも気に入ってくれるパートナーの存在を察して、自然と引き寄せられていく。

グレアムは、アイデアをどう広げるかを考えるときに最適な相談相手だと見られている。グレアムは強いインスピレーションを与える存在でもあり、グレアムとオフィスアワーを終えた若者たちは、エネルギーがみなぎってきて、早くアパートに帰ってコーディングしたくなるらしい。一方で、グレアムの容赦ない批判を聞くと落ち込んでしまうということもある。その点、他のパートナーは、節度を欠いた発言をすることはなく、創業者のアイデアを批判するときも、アドバイザーである自分が間違っている可能性をほのめかして、批判の表現を和らげてくれる。製品デザインの問題に関しても、ほかのパートナーの助言のほうが信頼できると考える創業者が多い。

YCが始まって以来6年間、オフィスアワーの形式は変っていない。創業者たちは1回にひとりのパートナーと顔を合わせる。複数の見解を聞きたいときは、それぞれのパートナーと個別にオフィスアワーを設定する。パートナーの予定によっては、創業者が別の日に出直さなければならないこともある。

しかしこの夏、グレアムは新たにふたつの形式を試している。ひとつはグループ・オフィスアワーで、YCパートナー2名が、スタートアップ6社の創業者たちと会う。創業者たちには自分の質問だけでなく、ほかの創業者が聞いた質問に対してパートナーがどう反応するかを見るよい機会になる。もうひとつの実験は、「変曲点ミーティング」という無粋な名前で呼ばれ、スタートアップ1社に対してYCパートナー全員が参加し、多方面から一斉に指摘する。これを63社のスタートアップすべてに対して行うことはできない。決定的に重要な分岐点に立たされていて、かつパートナー1名以上のアドバイスを必要としていると認められたスタートアップが対象になる。このミーティング形式を見れば、結局パートナーに完全な互換性はなく、創業者たちは多くの視点にさらされる恩恵を享受できることがわかる。

変曲点ミーティング

8月初旬の月曜日の午後、「タグスタンド」の創業者、クルビール・タガル、スリニ・パングルリ、オマー・セヤルの3人が、変曲点ミーティングに呼ばれた。タガルの名字が、たまたまタグスタンドという社名に似ているが、スタートアップの名前はこの会社が売っている「タグ」に由来している。一つひとつのタグにはNFC（近距離無線通信）チップが埋め込まれている。いずれNFC技術によって携帯電話をかざすだけで買い物ができるようになり、クレジットカードを置き換えると期待されている。タグスタンドは、NFCを支払い以外の目的、たとえば広告に使ってみようという企業にタグを売るビジネスを考えている。NFCタグを貼り付けた「スマート・ポスター」に、好奇心旺盛な通行人がスマートフォンを近づければ、広告に関連するウェブページが画面に呼び出される、といった使い方だ。

タグスタンドの創業者たちが小さな会議室の席に着いた。テーブルを囲んでいるのはグレアム、ブックハイト、タン、そしてイバだ。クルビールのいとこであるハルジはその場にいなかったが、非公式の名誉パートナー、ジェフ・ラルストンが代理で出席している。ラルストンはエンジェル投資家で、グレアムとは同世代の友人だ。1990年代にフォー11というスタートアップを共同設立し、1997年ヤフーに買収された。フォー11のロケットメールというサービスは、ブランドを変えてヤフーメールになった(1)。ラルストンはヤフーで上級幹部を務めた後、ララ・メディアという音楽ストリーミングサービスのスタートアップを立ち上げ、2009年にアップルに売った(2)。いくつものYCスタートアップに投資をして、つい最近はイマジンK12という、学校向けソフトウェアを開発するスタートアップを支援する、YCに似た組織を共同設立した(3)。この数週間、ラルストンはYCに来て創業者たちのためにオフィスアワーを受け持っている(4)。グレアム同様、この男も自分の意見をはっきり言うことをためらわない。

グレアムが切り出した。「ところで、しばらくきみらと話していないような気がする。私は状況が理解できていないのだが。いったいどうなっているのかね。計画を変えたんだろ？ YCコースの最中に。サプライヤーをやめて……」

「汎用プラットフォームになります。ヘロクのようなタイプの。でも、それにはまだ早すぎることに気づいたので、今は屋外広告の垂直市場に集中するつもりです」とタガルが言った。

「つまり、また変えたってことか。最初は何だったたっけ」

「最初はただの店で、NFCタグをマーケティングに使うサイトオーナーや店主たちに売っていました。単にアーリーアダプターたちとつながるための一手段にすぎません。実際それが成功しました。売上は毎月倍増しました。そうやって、コンアグラ・フーズやトレーディングカードのトップス、出版社のコンデナストなど数多くの見込み顧客を獲得できました。つまり、ぼくたちをNFC専門家とする枠組み全体はいちおう動いていました。問い合わせも山のように来ました」

グレアムはタガルから渡されたウェブアドレスを自分のノートパソコンに打ち込み、タグスタンドが提供しているタグの利用状況を眺めた。「つまり、顧客の中でいちばん多くタップされたところでもたったの82回ということか」

「はい」

「それはまずい」

しかし、これは驚くことではない。米国ではNFC対応のスマートフォンがほとんど普及していない。この時点でNFCを搭載しているスマートフォンは携帯電話会社1社の1機種だけだ。

「いずれ全部に載るのは間違いないのかね」。グレアムが尋ねる。

「はい。そう信じています」

「つまり、きみたちがやるべきなのは……」グレアムはクスクス笑いながら言った。「誰かがNFCに関心を持つようになるまで生き残ることだな」

「だからぼくたちはこの屋外広告分野全体を考えています。NFCだけの会社になるつもりはありません。QRコードもSMSも近距離無線もです。これを思いついたのはベンチャーキャピタルのセコイアと話しているときでした」とタガルは言った。

セコイアのパートナーはタガルたちに向かって、「NFCにはまだ何の価値もない。キラーアプリがないからだ。だったら、きみたちがキラーアプリを作ればいい」と言ったそうだ。

タグスタンドは、もっとも有望な可能性をリストに書き出していた。リストの先頭は支払いサービスだったが、そこはもうVISAやグーグルなどの大物が参入済みだ。NFCを使ったチケット発行も選択肢のひとつだ。かざすだけで、電子チケットを購入してスマートフォンにダウンロードできる。ただしNFC付きスマートフォンを持っているユーザーがたくさんいる未来の話だ。残された選択肢は屋外広告だけだった。

タガルは、サンフランシスコのバス停の広告スペースを買って、ドロップボックスやエアービーアンドビーなどのYC出身企業に売り込む計画を話した。

グレアムはこの計画を聞いたことがなかった。「まさか。バス停広告だって?」

「ゲリラ作戦用に実はもうラベルを印刷してあります。『ここをタップ』とか『QRコードをスキャン』とか。これをサンフランシスコ周辺の市営バス停に貼って回るつもりです。みんなの行動を見るためです」

ジェフ・ラルストンが口を開いた。「その手のことをやっている人はいっぱいいるんじゃないのか?」この学期の中にもQRコードにも取り組んでいるスタートアップがいることをラルストンは知っている。ペーパーリンクスだ。「かなり競争の激しい分野じゃないのかな？　これからそうなるのかもしれない」

グレアムは話題をさっきの質問に戻そうとしている。いったいこの会社はどうやって収益を上げるつもりなのだろうか。「生き残るために何か金を作る計画を立てなくてはだめだ」

ラルストンがタグスタンドに代わって答えた。「タグを売ること」

「それはいいかもしれない。きみたちは炭鉱夫にシャベルを売ろうとしているが、炭鉱夫たちはまだ金を稼いでいない。それでも構わないんだ、きみたちが稼ぐから。今タグの売上はいくらあるのかね？」とグレアムは言った。

先月は1200ドルだったが、今月は3倍に増えそうな勢いだ。原価は安い。タグを30セントで買い、クレイグスリストで見つけた出来高払いの作業者に20セント払ってプログラムを書き込む。それをNFCの実験マーケティングをしている企業に1ドルか2ドルで売るのだ。

ラルストンは、屋外広告に力を入れる計画をあまり評価していない。代わりに他人から「NFCならあいつらだ」と思われる会社になる手はずを整えてはどうかと提案した。

「もしそのブランドを確立できれば、誰かがこれで何かを始める相当大きな動機づけになる。どこかから200万～300万ドルも調達すればあと4年は生き延びられるだろう。その間にきみたち独自のプラットフォームを作ってしまえば、NFCが主流になるころにはもうほかに選択肢はなくなっている。考えたのは全部きみたちだから何を作ればいいかは全部知っている。

本格的展開が始まるころには、誰もきみたちとまともに戦えないはずだ」とラルストンは言った。

これがラルストン言うところの「楽観的」シナリオだ。

「悲観的シナリオは、きみたちが先を行きすぎたために、大間違いをしでかすこと。実際必要なものは1年もあれば全部作れてしまう。今から3年後にやってきた誰かがそれを察知して、もっといいものを作ってしまう。なぜならきみたちのつくったものは過去の遺物だからね。そうなればきみたちの負け。つまりはそれがリスクだ」

タガルは、タグスタンドが夏の初めに全スタートアップが受け取った15万ドルとは別に、スタートファンドとSVエンジェルから20万ドル調達したことを話した。

グレアムはこれを知らなかった。「両方からそんなに?」

「はい」とタガルが答えた。「たぶん、このチームだからというのもあります。ぼくたちは2回目ですから」。タガルは2007年冬、パングルリは2006年冬のYC学期に参加している。「でも、NFCが世界を変えると本気で考えている投資家もいることがわかってきました。もちろん、そうでない人たちがいることも」。タグスタンドに必要な額を集められるぐらいの数の熱心な投資家はいると、タガルは確信している。

「2年以内にある程度の収益を上げる、でいいのかな?」とラルストンが言った。「特定の目的のために、限定公開のようなことができると思う。たとえば米国陸軍がNFCで何かをやろうとしていて、きみたちが必要だから1000万ドル払うと言ってくれれば大した売上だ」

「ほかにわれわれにできそうなのは、前にも言いましたが、本格的な海外展開です」とタガルが言った。「でも気づくのが遅すぎました。シンガポールでは、どのタクシーでもNFCが使えます。あと日本では、NFC携帯が1700万台という状況です」。ただし、それはスマートフォン以前の「非スマート」なタイプだ。ヨーロッパも、NFC搭載電話機の普及に関してアメリカのはるか先を行っている。

「とにかくあと4年生き延びよう、という考えにぼくはまったく魅力を感じません」とタガルは言った。

「それは成功したいという意味かな、生き残るだけでなく」。グレアムが尋ねた。

「はい、そうです！」

「だったらなぜNFCを選んだ」とラルストンが尋ねた。

「NFCについて知りたかったからです」

「それはできたと思っています」とパングルリが素っ気なく言った。

タガルは、近いうちにタグスタンドの主要な展開があることを挙げた。「もしこの大物を捕まえて、つまりコンデナストが300万個欲しいと言えば、シナリオは……」

「コンデナストが300万個だって？」とゲリー・タンが聞いた。

「はい」

「1個1ドルで？」

「先方が値段をちゃんと理解しているかどうかはわかりません」

コンデナストが、読者のスマートフォンで使えないタグを自分たちの雑誌に貼り付けるために300万ドル費やすことに関して、懐疑的なパートナーも何人かいた。

ラルストンが言った。「日本では1700万人だというから、市場によっては、もうプラットフォームビジネスはあるのかな？ みんな何に使っているんだろう。きみたちは4年間海外企業でいる必要があるかもしれないね。ただ生き残るのではなく、4年後に海外で1億5000万ドルの会社になって、アメリカで環境が整ったときに本格的に展開すれば、5億ドル企業になれるだろう。これが何百万と製造されていて、どこかで誰かが使っているなら、誰かが買っているということになる。しかも高い値段で」

グレアムが声高に話し始めた。

「そもそも、このスタートアップがこれほどわかりにくい理由は、状況がわかりにくいからだ。それが本当のところだろう。投資家と話すときに危険なのはそこだ。私はタグスタンドのことがよくわからない。『タグスタンド』の意味はなに？ 何かNFCに関係あるのか。実際きみたちがやっているのは『何かNFCに関係のある』ことなのか。きみらもよくわかっていない。投資家のために明快なストーリーを持たなくてはだめだ。そのストーリーはこうでなくてはいけない。『NFCはとてつもない可能性を秘めている。何に活かせるかはまだわからないが、それを見つけるのは間違いなく自分たちでありたい。そして資金があるうちに、タグを使っている人全員にわれわれを知ってもらう。そうすれば、すごい活用の仕方を発見したときには、もう潜在顧客がいるので、彼らの発見したものを売れる。さらにXもYもZもやる』。問題は、XとYとZが何かということだな」

グレアムがノートパソコンでタグスタンドのウェブサイトを見ている。タグスタンドの「NFC愛好家スターターキット」が目を引いた。「私の中の12歳が『えーっ、これで何ができるの？』と叫んでいる」。声が興奮している。「12歳のときにコモドールのPETを見ていた自分を思い出すよ。マイコンも、初めはホビイスト向けだったんだ。きみたちは、マニア向けのサプライヤーになるべきだ。たぶん、人に物を売るビジネスにもっと深く関わっていきたければ、案外それが本当の答えなのかもしれない」

「たまごっちのように」とブックハイトが言った。「たまごっちは、友達3人の携帯か何かにタッチさせなくてはいけない……」

グレアムがタグスタンドたちに聞いた、「NFCを起動するにはどのくらい近づければいいんだっけ」

「10センチです」とタガルが言った。「大きさにもよりますが」

ラルストンがタグスタンドの取りうる戦略を総括した。屋外広告とQRコードでいく。海外に出る。あるいは、今やっていること、つまりマーケターが実験に使うタグの小ロット販売に本腰をいれて生き残りをはかる。ラルストンは、NFCの時代が来るまで何年も待つことのリスクに関する教訓的な話を知っていた。そしてオープンIDの未来を信じた会社について話した。オープンIDというのは、もし広く普及すれば、ユーザーが同じユーザー名とパスワードでどのウェブサイトにもログインできるようになるはずのテクノロジーだった。その会社はオープンIDに対応したインフラを構築するのに5年を費やした。この物語にハッピーエンドはない。「問題は、オープンIDが結局モノにならなかったことだ。フェイスブックにやられてしまった。テクノロジーの変化はおそろしく速い。ひとつのテクノロジーのために4年も無駄にすれば、NFCも無意味になっているかもしれない」

「NFCは本物になるかもしれない、たぶんQRコード以上に。支払いにでも何にでも使えるからね」とブックハイトが言った。

「私もそう思う」とラルストンが言った。「QRに関して言えば、最近はいろいろな場所で見かけるようになって本当に驚いている」

「どこにでもあるね」とブックハイトがうなずく。「でも、誰かが使っているところを見たことはないんだ。一時の流行かもしれないとぼくは思っている。使うのに努力が必要だから」。彼にはNFCのほうが実用的に思えた。携帯電話をかざすだけで買い物をしたり、家の鍵を開けたりするところが目に浮かぶ。

「QRコードのほうがずっと安いだろう。ずっと」。グレアムが言った。

ラルストンは、NFCタグにタッチするほうがQRコードをスキャンするより断然簡単だということに確信が持てない。

「でも、NFCはタッチするだけ。QRコードは何ステップも必要だ。携帯のロックを解除して、そのためのアプリを立ち上げて、カメラを向ける。ぼくの中ではまったく別のサービスだね。スピードの違いはすごく大きいんだ」とブックハイトは言う。

タガルは、タグスタンドが普及するまで4年間耐えなくてはいけない、という考えに真っ向から挑んだ。「スマートフォンの50%が対応しなければNFCビジネスがなりたたない、という前提はおかしいと思います」。セコイアのパートナーには、携帯電話の10%か20%にNFCが搭載されれば閾値を超えられるだろう、と言われたことがある。「これがなくなることはありません。ひとつのシナリオですが、来年の今頃までには、事実上すべてのアンドロイド機にこの技術が導入されるでしょう。新しいブラックベリーにも。HTCは、来年発売する全機種にNFCを付けると言っていました。だから、今か4年後のどちらか、ということはありません。1年後かもしれません」

その話は実際、脈がありそうに聞こえた。パートナーたちはQRコードと屋外広告の話に戻った。タグスタンドがつい数分前まで進みたがっていた方向だ。

「キューキャットを覚えているかい?」ブックハイトがみんなに聞くと、笑いながら言った。

「あれは90年代の代物で、まずバーコードスキャナーが郵送されてくる。受け取った客はそれを使ってワイアード誌の広告に載っているバーコードを全部スキャンすることになっている。スキャナーをパソコンのシリアルポートにつないで、ソフトウェアをインストールして、それでやっと広告のバーコードをスキャンするとパソコンのウェブページに商品情報の続きが表示される。要するに、ユーザーはさんざん苦労させられた挙げ句、さらに広告を見せられるわけだ(5)。それを考えながらまた笑った。「ありえない3つのステップ、みたいなもんだね。しかも連中は全員にバーコードスキャナーを送るために、膨大な資金を調達したんだ。私もひとつもらったよ。ワイアードの定期購読者全員に送っただけだからね」

ラルストンも思い出した。「受け取ったときは『ありえないほどばかばかしい』と思ったっけ。だれでも一瞬でわかるね」。しかし彼はQRコードのスキャンが同じだとは思っていない。「ちがう、ちがう、そうじゃない」。ブックハイトはQRコードがキューキャットと同じだというつもりで話したのではないと念を押した。「でも同じ夢だ。『これはすごい、だってうちの顧客は広告と対話したがっているのだから』。たぶん答えは『ちょっと違う』だと思う。私が思うにマーケターは、自分たちの顧客が広告と触れあいたがっている、と自分をだますところまで行っちゃってるよ」

ラルストンは携帯電話を取り出し、QRコードをスキャンするのに何秒かかるか試してみた。すぐに成功した。

「こいつは驚いた」。グレアムが感心して言った。

ブックハイトも試したが、そこまで速くはできなかった。

ＱＲコードのスキャンが簡単であってもなくても、ラルストンはタグスタンドがＱＲコードと屋外広告を追求するところを見てみたい。なぜなら今このスタートアップは、それらを立派なビジネスチャンスと受け止めているから、それだけの理由だ。このビジネスに「夢中」にならなくてはだめだ、とラルストンは言った。「最高の人たちは自分のやっているビジネスが好きで好きでしかたがない。愛していると言ってもいい。そうだろう？　だからもしきみたちがこのＮＦＣを愛しているなら、大きなビジネスになると信じているなら、私は真実の愛を求めるきみたちの邪魔をしたくないんだ」

「うーん」。グレアムはラルストンに同意していない。「オンラインショップのソフトウェアをそこまで愛せないだろう」。グレアムは、ヴィアウェブのチームとうまく立ち回ってヤフーに買収されたときのことを思い出している。あれは、オンラインストアのソフトウェアを作る会社だったが、グレアムたちにとっておよそ夢中になれる製品ではなかった。

「確かに」とラルストンは言い、ヴィアウェブがたった今自分が主張していたことの完璧な反例になりそうだと気づいた。ラルストンはグレアムに向かって「十分愛していたよ。つまり、間抜けな会社に売れてラッキーだった、そうだろう？」と言った。グレアムに対して間抜けな会社に売ったなどと言ってからかえるのは、ラルストン自身もスタートアップをヤフーに売り、幹部としてその間抜けな会社にグラハムよりはるかに長く居続けたからだ。ラルストンがグレアムに「もしヤフーがヴィアウェブを買っていなければ、きっときみは愛が冷めてほかのことをやっていただろうね」と言った。グレアムは笑っていた。

「ぼくたちの誰ひとりとして、そこまで一途にNFCを愛しているとは思いません」とタガルが言った。「それでも何がワクワクするかと言えば、自分たちが最先端にいて、本当にみんなこれで何かをやりたくて、ぼくらのところにやってくる、という感覚なんです。はい、まだ始まったばかりだということはわかっています。でも、これは相当革新的なことになるんじゃないか、と感じるんです」

「どんどん売上を伸ばして、きみたちが無視できない存在になるようなことをするんだ」。グレアムが言った。

「たとえ長い時間がかかってもね。マイクロソフトは1975年に設立されたが、たぶん80年代になるまで誰も名前を知らなかった」とブックハイトが言った。

「だけど今は、ものごとの動きがもっと速い」とグレアム。

ブックハイトは、NFCがあらゆるアンドロイド機に組み込まれれば普及は必然だと言った。グレアムはタガルたちに向かって言った。「投資家にはありのまま、『ぼくたちは自分たちのやっていることをわかっていません。NFCには何かが起こります。ぼくたちはそれを見つける立場になりたいのです』と言えばいいんだ」

報酬とリスクは紙一重

タグスタンドの創業者たちは、NFCがどんな可能性を切り拓いていくか待ってみよう、というYCパートナーたちの暗黙の激励を手みやげに帰っていった。こんなことは珍しい。YCユーザー・マニュアルに書かれている基本的アドバイスは、「人々の欲しがるものを作れ(Make Something People Want)」。この4つの単語は、2005年夏、YC最初の学期のために作られたTシャツに書かれて以来、今でもYCのスローガンになっている(6)。クルビール・タガルは、自分にとって最初のYCスタートアップであるオークトマティックで人々の欲しがるものを作った。それは彼自身が欲しかったものではなく、イーベイ最大級の売り手たちが欲しがっていた、商品リストを一括アップロードして管理するソフトウェアだった。しかし今回は、目に見えるニーズを見きわめてそれに取り組む、という以前の方法を繰り返すつもりはない。タグスタンドのメンバーは、ユーザーが何を欲しがり何を欲しがっていないかを意識的に考えずに前進している。

グレアムは、タグスタンドの主張を承認したが、それは報酬とリスクは紙一重であると信じているからだった。「本当に大きな見返りを得るには、一見異常と思われるようなことをする必要がある」とグレアムは2007年に書いている。「1998年に新しい検索エンジンを作る、あるいは10億ドルの買収提案を断るようなこと」。後者はフェイスブックを指している(7)。

しかし、並外れたリスクを取ることによって並外れた報酬を求める最良の位置にいるのは、投資家であって創業者ではない。投資家は、リスクを分散させるポートフォリオという防御壁を持っている。グレアムは、ＹＣのような投資家のほうが当然創業者個人よりもリスクを取ることに積極的になることを理解しているので、そのギャップを埋める方法として、創業者たちに連続して多くのスタートアップを立ち上げることを奨励しようと考えた。起業を繰り返すことで、リスクを多くの賭けに分散できる。しかしこの考えの問題は、スタートアップの創業者たちには、そんなに多くのスタートアップを作れないということだ。夏学期生の中で、以前ＹＣにいたことのあるタグスタンドのタガルとパングルリや、パースとキャント・ウェイトの創業者たちでさえ、まだたったの2回目だ。スタートアップが2社、たとえ3社あっても創業者にとって大したポートフォリオ効果は生まれない。ＹＣの夏学期がスタートアップ63社からなっているという事実は、ポートフォリオが本来の効果をもたらすためには、単独ではなく何十というシード投資が必要であることを意味している。

統計的にまとめた表は存在しないが、スタートアップ創業者の報酬は、予想されるとおり、いい具合にリスクと一致している。それ相応の報酬を期待してリスクの高いアイデアを選んだ創業者は、間違いなく、理屈云々ではなく感覚的にそのアイデアを選んでいる。だからといって、それが創業者として誤った判断だというわけではない。しかし、グレアムが、かつて起業家だったときよりも、投資家としての今のほうが、リスクに対して積極的であることを創業者たちは念頭に置くべきだ。グレアムはYコンビネーターを始める前、こう書いている。

ヴィアウェブのハッカーたちは全員、極端なリスク嫌いだった。もし、昼夜の区別なくひたすら働くだけで、宝くじを買うことなく、報酬を得られる何らかの方法があれば、みんな大喜びしただろう。100万ドルが100%の確率で得られるチャンスのほうを、1000万ドルが20%の確率で得られるチャンスよりもはるかに好んだ。たとえ理論的には後者のチャンスのほうが2倍の価値があるとしてもだ。しかし残念ながら、前者のチャンスは現在どこのビジネス分野にも存在しない(8)。

第15章　共同創業者がすべて

必ず誰かと一緒に起業しろ

Yコンビネーターを始めたとき、ポール・グレアムはひとつだけルールを定めた。創業者がひとりだけのスタートアップには出資しない。後にこれを少し緩めて、創業者が並外れていると思われるときには、時々例外を認めるようになった。緩めたのは正解だった。例外のひとつはドルー・ハウストン、YC最大の成功事例となるドロップボックスの単独創業者だ。しかし、ハウストンもずっとひとりというわけではなかった。ジャスティンTVのカイル・ボグトがアラシュ・ファードウシを紹介し、共同創業者になった。創業者は最低ふたり必要だということに疑問をもつ人に対して、グレアムはひとりの創業者に象徴される巨大テクノロジー企業の名を挙げる。マイクロソフト（ビル・ゲイツ）、アップル（スティーブ・ジョブズ）、オラクル（ラリー・エリソン）だ。そして、これらの会社には当初ひとりではなくふたりの創業者がいたことを指摘する。どのスタートアップも同じだ、とグレアムは断言する。負荷を分担するためにはふたり必要だ(1)。

グレアムが単独の創業者に出資したくない理由はほかにもある。共同創業者がいないという事実そのものが、友人たちの信頼を得られなかった証拠である、というのが彼の考えだ。「それはかなり危険な状態だ」とグレアムは2006年に言っている。「なぜならその人物をいちばんよく知っているのは友人たちだからだ」。たとえスタートアップとして成功する能力を友人たちが過小評価していたとしても、たとえひとりでスタートアップの仕事をこなせたとしても、それでも創業者には仲間が必要だとグレアムは言う。

「一緒にブレーンストーミングをして、愚かな決断をやめさせ、うまくいかないときには元気づけてくれる仲間が必要だ」(2)。

創業者は必ずふたり以上必要だが、多すぎてもいけない。2011年にハルジ・タガルは、ロンドンの意欲的な創業者たちを指して、YCの経験から言って創業者4人は多すぎる、意思決定が煩わしすぎると言った。「スタートアップを国連のようにはしたくないはずだ。あれは最小の物事を成し遂げるための一種の民主的プロセスだ」(3)。

スタートアップは、いつでもアイデアを変えてよいが、共同創業者は変えてはいけない(4)。ふたりか3人の創業者たちが、スタートするはるか前から互いに相手をよく知り、互いを好きであることは決定的に重要だ。「スタートアップの創業者たちは、犬にとられた靴下と同じ。ばらばらになるべきものは、ばらばらになる」とグレアムは言っている(5)。

2009年にグレアムは、前学期のYCの卒業生にアンケートを行い、成功したスタートアップが創業者同士の関係について語る様子に衝撃を受けた。回答者のひとりがこう書いていた。

ひとつ私が驚かされたのは、スタートアップの創業者同士の関係が、友達から夫婦へと変わっていくことでした。私と共同創業者との関係も、単なる友達同士から、毎日顔をつきあわせ、会計を心配し、尻ぬぐいまでするようになりました。スタートアップはふたりの赤ん坊です。かつて私はこう表現したことがあります。「セックスしない夫婦のようなもの」(6)

グレアムが熱心な起業家からいちばんよく聞かれるのは「共同創業者はどこで探せばいいのですか」という質問だ。もし相手がまだ学生なら答えは簡単、「大学の親しい友達の中から探せ」だ。グレアムは、グーグル、ヤフー、マイクロソフトの共同創業者たちが学校で出会ったことを例に挙げる。「ほとんどの学生は、スタートアップで何ものにも代えがたいもの――共同創業者――を探すうえでどれほど自分が恵まれた環境にいるかに気づかない」、2006年にMITの学生たちにそう語っている。「あまり長く待ちすぎると、友達が別のプロジェクトに関わってしまいやめたがらないかもしれない。優れていればいるほど、その可能性は高い」(7)

ジャスティン・カンとエメット・シアーは、最初にYCを卒業した非常勤のYCパートナーで、親友同士で仕事を成功させた模範例だ。「あのふたりは、ほとんどお互いの心を読むことができる」とグレアムが2010年に書いている。「言い争いはあるに違いない。それはどの創業者も同じだが、解決できない緊張関係をふたりから感じたことは一度もない」。もちろん、カンとシアーはほとんどの創業者たちよりも早くから信頼関係を築いていた。ふたりは中学2年生以来の友達だ(8)。

共同創業者の探し方

2011年夏学期の創業者の中にも、まるで小学校以来の友達かと思うほど息の合ったコンビやトリオがたくさんいる。そのなかでもあるふたりはさらに親密だ。「サイエンス・エクスチェンジ」のエリザベス・アイオンズとダン・ノックスは本物の夫婦だ。

YC創業者のほとんどが、仕事場と同じ空間で一緒に寝泊まりしている。ライドジョイのカルビン・ワン、ランディー・パン、ジェイソン・シェンの3人も、サンフランシスコの寝室が3部屋あるアパートに住んでいる。共通スペースはライドジョイの世界本部になっている。

3人組のつながりは、ワンとシェンがスタンフォードの学生だったころに生まれた友情に端を発する。どちらも当時パンのことを知らなかった。しかし誰と誰が最初に知り合ったかはわからないが、2011年の夏にはシェンが3人についてこんなことを書いている。「ぼくたち3人は、どのふたりよりも賢く、そして団結している」。パンがほかのふたりと知り合った経緯も興味深い。まさに、大学も別々の創業者同士が、どうやってよく理解しあえるようになったかの物語だ。

2009年の秋、シェンとワンはふたりでサンフランシスコにアパートを借りたが、仕事は別々だった。シェンは生物学と哲学を専攻し、卒業後はスタンフォード・デイリー紙のビジネス・マネージャーになってスタンフォードまで通勤していた。ワンはコンピュータ科学の専攻で、いくつかのスタートアップを経て、サンフランシスコのマーケット地区の南で、アパートからほど近い場所にあるバージャンスというインキュベーターに勤めていた。ふたりはアパートの3番目の寝室を使ってくれる人物を探していた。

シェンとワンはクレイグスリストに広告を出し、ルームメイトを迎え入れたが、その男がわずか3カ月後には出ていってくれと頼まなければならない人物だったので、また振り出しに戻った。そこで今回は、別の方法で探すことにした。シェンは、借り手には自分たちの情報を十分に提供するべきだとワンを説得した。後にシェンがブログにこう書いている。「結局、自分が誰で、どんな人間で、どんな人物を探しているかをはっきりさせておくのはとても意味があることだとわかった」(9)。ふたりは自分たちのウェブサイト、JasonAndKalvin.com を立ち上げ、それぞれの仕事内容や興味に加えて理想的なルームメイトの特徴を実に詳しく説明した。

応募者のひとりがランディー・パンだった。前年の春にUCバークレーを卒業し、専攻は電子工学とコンピュータ科学で、個人的興味を自分のウェブサイト、RandyPang.com で公開していた。パンは引っ越してきた後、シェンとワンのどちらとも親しくなった（2年後、ワンはシェンのブログでの自己PRの強さやソーシャルメディアの使い方をからかいながらも、個人的にみて「異常なほど詳しく」自分のこだわりについて書いたことが、ルームメイト探しに間違いなく役立っていたと書いている。ブログ記事のタイトルは「大バカと紙一重が最高のルームメイト探しに役立つ方法」だった(10)

「グラフィティ・ラブス」もまた、大学時代の友情から始まった夏学期のスタートアップだが、学校で出会ったハッカーふたり、というヴィアウェブ型とは異なっている。ティム・サズマンとマーク・カンターは27歳で、ブランダイス大学1年のときに親友になった。カルビン・ワンとジェイソン・シェンと同じく、こちらもハッカーのサズマンと非ハッカーのカンターというペアだ。

3人目の創業者は、ティムがずっと以前から知っていた。それもそのはず弟のテッドだ。テッドは、3歳年下のエース級ハッカーだった。3人は、テッド・サズマンがまだ高校生のときからいろいろなビジネスに手を染めてきた。兄とカンターが大学を卒業してから数年後、テッドはワシントン大学を卒業直前にやめて、ふたりの仕事にフルタイムで加わった。

彼らがYCに応募したときに、「非コンピューターシステムでもっとも成功したハック」の例を聞かれたカンターは、舞台裏の警備員の前を通過してパフ・ダディに会い、コンサート会社の仕事をもらったことと答えた(彼は警備員に「BOCから来た」と告げた。BOCは自分たちの最初のスタートアップだったブックス・オン・キャンパスの頭文字をつないだだけだ)。しかし、夏学期の全応募者の中で、成功したハックに関する最高のストーリーはテッド・サズマンの回答だった。6歳のとき、彼は「歯の妖精」(*)の存在を明白に反証した。ある日テッドはひとりでいたときに歯が抜け、それをまくらの下に入れた後、誰にもそのことを言わなかった。家族といるときには、寝る時間まで必ず口を閉じていた。

3人は、フェイスブックアプリの世界をハックすることに成功した。グラフィティはフェイスブック会員が友達にイラスト付きメッセージを送るのに使われている(11)。言ってしまえば、グラフィティは簡単なお絵かきツールとメッセージのアプリにすぎない。「アイ・ラブ・ユー」にハートマークを付けたものが、もっともよく送られたメッセージだ。料金は無料で、月間150万人の利用者がいる。これまでに1億枚以上のイラストが、ユーザーからフェイスブック友達宛てに送られた。

マーク・カンターはグラフィティ・ラブスの営業マンだ。おしゃべりに没頭することもなければ、ネット人格を作ることも声を張り上げることもなく、笑顔もあまり見せない。自分の仕事には一貫して真剣に取り組む。そして、非常に説得力のある人物だ。

グラフィティは、3人のために非常に利益性の高いアプリだ。カンターのおかげで、BMW、マイクロソフト、デル、インテル、パラマウント、コムキャスト、HP、およびシャーピーといった企業スポンサーが列をなしている。スポンサー料は年間60万ドルに上る。3人でYCの夏学期に応募したとき、グラフィティはすでに売上200万ドルを生み出していた。夏学期のスタート時点ですでにビジネスを始めているスタートアップの中でも群を抜いていた。

カンターがスポンサーの待ち行列を心配する以外、グラフィティのアプリ自身には大して手間がかからなかった。3人はグラフィティに機能を追加することよりも、関連する何か新しいベンチャーに乗り出したかった。それがYCに来た理由だ。彼らは「グラフィティ・ワールド」の開発に取りかかっていた。それは、デジタル・レゴにマインクラフトというブロック組み立てゲームのソーシャル性を組み合わせた世界だ。しかし、ベータ版を公開するためには大量のコードを書く必要があった。

カンターとティム・サズマンはサンフランシスコ近郊のロシアンヒルのアパートに住んでいて、正面の部屋がオフィスを兼ねている。テッド・サズマンはミッション地区のアパートにひとりで住んでいるので、この3人はライドジョイのトリオほどコンパクトには収まっていない。しかし、外からその仕事ぶりを見るかぎり、グラフィティ・ラブスの3人はシームレスな一団である。

（＊）訳注　tooth fairy。子供が抜けた歯をまくらの下に置いて寝ると、歯の妖精が来てコインと取り替えてくれるという言い伝え

エニアスク

夏の半ば、グラフィティ・ラブスのメンバーたちは、図らずも、同時に2つのアイデアに取り組んでいた。2番目のアイデアはティム・サズマンのサイドプロジェクトとして始まった。ハッカーはサイドプロジェクトを我慢できないのだ。サズマンは、ソーシャルニュースサイトのレディットの「何でも私に聞いてください」コーナーの改良版を作りたかった。レディットの「私は」(IAmA)セクションでは、誰でも自分の仕事や業績に関することや、自分の生活における珍しい一面についての答えを提供できる。典型的なタイトルは「私は――」で始まり、次に「マイアミのナイトクラブのドアマン」などの名詞が続き、最後に「AMA」という「何でも私に聞いてください(Ask me anything)」の頭文字が来る。ひとつのエントリーの下に、質問と答えと何千ものコメントがたちまちぶらさがる。たとえば別のQ&Aウェブサイトのクオラでは、ひとつの質問に対して多くの人々から答えが集まる。これに対してレディットのAMAはその逆で、多くの人からの質問にひとりの人間が答える。

サズマンはAnyAsq.comというドメイン名を持っていたので、それを使ってレディットのAMAのようなことを試すことができた。しかしレディットが雑然としていて、誰でも質問を受け付けてもらえるのに対して、「エニアスク」は見た目がすっきりしているだけでなく、質問に答える人も厳選する。サズマンはいたずら半分にいくつか項目を書き込み、マーク・カンターや何人か親しい友人たちにも同じことをやってもらった。「私はマサチューセッツ州のチェス大会で4回チャンピオンになっています。AMA」とサズマンが見本を見せると、カンターも書き込んでみせた。「私は17歳のときに大都市で救命士をやっていました。AMA」

サズマンがこのことを何人かのYCの同期生に話したところ、ライドジョイのジェイソン・シェンが回答役を買って出てくれた。「私は10年にわたって国際的な体操選手でした。何でも聞いてください」。パースのティコン・バーンスタムも仲間に加わってくれた。「私はスクリブド・ドット・コムの共同創業者です」。YCパートナーのハルジ・タガルは、バーンスタムがこれについて書いたツイートを見ると、気になってサイトを訪れた。エニアスクがYC創業者とつながっているとは知らずに、タガル自身気に入って、自分自身のAMAを書き加えた。「私はYコンビネーターのパートナーです。何でも聞いてください」(13)

寄稿者はさらに増えた。被験者が命を絶つ24時間前にインタビューした、自殺を研究している博士候補。グーグル・プラス開発チームの一員。NFLのフットボール選手（カンターの彼女の親戚）。出だしは好調で、どちらのアイデアを進めるべきかわからなかった。まだ完成していないグラフィティ・ワールドか、スタートしたばかりのエニアスクか。グレアムに相談した結果、両方のアイデアを進めてよいことになった。

数週間も経たないうちに、オンライン広告ビジネスを十分学んだサズマン兄弟とマーク・カンターは、エニアスクが意味のある収益を生むためには、何千万というユニークユーザーを集める必要があるという結論に達した。言い換えれば、エニアスクが広く知られたウェブブランドにならなくてはいけない、ということだった。3人はエニアスクをあきらめ、グラフィティ・ワールドに全力を注ぐことにした。

グラフィティ・ワールド

8月も2週目に入り、デモ・デーが迫ってきた。アパート兼オフィスで、3人がこれからのことを考えている。カンターは、グレアムが学期の最初に言っていたことを思い出している。「収益を上げるために何をするのか？　グラフを見たいんだ」。しかし、グレアムが見たがっているグラフは描けそうにない。3人はゆっくりと進める決断を下し、計画したデザインのどの部分を利用し、どれを使わないかがはっきりするまで、グラフィティ・ワールドの公開を延期することにした。

まずグラフィティ・ワールドのプロトタイプを少人数のユーザーでテストし、そこで利用できる部品を使ってユーザーが何をするのかを見る。昔からエレクトロニック・アーツのようなゲーム会社は、新しいゲームを1年か2年かけて、カンター言うところの「闇の中で」開発し、最高の結果を期待して発売する。カンターもほかのふたりも違う方法を考えている。荒削りなバージョンを小規模でテストし、フィードバックを受け、修正し、これを繰り返す。こんなことは、プログラムをいじるたびにユーザーがソフトウェアをダウンロードしてインストールする必要があったら不可能だ。しかし、ブラウザの中でプレーするウェブベースのゲームなら、ユーザーに何の不便もかけることなく、いつでもコードを変更できる。

3人の創業者は、デモ・デーが終わって、同期の各社が採用を始めた後の人材獲得競争を心配している。組み立てゲームのマインクラフトを成功例として挙げられれば、採用活動のプラスになる。マインクラフトは、スウェーデンのマーカス・パーソンがたったひとりで作ったソフトだが、グラフィクスは完成版のグラフィティ・ワールドほど洗練されていない。パーソンは1年で5000万ドル以上稼いだ。カンターは、公開直後にこのゲームを知ったが、そのときのユーザー数はわずか100人ほどだった。当時自分宛てにメモを書いていた。「ティムとテッドにこれを見せる。ちょっとクールな感じ。買収できるかもしれない」。5000ドルで買収できると思っていたのだ。しかし、このことをサズマン兄弟に伝える前に、ティムからゲームへのリンクとメモが送られてきた。「マインクラフト。1週間で売上20万ドル」。そういうわけで、ポケットマネーによる買収はなくなった。しかし、新しいビルダーゲームの作者たちへの刺激になったことは間違いない。

ナウスポッツ

「ナウスポッツ」の創業者、27歳のブラッド・フローラと31歳でシカゴ在住のカート・マッキーは、Yコンビネーターに応募するまでお互いを知らなかった。1年前、営業マンだったフローラはある製品のアイデアを思いつき、ナイト・ファウンデーションから18万ドルを調達し、技術系の共同創業者と共に基本サービスの運用を開始した。ナウスポッツの技術を使うと、新聞社は自社ウェブページ上に、標準的バナー広告サイズのボックスを埋め込むことができる。一方、地元やその地域の企業が広告主となって、そのボックスを低価格で買い、その広告枠に自社アカウントのツイートや、フェイスブックページの書き込みを表示して宣伝することができる。フローラは、元のハッカー共同創業者が3月に辞めた後、共通の友人を通じてマッキーとペアを組んだ。YCの面接直前にやってきた代理のハッカーだ。

フローラは独身だ。だが、マッキーは結婚して子供が4人いる。9歳と3歳の女の子と里子として来たばかりの双子の赤ちゃんだ。家族と離れて暮らすカリフォルニアでの毎日は相当につらそうだ。8月中旬、YCのメインホールでテーブルに着いたマッキーが、いちばんつらいことについて話してくれた。「9歳の子とは電話で話しができて、娘も言いたいことを何でも言えて、悲しいことや何をやっているかも教えてくれるので、さほど大きな問題はありません。少なくともこの状況を理解はしているようです。3歳の娘は状況がわからず、かんしゃくを起こしたりします。電話に出ると決まって『パパ、今すぐおうちにかえってきて』と言うので、『いや、まだだよ』と答えています。『おうちに来られる？』がお気に入りのせりふです。だから私は、ビデオチャットで私が存在していることを見せるのです」

カリフォルニアでの時間は高くついたが、マッキーはその価値があったと信じている。「私にとって今がその時なのです。3カ月間、誰にも邪魔されず完全に集中して何かを作る時間を得ることは二度とありません」。年齢の違い、集中力の違いが、他の若い同期生との間に距離をつくっている。「みんなは金曜の夜にどこかへ出かけて何かをするけど、私は仕事をするだけ。それだけです。私は自分が非常に『ハングリー』と言うのでしょうか、そう思っていますが、ほかの人からそれを感じたことはありません。その理由は主として……」彼は笑った。「22歳でスタートファンドの資金があって子供の心配をすることもなかったころと比べて、今は賭けているものが大きいからです」

そこにいない共同創業者のブラッド・フローラについて、マッキーは、「しょっちゅう衝突しています。でも、どちらもやめるつもりはないと思います。この数カ月間、ふたりでドラマチックな時間を過ごしてきました。時間が解決してくれるでしょう。もう大した問題ではありません。本当に夫婦みたいなものですよ」と言ってまた笑った。

フローラがやってきてマッキーの隣に腰掛けた。7月以来ナウスポッツは、フローラが言う「人並みの給料」を自分たちに払えるだけの収益を上げている。フローラは、ふたりがＹＣに来るために、シカゴ拠点でテックスターズをモデルにしたエクセラレート・ラブスからの出資提案を断ったことを思い出している(14)。エクセラレート・ラブスはフローラを「シカゴの裏切り者」と呼んだが、以前出資を拒否したシカゴのエンジェル投資家の中には、今になって出資できないかとフローラに聞いてくるところもある。

カート・マッキーは1週間前シカゴに帰郷して家族と会ってきた。直前になって決めたので航空運賃は800ドルもした。「カートがそのためにお金を使うのはまったく問題ありません。それで機嫌がよくなるのですから」とフローラは言う。「先週、営業を手伝ってもらう予定の男性が来たのですが、一緒にスーパーに行ったとき、ふたつの商品の前に立ってこんなことを言うんです。『どっちの石けんにしようか。こっちのほうが2ドル高いな』。私は『おい、金の無駄遣いだ』と言ってやりました。今は時が金なり。最初の石けんをかごに入れてさっさと行こう。そんなことで騒いでいる暇はない。時々自分が『浪費』しすぎなのではないか心配になりますけど、ぼくたちは成功するためにできるだけ速く動くのです」

フローラ自身も3週間前にシカゴへ帰り、シカゴ・トリビューン紙の営業部門に売り込んできた。マッキーのほうを見ながらこう言った。「とにかく売上を立てないと、カートがぼくを見捨てて……」カートは笑っている。「他の成功しそうなYCスタートアップに行ってしまうから」

第16章　残りあとわずか2週間

サイエンス・エクスチェンジ

デモ・デーが近づくにつれ、アイデアを形にし始めて間もない創業者たちの間に不安が広がる。果たして自分たちのストーリーが有望であることを、投資家たちに納得してもらえるだろうか。ポール・グレアムやYCパートナーにしても、この不安を解消してはくれない。発表資料は徹底的にチェックされ、細かい指摘が永遠に続く。もちろん投資家たちは、YCの投資対象に選ばれたという事実だけでも、彼らに価値を見出している。

夏学期の創業者160人中ひとり大学の教職員がいる。サイエンス・エクスチェンジのエリザベス・アイオンズだ。アイオンズはマイアミ大学医学部で研究を専門とする准教授だが、YCでの〝卒業式〟の準備に余念がない。

デモ・デーを2週間後に控え、アイオンズとふたりの共同創業者、夫のダン・ノックスとライアン・アボットは、「変曲点ミーティング」に呼ばれている。4人のYCパートナー、ポール・グレアム、ポール・ブックハイト、ゲリー・タン、そしてアーロン・イバが、奥の部屋で3人を待っている。その小さな部屋がこれほど満員になるのを見るのは、4カ月前に同じチームがYCファイナリストの面接を受けに来たとき以来だ。

全員が席に着くと、ノックスが口火を切った。「今日は初めてこの部屋に来たときよりずっと緊張していません」

「そうだろう」とグレアムが言った。これで社交辞令は終わりだ。「それできみたち」グレアムはテーブルに肘をつき、ほほを撫でている。「私たちが話をしたかったのは、きみたちのやっていることが、普段われわれの出資している相手とあまりにも違うので、理解することも正しいアドバイスをすることも容易ではないからなんだ。もしｉＰｈｏｎｅアプリを作っているのなら、きみたちが何をすべきかをわれわれは的確に指摘できる。しかし、きみたちにはまだ何も正しいアドバイスができていないのではないかと心配だ。もちろん、特に間違ったことを言ったつもりはないがね。とにかくきみたちともっと話すべきだと感じたんだ」

グレアムはイバのほうを向いた。イバがＹＣパートナーになったのはほんの数週間前だ。

「きみはこのチームが何をやっているか知っているかい？」

「いえ、実はよく知りません」とイバ。グレアムが創業者たちに向かって言った。「説明してごらん。練習のつもりでね。彼を投資家だと思うんだ」

アイオンズが話し始めた。「私たちは科学実験のためのオンライン・マーケットプレイスを作っています」。穏やかな声の中に強いニュージーランドなまりがあった(1)。「イーベイの科学実験版のようなものです。今は大学内で行われていることの多くが外注に出されています。私たちは、効果的なマーケットプレイスを作って、現在は不可能な全大学を横断する実験運営ができるようにしたいと考えています。

イバは表情を変えない。グレアムが割り込む。「たとえば、高価な実験機器が必要な試験をしたいが、自分の大学にはそれがないとき、だろう？　そこでどこか他の場所でやってもらう必要がある。それならすでに行われているね。ただし、非常に秩序のない方法で」

「これは非常に大きい市場です」とアイオンズは言い、年間約10億ドルが他の研究施設への「外部委託」研究に使われていることを説明した。外国への委託、ではない。

ノックスが話を引き継いだ。「これはアメリカだけでです。ぼくたちは、IT業界などの市場をモデルにしました。ITでは、一定量の外注がオーデスクやイーランスなどのプラットフォームを通じて行われています。ぼくたちは、外部委託の10％程度がわれわれのプラットフォーム経由になると予測しています」。それは、年間1億ドルの売上に相当する。

「いつごろ？」グレアムが尋ねる。

「来年です」。ノックスが無表情に答えた。わずかに間を置いて、ノックスとアイオンズが笑い出した。いや、そんなに早く1億ドルに到達できない。少なくともその数字が手数料のことを言っているのなら。手数料が1億ドルに達するためには、10億ドルから20億ドル相当の研究契約がサイエンス・エクスチェンジのシステムを経由する必要がある。ノックスが言った。

「私が思うに大学の科学研究における外部委託の数は今後……」

グレアムがさえぎった。「ちなみに、私が質問しているのは、きみたちに答える練習をさせるためだ。つまり、投資家が聞くであろう質問だ。投資家はたいていなら『ふざけるな！』と言いたくなるところをそうは言わない。『いつごろ？』と言うのは、投資家の言葉で『ふざけるな』という意味だ」

「『5年』では漠然すぎますか。もちろん、来年ではありません」

イバが、投資家に「いつごろ？」と聞かれたら、すかさず「いくら出資していただけるかによります」と答えればいい、と言って笑った。

「それはいい答えです！」とアイオンズが言った。

営業部隊

「私たちに必要なことのひとつは、このプラットフォームの普及を広く知ってもらうことだからです」。ノックスが付け加えた。

「何に金を使う必要があるのかね？」グレアムが尋ねた。

「営業です。営業部隊です」。アイオンズが言った。

「大学の中まで侵入したいわけだ。このプラットフォームの存在を知ってもらうのに」

「サム・アルトマンは、グレアムさんから聞いたのかもしれませんが、現場に人を置くのはいい考えだと本当に強く言っていました。だからもうスタートしました。今、インターンが４人います」。ノックスが答えた。

「それは、キャンパスレップのことをいっているのかな」

「彼らはポスドクです」とアイオンズが答えた。博士課程を修了した後、正規の職に就く前に何年か大学で研究を続ける博士研究員のことだ。

「だったらインターンと呼んではだめだ。紛らわしい。きみたちの代わりに仕事をしているように聞こえる。歩合制で払っているなら、従業員じゃない」。グレアムが言う。

「支持者と呼んでいます」とアイオンズが言った。

「固定給も支払っています」とノックスが付け加える。

グレアムが眉をひそめた。「固定給は必要ないだろう」

「軌道に乗せるためだけです。わずかな金額です。週に最大で5時間、時給20ドルでやってもらっています」。アイオンズが説明する。

ライアン・アボットが、グレアムの言いたいことを察して先回りした。「私たちの誰かがいくつものキャンパスを回って、あちこちの研究室を訪ねることは実際不可能です」

「自分たちで回っても利益がでるかもしれないぞ、トータルではな。計算してみるんだ！　差し引きどうなるのかね？」

「この2週間、私はずっと出張していました」。アイオンズが言った。

「だが、もし営業員を雇ってそれをやらせるとしたら、費用はいくらになるんだ。ベンチャーキャピタリストから資金を調達して、20人営業要員を雇って、その仕事だけやらせればできるだろう」とグレアムは言い張った。それは、夏の初めにキャンパスクレドに与えたアドバイスと似ていた。とにかく営業を雇え！　しかし大学の研究室には、ピザやコーヒーショップを訪問するのとは違うタイプの営業員が必要だ。

アイオンズは、グレアムの専門営業員を雇うという提案に反発した。「私にはポスドクほど効果があるとは思えません。ポスドクなら元々大学内にコネを持っています」。アイオンズは、サイエンス・エクスチェンジがまだスタートしたばかりなので、一般的な結論を出すのはためらわれるがと前置きをして、これまでのところ顧客がアイオンズを彼女自身の仕事を通じて知っている場合に、いちばんスムーズに仕事が運ぶことを話した。「ほぼ１００％の人が利用登録をして、投稿件数も非常に順調です」。同じパターンはポスドクの間にも見られる。ポスドクの研究内容を知っている実験責任者は、その人を信じて、自分の研究プロジェクトをサイエンス・エクスチェンジに投稿する。

「ポスドクはいくらくらい稼ぐのかね？　いちばん多いポスドクで。これまでいくら稼いだ？」グレアムが尋ねた。

「えー、いちばん成功している人は始めてから1週間で、６０００ドルを達成しました」

グレアムが目を輝かせた。「そりゃぁ、ポスドクとしては相当いいだろう！」

「いいえ、ポスドクの取り分はその５％だけです」。６０００ドルは、契約の金額であって手数料ではない。

「それでも、３００ドルは稼いだわけだ」。グレアムが言った。

「大学はポスドクが営業を兼ねることを気にしないの？」ブックハイトが気になって尋ねた。

「ポスドクの良いところは、これはわれわれがあえてポスドクを選んだ理由でもあるのですが、大学の職員ではないことなのです。しかも、収入はほとんどないに等しいので本気で仕事を探しています」。アイオンズが答えた。

「しかも、ひとところに留まっていない。いずれそこを出たら、別の大学に行ってきみたちのシステムを広めてくれるかもしれない」とグレアムが言った。

ポスドクは３カ所以上の研究施設とつながりがあるのが普通だとノックスは言う。ポスドクとして今いる職場、博士号を取得した大学、それと学部に入って学士号をとった大学だ。

「私は先週いくつかカンファレンスを回ってきました」。アイオンズが報告する。

「成果はどうだった？」とグレアムが聞いた。

「非常に不調でした」

「おもしろい。なぜだと思う？ 私の記憶によれば、かなり期待していたはずだから」

「そのとおりです。みんなこのアイデアにとても興味を持ってくれました。みんな非常に熱心に見えました。私とも意気投合しました。質問もたくさん受けました。パンフレットも持っていって配りました。でも誰も登録しませんでした」

「だから、狩り専門の営業が必要なわけだ。きみらがリードをつかんで彼らが狩りをする」

「私も理由がわからなくて、その場にパソコンがないから登録できないだけかと思いました。パンフレットを配っているだけなので。ところが面白いことに、私が先週参加した学会に来ていたのは、国防省から研究費をもらっている科学者だけだったのです。大変なエリートで、招待者しか参加できなくて、メーカーもいないし広告もありません。だから私がそこへ行ったのも自分の成果を発表するためでした。パンフレットを持っていったので、これをひとつのマーケティング機会として利用しました。なにしろ、ほかには誰も競争相手がいませんから。ところが、それでも歩留まりは最悪でした」

「その連中のことは、きっかけくらいに思ったほうがいいかもしれない。家に帰ってパソコンからサインアップしてくれることなど期待しないことだ」

「それなら、もっと熱心にメールアドレスを聞くべきでした。聞かなかったんです」

「きみたちがアイデアを説明して、名刺をもらって、その後誰かにフォローさせるのがいいだろうね」とブックハイトが言った。

「科学者は名刺を持っていません」とアイオンズが言った。

「メールアドレスだけでいい。話すときに『システムに登録してもいいですか?』と聞くんだ」。グレアムが言った。

「あまりに熱心だったので、その必要もないかと思ってしまいました。でも、間違いなく必要でした」と言ってアイオンズは自分の考えの甘さを笑った。

「本当に熱心だったのかもしれないよ。ただ、学会から戻った後の最優先事項ではなかったというだけで」。グレアムが言った。

アイオンズは、サイエンス・エクスチェンジを紹介するメールを、科学者ひとりずつにあつらえてサインアップをお願いしたときの申し込み率は30％だったと言った。ＹＣパートナーたちはその反応率に感心した。

資金があれば、早く成長できるのか

グレアムは別の話題に移った。「もし、いくらでも欲しいだけ資金があったとしたら、どのくらい早く成長させられるかね？ もちろん、私がこれを聞くのは、ＶＣたちが聞くだろうからだ。『山ほどの資金で何をやるつもりなんだ？』とね。なぜなら彼らの仕事は、山ほど金を渡せば非常に早く成長するものを探すことだからね」

「ぼくたちは主要な研究大学のリストを持っています。獲得した研究費や研究者でランクづけしてあります」とノックスは言い、サイエンス・エクスチェンジが営業員としてポスドクを雇い、上位１００の研究機関を回らせて仕事をとってこさせるべきかどうか尋ねた。

「ざっと計算してみるべきだ」とグレアムは言った。営業員を雇った場合に予想される売上の伸びを計算するという意味だった。

「それほど説得力のあるものじゃなくてもいい。もっともらしい根拠であれは十分だ。ＶＣがきみたちにどのくらいできそうか予測を聞くとき、きみたちを信じてなんかいやしない。きみたちがどんなふうに考えるかを知りたいだけだ。もし、５年後に年間10億ドル稼ぐ方法をもっともらしくきみたちが語れば、ＶＣは大喜びするだろう」

ノックスが声に出して計算を始めた。「では、今5万ドル相当の実験が……」

「いつからいつまでで5万ドルだって？　これまで全部？」グレアムが尋ねる。

「最近3週間の実績です」

「オーケー。じゃあ週当たりでは？」

「1万ドルの実験が1件ありました。次が５００ドルでした」。アイオンズが説明した。

「実験は全部で何件？」

「これまでに契約完了したのが8件です」

サイエンス・エクスチェンジは、マーケットプレイスとして買い手と売り手のバランスが良くなるように人を集めなくてはならない。誰かに実験をやってもらいたい研究室と、その仕事を請け負う意志のある研究室だ。しかし、最初に現れるべきなのは買い手で、実施して欲しい作業の詳細をサイエンス・エクスチェンジに投稿する。すると他の研究機関は、仕事を請け負うために入札できるようになる。しかしサイエンス・エクスチェンジはオークションではないので、低い価格をつけたところに自動的に仕事がいくわけではない。買い手は、請負先の評判を調べて希望の相手を選ぶことができる。あるいは誰とも契約しないこともできる。

これまでに、20件のプロジェクトがサイエンス・エクスチェンジのウェブサイトに掲載された。完了した8件以外に、あと2件のプロジェクトにも入札はあったが、買い手がどれも受け入れなかった。あるケースでは、プロジェクト1件に8件の入札があったが、研究主任からは音沙汰がなかった。

「その研究主任の女性は二度とサイトに戻ってきませんでした。メールしても返事がありません」とアボットが言った。

「よくわからないが。子供が足の骨を折ったか何かかもしれないな」とグレアム。まだ返事が来るかもしれないと思っている。

もうひとつの可能性は、買い手がサイエンス・エクスチェンジを迂回して話をまとめてしまったことだとアイオンズが言った。入札者と直接交渉すればサイエンス・エクスチェンジに手数料を払わずにすむ。

「エアビーアンドビーはこれを防止する対策をとっています」とノックスが説明した。「でも、現時点で私たちは、メールアドレスや入札情報が買い手に伝わることを止められません。つまり買い手には、プロジェクトに入札があったことを知らせるメールが送られて、そこには内容の詳細と入札者のメールアドレスが書かれています」

「うーむ」。その可能性は十分にあるとグレアムも思っている。

「だから、迂回は可能ですが対策は何もしていません。エアビーアンドビーとの大きな違いは、このシステムでは評判と個人のアイデンティティがすべてである点です。重要だからです」

「そうだろうな。同時に、だからこそ簡単に連絡も取れるわけだ。仮にメールアドレスがなくても、名前や研究機関がわかっていれば、グーグル検索一発でメールアドレスはわかる、そうだろう?」グレアムは、そうやって迂回されることでサイエンス・エクスチェンジが大きな痛手を受けるリスクがあることを、ベンチャーキャピタリストが投資を断る口実にしかねないと読んでいる。

「要するにだ。VCがきみたちを好きじゃないと決めるのは、直感なんだよ」

アイオンズを見て、今後起こりそうなことを説明した。「『創業者が女だから』とかね。それで『買い手がサイエンス・エクスチェンジを迂回するから』みたいなことを口実にするわけだ。だから気をつけたほうがいい。連中はいちばん簡単でいちばんもっともらしい難癖をつける。『迂回されるからうまくいきそうにないね』とかね」

「実は、迂回されることはいちばん小さな問題のひとつなんです」とアイオンズが言った。

「違う、違う」。グレアムが興奮して言った。「それが本当の問題だなんて言ってやしない。私が言っているのは、もしきみたちがこれを言われたら『よし、説得してやろう』などと思うなということなんだ。そのVCとはもう縁がないという意味だ。それでおしまいってことさ」

アイオンズは、市場の話を持ち出せばすぐに突っ込まれるはめになることは理解していると言った。しかし大学関係の科学研究には、迂回を難しくするある種の特性がある。大学は承認済みの組織経由でしか支払いを行わず、その承認プロセスはおそろしく官僚的だ。手数料と引き替えにサイエンス・エクスチェンジがこの承認プロセスの面倒を引き受けるので、資金は大学の口座から直接引き落とすことができる。「もし研究者がほかの大学と個人的に契約しようとすれば、個人のクレジットカードで立て替えなくてはいけないので、自らおそろしく厄介な世界を作り出すことになります。私たちのプラットフォームを使うよりはるかに面倒です。だから、迂回のことはあまり本気で心配していないのです」とアイオンズは言った。

「きみたちの成長は、入札する人の数で決まるのかな」。グレアムが尋ねた。

「いいえ、プロジェクトを投稿する人たちです。現時点で私たちの成長を決めているのはそれです。入札したがっている人数は膨大です」

「なるほど。そうだとしたらエアビーアンドビーとは逆だ。エアビーアンドビーはホストがボトルネックだがきみたちは客がボトルネックなんだね」

サイエンス・エクスチェンジは、いずれ大学関係の研究機関だけでなく産業界にも進出する計画だ。彼らにとって今すぐ必要なアドバイスは、積極的に資金を調達するべきかどうかだった。デモ・デーは2週間後だが、すでにいくつかのベンチャーキャピタルと話をしていて、ほかにもミーティングの問い合わせが来ている。

「積極的にミーティングを設定すべきなのかどうか……」ノックスが話し始めた。

「それはばからしい」とグレアムが言った。「デモ・デーはそのためにあるんだろう？　きみたちは晩餐会に招待されている。それなのに、『よし、途中でハンバーガーを食べていこう』と考えているわけだ」

「ええ、でも心配なのはデモ・デーの競争がどのくらい激しいのか、つまり目を引くことができるどうかなんです」とアイオンズは言った。

「デモ・デーにはあらゆる投資家が勢揃いする。そう、確かにスタートアップが63社も顔を揃えるが、４００人からの投資家も1カ所に集まっているんだ」とグレアムは言った。もし成功するスタートアップにとって、これまでやってきたようにコードを書いて顧客と会うことより、デモ・デーの前に自前で資金調達することのほうが重要なら、そうすればいいだろうとグレアムは考えている。サイエンス・エクスチェンジがすでにスタートファンドとSVエンジェルからも資金を受けていて、学期の中では先行していることをグレアムは指摘した。

答えは聞け、理由は聞くな

アイオンズは自分のノートを見て、「もうひとつメモに書いてあったのは、グレアムさんにわれわれの評価額を予想してもらうことです」と言った。

グレアムは浮かない顔でゆっくりとしゃべった。「市場についてのストーリーはバラ色だ。しかし、ＶＣにとっては予想が難しすぎる。他のスタートアップとあまりにも大きく違うからな」。ゆっくりとした低い声で話を続ける、「結局きみたちを創業者としてどう思うかという投資家の直感がすべてなんじゃないかな。もしきみたちに……」グレアムは再び一呼吸おいて「威圧感があって、たとえば世界を征服しそうだと思えれば、きっと『よし、この連中は世界征服するだろう、だったら征服すべき世界は必ずある』と考える、そうだろう？」と言った。「きみは女性創業者だ。意識的でも無意識にでも、当たり前のように差別するＶＣはたくさんいる」。グレアムはアイオンズを見て言った。

アボットが「それで、評価額は高く要求したほうがよいでしょうか」と尋ねた。

グレアムがすぐに答えないでいると、ブックハイトが少し大きな声で「たぶんそのほうがいい」と言った。「評価額は熱意に制約されるよ」とゲリー・タンが付け加えた。

「私たちは、自分たちの熱意に制約などない、と自信を持って言えます。もしそれでも先方が『市場はどのくらい……』とノックスが言いけたときにグレアムが割って入った。

「問題はきみたちが何を言うかではなく、どう振る舞うかだ。しかしきみたちのやるべきことに関して、私からあまりアドバイスはできない。もしできるとしたら……。資金調達のパネルにいた連中を覚えているかい？」

６月に行われた夜のプログラムで、ＹＣパートナーとＹＣ卒業生たちから資金調達についてアドバイスを受けたときのことだ。そこにはライアン・アボットがいた。グレアムは話を続けた。「ハローファックスのジョセフ・ウォラを覚えているだろう。ちょっとしたワルに見えたかもしれない。あそこにいたのは全員相当のワルだが、ジョセフは今でもワルだ。ところが、YCにいたころはたいしたワルじゃなかった」

アイオンズは、グレアムたちが彼に何をやったかを想像すると、おかしくなった。「鍛えられたのですね！」と言ってまた笑った。

「YCの初日に、きみたちは、ジェームズ・ボンド並みに自分自身を変えなければならないこういう状況にさらされる必要があると言ったのを覚えているかな。ジョセフもその自分自身を変える経験をしたんだ。自信と才能に溢れ屈強になるように自分自身を変えなければならない状況に追い込んだら、あのとおり変わった」

「しゃべり方を見れば違いは一目瞭然だよ。前のジョセフ・ウォラなら」、ここでタンは優柔不断な口調に変えた。「『えーと、たぶん何かがあると思います』だったのが、今なら『そこに何かがあります』だからね」とタンがグレアムに同調した。

「すべては自信だ」とブックハイトが言う。

「とにかく曖昧な表現は一切使わないこと」とタンが言って笑った。しかしアイオンズたちにとっては簡単なことではない。なにしろCEOのアイオンズは科学研究者であり、正確を期そうとして、かえって「はっきりとはわかりません」「よく知りません」といった曖昧な表現をとってしまうからだ。

ブックハイトが「『えー、これがうまくいけば、あれがうまくいけば』みたいなのはダメだ」と話を続けた。

「ふだんはこの手の話はあまりしないんだ。きみらにできることがあるのかどうか私にもわからないからね。ジョセフ・ウォラになれる人もいるが」

「私がウォラに言ったのも今と同じでした」。タンが当時を思い出して言った。「『曖昧な言葉を全部捨てろ』という感じで、そうやって彼をコーチしようとしました」

「本当に？」グレアムが聞いた。ハローファックスがＹＣにいたのは２０１１年の冬学期だ。

「はい、みんなでデモ・デーの準備をしていたときです」

グレアムは、プレゼンテーションで何を言ったかではなく、ウォラの日常の振る舞いがどう変わったかの話をしているのだと言った。「別人のように変わった例を何度も見てきたよ」。グレアムが別の自分自身で変わった例を挙げた。「今のジャスティン・カンにはゾッとするほど威圧感があるだろう。以前の彼はまるで……」

「でも、コーチングは可能だと思います」とタンが言った。

グレアムはカンの話を続ける。「最初のＹＣクラスではおよそはっきりしない男だった。まるで起きぬけといった感じでね」。カンは自分自身で自分を変える経験をしたに違いない。グレアムはその過程で、自分が何かしたとも言わないし、相手を圧倒する雰囲気がコーチングで教え込めるものだという意見にも同意していない。グレアムがめったに自分が持ち出さない話題だとサイエンス・エクスチェンジのメンバーに言ったのは、YCパートナーであれ誰であれ、それが他人に植え付けられるようなものではないと考えているからにすぎなかった。

科学者のひとりとしてエリザベス・アイオンズは、言動や行動には注意深くあれと訓練されてきた。映画ブレイブハートの主人公のように兵士を戦場に駆り立てる術をアイオンズが大学で習わなかったのは確かだ。ライアン・アボットが発言した。「市場に関する知識について……エリザベスは非常に自信があります。誰のどんな質問に対しても、彼女なら説明できるでしょう」

「どうすればそんなに早くジョセフ・ウォラみたいに変われるかに関して、きみたちにできることはあまりないと思う。そもそもこの話題になったのは、きみが評価額はどのくらいになるか聞いて、そこからきみに対して投資家が個人的にどう反応するかの話になったからだ。予言することは不可能だ。運命を信じることだ。VCによって評価が分かれるのは、この予言不可能なものが原因だからね。わかって欲しいのは、きみたちを好きになるVCもいれば、そうでないVCもいて、きみたちに言う理由なんてどうでもいいってことさ。『みんなきみたちを迂回するかもしれないからね』と言うかもしれないし、市場のことを理解していないかもしれない。あるいは、投資家お得意の『(決めるのは)きみたちじゃない、私たちだ』と口にするかもしれない。やつらと喧嘩しようなどと思わないこと。もし『きみたちは迂回可能だ』と言われても、『いいえ！でも違うんです！』などと答えてはいけない。なぜなら、連中が本当に言いたいのは『きみたちの見かけが気に入らない』ということだから」

「はい、たしかベン・ホロウィッツも言っていました。『答えは聞け、理由は聞くな』と。つまりノーはノーだということですね。わかりました」。ノックスが言った。

「要は、誰にもわからないってことさ」とグレアムがまとめに入った。「誰かが興味をもつか、評価額がいくらになるのかも、どれもまったく予測不可能なんだ。これは一般論としても真実だが、きみたちに関しては特にそうだ」

話しは終わったが、投資家たちがサイエンス・エクスチェンジを拒否するのではないか、という憂鬱な憶測を打ち消す明るい雰囲気はなかった。YCでは、応募したときにやるつもりだと言ったことを実行するだけで褒められることはない。サイエンス・エクスチェンジの場合、市場を立ち上げるつもりだと言って、そのとおりやった。また、見つけるのがいちばん難しい「支払う意志のある初期の顧客」も何とか確保できている。

サイエンス・エクスチェンジは、デモ・デーの舞台で、投資家を圧倒させるような雰囲気を醸し出せないかもしれない。しかし、この会社がほかのみんなと同じように見えないことに対して、投資家たちが冷淡な態度を示すかどうかもまだわからない。同学期のどのスタートアップにも個性があるのと同じように、投資家たちもいつも群れをなして行動するのではないことを、スタートアップたちも発見するはずだ。

第17章　最終リハーサル

リハーサル・デー

「何がうまくいくかよく見ておくんだ！」

ポール・グレアムが創業者たちに指示を出す。今日はリハーサル・デー。デモ・デーの本番まであと1週間だ。ここから7日間、ノンストップのリハーサルとYCパートナーによる批評が続く。初日は、グレアム教授が仕切る。

「これからきみたちは、どのスライドが読めるか、どのスライドが読めないか、理解しやすいのは誰の発表か、速くしゃべりすぎるのは誰か、63種類の得点をもらう。遅くしゃべりすぎるのは誰か、と言おうと思ったが、まずそれはありえない。みんなしゃべるのが速すぎるんだ」

それぞれのスタートアップにはプレゼンの持ち時間が2分半ずつ与えられている。実際のデモ・デー初日と同じように、予定時間が来るとジェシカ・リビングストンが「時間です」と叫ぶ。「当日は引きずり降ろすわよ」とリビングストンが言った。プレゼンテーションの順番はランダムに割り当てられ、発表が終わるごとに、メインホールの横手か後方にいるグレアムから講評がある。プレゼンテーション、講評。プレゼンテーション、講評。グレアムの批評は鋭く、教授が大学院生に対するように単刀直入だ。最初の枠に割り当てられた創業者たちがやってきた。ひとりが小さな半円形の演壇に進み、もうひとりが座ってスライドを映すノートパソコンを操作する。発表が終わると、グレアムが話し始めた。「さて、きみたちは最初だったので、あらゆる間違いを犯してくれた。まるで車のフロントグリルが虫を全部捕まえてくれるようにね。話すときには、スクリーンではなく聴衆を見ること。きみたちが見れば、聴衆はいやでもきみたちに注目する」

グレアムの講評には首尾一貫したテーマがある。プレゼンでは聴衆の注目を引く努力をしなければならない。デモ・デーには、膨大な数のプレゼンが行われるので、聴衆は集中して聞き続けることが難しい。「ブラックベリーテストを使うといい」とグレアムが助言する。「たとえばきみたちは、私のプレゼンを聞いていて、ブラックベリー端末でメールをチェックしたくなるかな？」

最初の発表はわずか1分半で終わり、割り当てられた時間より丸々1分短かった。「同じ言葉をゆっくり話せば、2分半になる」とグレアムは言った。

次の発表者もひとりめと同じく英語が母国語ではない。グレアムが前に言った注意を繰り返す。「なまりの強い人はゆっくり話さなくてはダメだ。私はきみがしゃべった中で丸々一文聞き損ねたところが何度かあった。しかも私はきみを知っているしなまりにもある程度慣れている。ほとんどの聴衆は初めてきみを見ることになる。もし話の中にいくつかでも聞き取れない文があれば話さなかったのと同じだ。そこに立って口を動かしていただけ、そうだろう？」

グレアムは、思っている以上にきつく言いすぎてしまったと思うと、すぐにメモに目をやり、なだめるように「うーん」と唸ってショックを和らげようとする。

次のプレゼンはイギリスから来た男で、無感情で単調に話す。何よりも悪いことに、しゃべるのが非常に速い。

「待った」グレアムがほんの数秒後にさえぎった。「今なんて言った？ 最初は何だった？『みなさんおそらく不思議にお思いでしょう』だっけ？」

「みなさそらくしぎにおもいしょ」。発表者が繰り返した。

「きみはそれを一音節でしゃべったんだ！」グレアムはその語句を繰り返し、ゆっくりと区切りながらはっきりと発音した。「みなさん。おそらく。不思議に。お思い。でしょう」。この創業者に対するアドバイスは全員に向けられている。「こうやって、区切って、ゆっくり発音するのが、速くしゃべらないコツだ。おかしいかなと感じるぐらいで、ちょうどいいんだ」

次の発表者が登場した。今度はアメリカ生まれだが、どうやら自分の発表は理解しやすいと信じているようだ。違う。彼も速すぎる。グレアムが「言葉を減らして、もっとゆっくり」と指示した。このセリフを言うのは今回が最後ではないだろう。教育という仕事には、忍耐と繰り返しが必要だ。グレアムは、もうひとつ気に入らないことがあった。ハッカーだという共同創業者のプログラミング技術が優れているだの、13歳でプログラミングを始めただの自慢するが、そんなことはどうでもいい。グレアムは苛立っていた。「ハッカーなら誰でも13くらいからプログラミングをしている。むしろ遅いくらいだ」

プレゼンでは、まず自分たちのスタートアップが達成しようとしているアイデアが何かを、明確にする必要がある、とグレアムは言う。「聴衆にはたくさんの人がいて、プレゼンテーションの水準がどれも同じではなく、中にはハズレもあって当然だと思っている。そして、これから見るプレゼンについて投資家が知りたいのは……」グレアムは声を半オクターブ上げた。「そもそも注意を向けるべきかどうかだ」

流行語や使い古されたマーケティング用語は使うべきではない。「私たちはこの市場を破壊するつもりです」といった紋切り型のフレーズは、グレアムにとっては素材写真のようなものだ。「ほかのスタートアップのプレゼンにも使えるようなスライドは使うな」と彼は言う。

ティコン・バーンスタムが演台に上り、発表を始めた。「こんにちは、パースです。ぼくたちが、作って、いるのは、モバイル、アプリの、ヘロクです」。バーンスタムは2006年学期のYC卒業生で、投資家への売り込み方に関してはグレアムの洗礼を受けているので、しゃべるのが速すぎない。むしろ驚くほどゆっくりで、感情を殺したような声だ。

先へ進む前にグレアムが中断した。「わかった、わかった」。グレアムが言おうとした言葉を周囲の笑いがかき消した。みんなわかっているのだ。バーンスタムが、話すのが遅すぎることを批判される初めての発表者になることを。バーンスタムは自分のしゃべりがみんなにどう聞こえているのを知らない。「何ですか?」とグレアムに聞いた。

「冗談だろ？　いくらなんでも遅すぎだ」。会場にまた笑いが起きた。再びバーンスタムが話し始め、前より多少速くなったものの、あまり変らない。グレアムは最後まで続けさせた。

「さっきゆっくり話せと言ったとき、こう付け加えるべきだった。ただし、催眠術師がおとぎ話を読むようにではなく、とね」。グレアムは出戻り組や卒業生に対しては、新入生よりきつく当たることにしている。「いつきみが『そこでライオンさんがクマさんに言いました……』と言い出すかと心配だったよ」。ホールに賛同の笑いが起きる。グレアムは声高に強調した。「きみはみんなを眠らせるつもりかね。ゆっくりでも力強く話すことが大切だ！」力強く話すことは、グレアムにとってはたやすい。

スタートアップのアイデアを簡潔に要点を漏らさず要約するグレアムの能力は、創業者たちにも、ほかのYCパートナーたちにも備わっていない。別のプレゼンの後グレアムが言った。「これも、きみたちがやっていることの革新的な本質さえみんなに伝わらないプレゼンだった。きみらのは、まるでやっていることを隠すためのプレゼンだな」。グレアムは「その中のどこかに書いてあるんだろう！」と甲高い声で叫んだ後、そのアイデアを明確に描写してみせた。

写真保存サイトのスナップジョイからはマイケル・ドワンが出た。キャッチフレーズは「世界の思い出を整理する」だ。グレアムは、もっと抽象的でないキャッチフレーズを要求した。「まじめな話、あれを見た人たちはこう思うだろう『ふうん、何でもいいけど。メールでもチェックするのか』。わざわざ『世界の思い出を整理するってどういう意味だろう？　あっ、わかった！ 写真を集めて、別のファイル形式に変換するって意味だ』などと考えてくれる人はいない。きみたちが言うべきなのは、『みなさんの写真を預かります』だろう」

ドワンへのコメントはまだ終わらない。「きみたちは、この種のプレゼンにいちばん必要なことを忘れている。それは、なぜきみたちなのか、ということだ。みんなの写真を管理するのがいいことだというのは誰でも知っている。誰でも写真は持っているからな。ユーザーは何百万何千万人といる。写真を保管してもらうためにお金も払うだろう。これは大きい。だがそれはすてきな目標にすぎない。なぜきみたちが勝つのか？ なぜ、すでに正解を出しているほかの誰かじゃないのか？」

しかし、グレアムはドワンを絶望の淵に置き去りにはしない。YCユーザー・マニュアルにもこう書いてある。「われわれは、世界征服計画をでっち上げる練習を何度も繰り返す」。グレアムがYCで歴代もっとも成功した企業ドロップボックスを例に挙げてドワンに言った。「こう言うべきだ。これはドロップボックスや検索エンジンのように、世の中ですでに山ほどの人たちがやっている物のひとつです、と。そしてこう言うんだ。『私たちがどうやって勝つのかって？ 写真を預かるサービスは山ほどあります、そんなにたくさんあるということは、まだ勝てる余地があるという兆候です！ まだ誰も正解にいたってないという意味なのです』」

グレアムが続ける。「そこできみたちは、なぜ自分のやり方が正しいかを主張する必要がある。そこへ持ち込まなくてはだめだ。もしこう言えれば最高だ。『何をお考えなのかわかっています。なぜ私たちなのか？ですね。私たちはひどく傲慢です。みんなあの知ったかぶりのプログラマーたちと同じように、何かコードを書いて、みんなの写真をオンラインで管理して、ちょっと気の利いたJavaScriptを使って表示すれば、何となくユーザーがたくさんやってくると思っています。アップルでもないくせに』」。グレアムはほくそえんだ。「なぜきみたちなのかを説明することだ」

次は、マット・ホールデンとショーン・リンチだ。2カ月前のプロトタイプ・デーに登場したときは、スプリッターバグというスマートフォン向け家計簿共有アプリを作っていた。しかし、とても大きなビジネスに育つアイデアには思えないことに、ふたりの創業者は頭を悩ませてきた。結局スプリッターバグを捨て、一からスタートする決断を下した。ホールデンが、「タップエンゲージ」を紹介している。iPadなどのタブレットに、インタラクティブ広告を配信する広告ネットワークだ。元グーグルのプログラム・マネージャーがくだけた口調で発表した。

「今のはいいプレゼンだった」。グレアムが後方から叫んだ。「いいプレゼンのトーンは今の感じだ」と会場に向かって言った。

「まるで会話しているように進んでいたのがわかっただろう？　特別詳しく話したわけではないが、何をやっているかをちゃんと説明した。投資家が必要としているのはそれだけだ。『この会社のやっていることは理解できた。これは相当なものになるかもしれない』と言わせることだ」

ライドジョイのジェイソン・シェンが続いた。キャッチフレーズは「私たちは相乗りのエアビーアンドビーです」。なにやらすごい数字を見せている。「毎年アメリカ人は交通手段のために1兆ドル近く使っています。これは消費者の出費だけです。そして、走行距離にすると、昨年で言えば、3兆マイルです。これは実に魅力的なチャンスだと思うので、はやくみなさんにお話ししたくてたまりません」

個人ブログ「ケツを蹴飛ばす技術」を書いているときのシェンは、怖い物知らずの雰囲気を醸し出している。しかし今日集まった人々を前にすると、落ち着きはなく用意した原稿の一語一語を読むのに精一杯だ。唯一自然な声でしゃべれたのは、クレイグスリストを乗り合いサービスとして見た場合の欠点について話したときだった。グレアムはこれを見逃がさなかった。講評で、「きみは、クレイグスリストのひどさを言うときだけ、妙に生き生きとしていたな」と言うと、笑いが起きた。グレアムはこれを全員の教訓にさせたかった。

「プレゼンテーションの中でどこを盛り上げたいかをよく考えるべきだ。始めから終わりまで元気一杯でやりたくはないだろう。それじゃあ車のセールスマンだ。ずっとおとぎ話を読み聞かせるような調子でもいけない。どこか1カ所で生き生きとするのがいい。その1カ所をよく考えて選ぶんだ。あまり生き生きとクレイグスリストについて話すと聴衆はきみたちが作ったのかと思って混乱する。なぜなら……」、グレアムはデモ・デーに来た投資家になりきって独り言のように言った。「クレイグスリストをけなすときがいちばん元気だったが、それが会社にとってよほど重要だってことかね。まったく理解できないな」

交通に使われた「1兆ドル」も見過ごすわけにはいかない。「そういうマクロ経済を持ち込むもんじゃない。右から左へ抜けていくだけだ」とグレアムは言った。何であれ「兆」から連想されるのは政治であってビジネスではない。「そもそもそんな数字は入れないことだ。何かを見積もるなら、ボトムアップでやるんだ。きみのはこう言っているようなもんだ。『私たちはソフトウェア会社です。ソフトウェアはビジネスの一部です。ビジネスが昨年生み出した金額は……』」また笑いが起きた。

ドロップボックスの話は、何度も講評に登場する。スナップジョイが数ある写真共有のライバルたちと戦っていくためのインスピレーションの源として、グレアムはドロップボックスを使った。キックセンドのプラディープ・エランクマランがしゃべった後にも再びドロップボックスを話題にした。キックセンドを使うと、大きなファイルを誰のところにでも簡単に送れる。一見すると直接ドロップボックスと競合するサービスではないので、エランクマランはドロップボックスに言及しなかった。しかしはこうは言った。「ファイル共有は難しすぎて使えません」。グレアムはこれについて、「ドロップボックスが評価額40億か50億ドルで資金調達したという噂がシリコンバレーで語られている今、そんなことを言ってもあまり説得力がないね。なぜドロップボックスではダメなのかをもっと明確にする必要がある。ただ単に手を振って、

『ああ、アクセス権の設定が複雑だ』みたいなことを言うだけではだめだ。使えている人がたくさんいることは、わかりきっている。だから、なぜきみたちのほうが優れているかを言わなくてはだめだ。誰もがこう言うだろうね。『この連中はドロップボックスと競合するつもりだ。ドロップボックスはケツを蹴飛ばしに行くだろうな！　つまり、あいつらのケツが蹴飛ばされるってことだが』。ふつうに考えればそうなる。だから、プレゼンの大部分をその説明にあてなくてはいけないんだ」

それぞれのプレゼンがきっちりと2分半に収まっていたとしても、さまざまなアイデアがテーマ別にまとめられることなく進行していくのを見ていると、感覚が麻痺してくる。頭が麻痺しそうな発表が21件続いたあと休憩が入る。クラスの3分の2がまだ自分の順番を待っている。

2005年夏に開かれた最初の学期では、デモ・デーの個別プレゼンまで到達したスタートアップは8社だけだったので、投資家たちの頭がぼやけることもなく、発表時間も15分あった（聞いていたのはわずか15人の投資家で、全員ポール・グレアムの友人だった）。発表するスタートアップが増えるにつれ、割り当て時間は短くならざるをえない。YCに興味を持つ投資家の数は急増し、投資家全員が会場に入れなくなったため、デモ・デーがデモ・デーズになった。来週、63のスタートアップが、火曜日には最初の投資家グループに、水曜日にはもうひとつの投資家グループに向けてプレゼンを行う。

YCユーザー・マニュアルには、創業者たちに向けてこう書かれている。最高にうまくいって、細心の注意を払ってくれた投資家がいたとしても、初めて見たプレゼンから吸収できるのは、せいぜい4つか5つの文に相当する情報でしかない。そのうちのひとつは、驚きを与えるような本物の洞察でなくてはならない。「もしそのメッセージに驚きがなければ、たぶんそれは洞察ではない」とマニュアルに書かれている。しかし投資家は、それよりはるか少ししかプレゼン内容を覚えていないかもしれない。後まで頭に残るのは、名詞がたったひとつだけかもしれない。「チャットに関する何か」「データベースの何か」。マニュアルには、デモ・デーのスタートアップの3分の1はこの程度のものだと書かれている。

名詞がたったひとつ？　延々と続くプレゼンのマラソンは、スタートアップの事実情報を伝達する手段としては、まさに最悪だ。この形式を支え続けているのは、生身の創業者と会い、ウェブページやメールやビデオや電話やウェブカムなどのいかなる手段からも得られない印象を体で感じたい、という投資家たちの不滅とも思える欲求だ。ＹＣは自らの投資判断を下す前に、どんなに短くても、創業者と実際に会うことにこだわっている。来週やって来るエンジェル投資家やベンチャーキャピタリストにとって、創業者たちの生の姿を同じ部屋で垣間見られることは、ここを訪れて長い長いプレゼンテーションの一日に自らを捧げるに十分な価値がある。もし集中力が衰えてくれれば、下を向いてメールを読み始める。リハーサルでグレアムが創業者たちに絶えず警告していたことだ。

投資家は、開いた小切手帳とキャップを外したペンを持ってデモ・デーに来るのではない。

もし、プレゼンテーションが興味を引けば――必要なのは名詞ひとつと発表者の好印象だけかもしれない――投資家はデモ・デーの最後に起きる会話の渦の中からそのスタートアップの創業者を見つけ出し、投資を決断するまでの何十回にも及ぶ対話の1回目を交わす。ユーザー・マニュアルには、デモ・デーに来る投資家にはスタートアップの名前が印刷されたリストが手渡されることが書かれている。プログラムが進行するにつれ、後で話をしたいスタートアップの名前に丸がつけられていく。「プレゼンの最終目標は、投資家に自分たちの名前を丸で囲ませ、『これは大物かもしれない』とつぶやかせることだ」とマニュアルは教えている。

でっち上げはダメだ

リハーサルが再開され、3組中真ん中の21社がプレゼンを始めた。最初のひとりが、抑揚もなく一本調子で話している。この発表者を含め、プレゼンのスキルが夏学期中下位10%に入ると思われる何人かに対して、グレアムは講評を避けている。きつく当たるのは、指摘した問題を解決できると見込んだ相手に対してだけだ。それ以外に対しては、無遠慮でしかいられないのは本人も認めているが、ほかでは見せないような優しい態度も見せる。

グレアムが、「きみは自分の製品にワクワクしているように見えない」とある発表者に言った。「私はきみがそういうタイプだと知っている。しかし、聴衆にしてみれば、きみがこれをあまり素晴らしいと思っていないとしか見えない。これに関しては私にもどうすればいいかわからない。きみがどう見えるかを完全に変えさせるつもりはないが、もう少しワクワク感があってもいいかもしれない」

別の発表者は、しゃべり方に感情がないだけでなく、聞き取るのが困難なほど小さな声だったので、グレアムはプレゼンを暗記するようにと助言した。「きみはずいぶん優しいしゃべり方をするね、祭の客引きとは違って。一度全部を書きだして暗記してから話すほうが気持ちが楽になっていいかもしれない」。その助言は、明白な問題を直接指摘してはいないが、少なくともグレアムは何らかの助言を与えることができた。

ゴーカードレスのトム・ブロムフィールドに順番が回ってきた。「ぼくたちはクレジットカードをオンラインで置き換えます」と切り出したブロムフィールドは、ネット商店向けに、既存のクレジットカード・ネットワークを使わない低価格の支払いシステムを作る、という自分たちの取り組みを説明した。

「これはかなり良かった」とグレアムが言った。「デモ・デーの目的が、後でこの会社には声をかけずにいられない、と投資家に思わせることにあるという良いお手本だ」。投資家たちはこう思うだろう。「こいつはデカそうだ。本物かどうかはわからない。本物かもしれない。でも、もし取り逃がしてその後上場でもされようものなら、オレのクビが危ない」

発表者が売上目標を示すグラフを見せている。グレアムは胸焼けを起こしそうだ。「予想売上なんか見せるな。まだ売上がないなら、ウソを言っちゃいけない。ホッケースティックなんかいらない。本当にあるときだけ見せればいい。でっち上げはダメだ」

美しい女性はプレゼンに使うな

42社が終わり、残るはあと21社。2回目の休憩のあとも発表は続く。「アイル50」のクリス・スタイナーは異彩を放っている。「食料品のグルーポン」というアイデアを紹介するスタイナーは、明瞭に、情感をこめ、ゆっくりと、しかも自信に満ちて話した。

「すばらしいプレゼンテーションだった！」最後にグレアムが言った。聞いていた他の創業者たちに向き直ると、「説得力があったと思わないか？」と言い、次にスタイナーのほうを向いて、「きみには威厳を感じる。このビジネスを知っているなという感じだ。業界のエキスパートみたいだったよ」。食料雑貨ビジネスの新参者にとってそれは最大の賛辞だった。YCに来る前、スタイナーはフォーブス誌の記者だった(2)。「すばらしかったよ！」。グレアムはこのプレゼンテーションについていくら言っても言い足りないようだった。

終盤になって、ヒプティックの番が回ってきた。ジョージ・デグリンが話し、もうひとりの創業者のロング・ボーがノートパソコンでスライドを映している。ヒプティックは、「誰にでも作れるスタイリッシュな1ページのウェブサイト」を提供する計画だ。まだサービスはスタートしていないが、デグリンがヒプティックのパーソナルページがどんな見た目になるのかをスライドで見せている。「はじめに、ひとつ話をさせてください。これは共同創業者のガールフレンドのリンダ・リーです」と言うと、画面一杯に驚くほど魅力的な若い女性の画像が表示された。その写真はファッション写真家が好むような不自然な方法で撮られていた。実際、リーはプロのモデルだ。若者たちはたちまち魅せられて、異例ともいえる騒ぎの中、誰からともなく賞賛の口笛が聞こえてきた。

デグリンが原稿の続きを読む。「この女性は、世界でもっとも有名なコスプレーヤーのひとりです」。コスプレーヤーとは「コスチューム・プレイ」から生まれたサブカルチャーだ。リーはコスプレファンの間では「ヴァンピー」という名前で知られている。デグリンによると、リーは多くのオンライン・プロフィールページに取り上げられていて、その中には本人が作ったものもあれば、ファンが作ったものもあるという。「もし彼女が、ファン全員と共有したい自分の最新コンテンツと、作ったばかりのユーチューブのベストビデオと、最新の写真をまとめて1本のストリームに凝縮できるとしたらどうでしょう」。デグリンはヒプティックサイトの彼女のダミーページを指して、「たとえばこんな感じです。これこそ、誰もがインターネット上に持ちたいと思っていたプロフィールの形ではないでしょうか。あなた自身を表現するページです」と言った。

発表が終ると歓声で会場は一杯になり、口々にリーのプロフィールについて語りあっていた。

「もうよかろう」とグレアムが言った。「これは時々起こる問題だ。美しい女性が出てくるデモを使うと、誰もスタートアップの話に耳を傾けなくなる」。もっともだと思いつつも、若者たちは真剣には聞いていない。「彼の話を少しでも覚えているかい?」笑いが増す。「聞いている人間のほとんどは男だ！　前にも起きたことがあった」。グレアムはデグリンとボーのほうに向き直り、プレゼンテーションにはリーではなく男性のプロフィールを使うよう助言した。聴衆から抗議のざわめきが聞こえる。グレアムは笑い声にかき消されないように大声で言った。「さもないと、誰もきみの言うことに注意を払わないぞ。これはまじめな話だ！」

毎学期、スタートアップのおよそ3分の1が当初のアイデアを変更する。たとえば、結局タップエンゲージとライドジョイに落ち着いた2チームがそうだ。ザック・シムズとライアン・ブビンスキーのチームも、プログラマーのための評判システムを立ち上げるというアイデアでスタートし、後にビズプレスというスモール・ビジネス向けのウェブサイトに切り替えた。今、代替案の代替案となる新新アイデアを発表中だ。コードアカデミーは誰でもプログラミングを学べるサービスだ。非技術系創業者で政治学専攻だったシムズのような人のために作られている。ほかの人たちの興味をそそるかどうかは、まだ試していない。遅い時期の方向転換だったために、サイトの枠組みを作る時間すら残っていなかった。

発表するシムズも、コードアカデミーのようなサービスの需要はあるらしい、という間接的な証拠しか示せない。シムズは、毎年コンピュータ科学に関する書籍が550万部売れていることや、全米の大学で1年生のコンピュータ科学講義の受講者が毎年50％増えていることなど、プログラミングに対する一般的な関心を裏付ける断片的な事実を紹介した。オンライン学習全体でも毎年21％成長しているとシムズは言う。ブビンスキーはJavaScript、Ruby、その他の言語を学部生たちに教えた経験がある。シムズ自身については、「大学の講義で教育工学について話したことがある」とあいまいに話した。最後に結論として大胆にもこう主張した。「ぼくたちはプログラミングを大衆のものにするお手伝いをします」

この下書き状態のプレゼンにはあまり説得力がない。世の中にはプログラミングに対する関心があるらしい、という兆候を羅列した程度のものだ。実際、コードアカデミーが何をするつもりかについての詳細も、ビジネスに関する説明も一切なかった。「なぜこれが大きな話なのかについてもう少し話したほうがいい。さもないと、投資家は『この連中はオープンソースのプロジェクトを何かやっているらしい。とても大きな会社にはなりそうもないな』と思うだけだ」とグレアムが言った。

コードアカデミーのアイデアにたどり着くまでに失った時間を考えれば、この時期に見せるものがほとんどないこともうなづける。しかし、会場の注目を集められなかったことも事実だ。グレアムの講評が終わって次の会社が登場すれば、コードアカデミーのプレゼンはすぐに忘れられてしまう。群の中で際立ち、記憶に残るような内容は何ひとつなかった。

第18章 離陸準備完了

突然のブレイク

有力テクノロジー・ブログ、テッククランチには、YC出資企業がローンチすることを伝える記事があふれかえっている。8月6日にはインタビュー・ストリート、8月8日にはリーキーとスナップジョイ、8月9日にはスタイピ、8月10日にはインボルブ、8月12日にはモバイルワークスとピックプラム、という具合だ(1)。これは、今年の夏学期からYCが大きく拡大したことがもたらした新しい問題だ。あまりにも多くのYC企業が同時期にサービスをローンチしようとする結果、どのスタートアップも注目を集めることが難しい。テッククランチの見出しに「YC出身」という文字が並んでいても、今や誰も目を止めない。

その意味で、ザック・シムズとライアン・ブビンスキーがコードアカデミーのスタートに出遅れたのは幸運だった。もしこのサイトが準備万端整っていたら、テッククランチで注目を集めようとする「YC出身」の群に埋もれていただろう。8月18日木曜日、リハーサル・デーの翌日になってもサイトの準備は進んでいなかった。ふたりはやっとのことで、8コマのミニレッスンから成るJavaScript入門コースをひとつまとめあげた。サイトはひどく原始的で、サービスとして最低限許されるレベルにも達していないかもしれない。それでも正式リリース前の非公開状態のうちに、ある程度フィードバックを得ておく必要がある。コードアカデミーのこれまでの成果を評価してもらうために、ハッカーたちをひそかに招待するには、ハッカーニュースに載せるのがよさそうだ。

午前中にシムズがハッカーニュースにお知らせを掲載した。「Show HN：Codecademy.com. どこよりも簡単にコーディングを学べます」。そのあとブビンスキーと昼食のベーグルを買いに出かけた(2)。車の中でふたりは、同時ユーザー数50人なら大成功だろうと話していた。シムズのスマートフォンには、ユーザー数を表示するアプリが入っている。道中ふたりは、数字が目標に近づくところを笑顔で見守っていた。同時ユーザー30、40、50を超えた。店の行列に並びながら、再度スマートフォンをチェックすると数字は数百になっていた。このニュースはたちまちツイッター中に広がり、一瞬のうちに何百回もリツイートされた。たくさんの「いいね！」やお薦めツイートのおかげでハッカーニュースのフロントページにも掲載された。その結果さらに多くの注目を集め、さらに多くの訪問者を呼び込むことになった。自分たちのサイトが過負荷でダウンするかもしれないことに気づいたふたりは、一目散に家へ向かった。

アパートに戻り、ふたりでパソコンのモニタリング用アプリを見ている。画面ではスピードメーターの針がトラフィック量を示している。同時ユーザー数は1000人を超え、メーターの針は振り切れて機能していない。

レディットにコードアカデミーの記事が取り上げられた(3)。最初のコメントは苦情だった。

コメントをした人が「わかった、たぶんバラせば8つだ。でも、とにかくばかばかしいほど簡単すぎて得るものがほとんどなかった」と返信した。「コードを書くのは大の苦手」という別のコメントを寄せた人はずっと肯定的だった。「今最初のふたつレッスンを終えたところだけど、意外と悪くないよ」

注目の大きさに気づいたテッククランチは、予定していた記事のために創業者たちと連絡を取った。シムズたちは、「YC出身のX」的ストーリーになることを警戒して、コードアカデミーがYCに関係していることには触れなかった。出来上がったテッククランチの記事は、これ以上ないほど好意的だった。「コードアカデミーのユーザー登録は、非常に賢いやり方だ。つまり、ユーザー登録というものがない、少なくとも初めは。Codecademy.com へ行くと、いきなり最初のレッスンが始まる」。記事は、レッスンが少なくてあまり使いでがないと指摘しつつも、「コードアカデミーに大きな将来性を感じる。その理由は、レッスンが楽しいことだ。とても重要な点だ」と書いた(4)。

ハッカーニュース、レディット、さらにはテッククランチでの評判がさらに評判と利用者を呼び、サイトはダウンした。ほんの短時間のことだった。ブビンスキーはすぐにトップページにユーザー登録フォームを置き、復旧するまでの間訪問者がメールアドレスを登録するよう誘導した。サイトが再び立ち上がったとき、わずか12分しか過ぎていなかったにもかかわらず、メールアドレスが1万件以上溜まっていた。

このサイトはヘロクとモンゴHQを使っていたので、ヘロクの共同創業者のジェームス・リンデンバウムと、同期生のモンゴHQに緊急に対応してもらえるよう依頼した。ふたりは緊急援助を受けるとともにデータベースの更新にも協力してもらった。結局シムズとブビンスキーは、72時間眠らないまま倒れ込んだ。

最後までセリフはブラッシュアップしろ

日曜日になった。デモ・デーはもうすぐそこだ。YCのメインホールでは、創業者たちがプレゼンの準備のために代わる代わる演台に立ってリハーサルしている。YCパートナーがひとり後方に座って講評している。別の何チームかはノートパソコンに群がり順番を待っている。自分たちのスライドを確認し、ちょっとした変更にも思いをめぐらしている。

ラップ・ジーニアスのトム・レーマン、イラン・ゼコリー、マーボッド・モハダムの3人が、サム・アルトマンとのオフィスアワーのために角の会議室に向かっている。3人は周囲も羨む状態で夏学期に入った。ウェブサイトは順調で、勝手に成長しているようだった。ラップ以外に拡大しては、というハルジ・タガルの勧めに対してはまだ行動を起こしていない。ラップ・ジーニアスは、夏の初めと変わらずラップの歌詞がウリのサイトだ。しかし成長曲線の傾きはいっそう急になった。その実績を目の当たりにし、アルトマンはエンジェル投資家として個人的に出資することを考えている。しかし、知的財産権専門の弁護士から返事を聞くまで最終決断を控えている。アルトマンは、ラップ・ジーニアスが著作権のある歌詞を掲載することの適法性について専門家の意見を聞きたかった。

ラップ・ジーニアスの3人は、部屋に入ると月間ユニークユーザー数のグラフを取り出した。一目で成長が加速していることがわかる。デモ・デーではこれをプレゼンの目玉にするつもりだ。アルトマンがいつもの早口で話す。「このグラフを見せるときは、ポイントをはっきりさせることを忘れないように。『では、これからユーザー数のグラフをご覧に入れます。ほとんどのYC企業が見せるのは累積登録ユーザー数です。あれはあまり意味がありません！ 私たちがお見せするはアクティブユーザー数です』。ここが普通と違うところだ。きみたちの数え方はフェアだ」。アルトマンは、この場でプレゼンテーションを通してやって見せるようチームに促した。「始めてくれ」

レーマンは何度もリハーサルをしてきたので、瞬時にプレゼン用の声になる。「みなさん、ぼくたちはラップ・ジーニアスです。プレゼンに入る前に、ちょっとしたクイズを出します」。テスト用の質問は、プロトタイプ・デーとは変えてある。今回は、マルコムXとジーンズに関連する歌詞だ。「この一節はなかなかクールですね、でも実際カニエ・ウェストは何の話をしているのでしょう。この一節が本当に意味するところは何でしょう？」レーマンが回答を待たずに言った。「つまり、これがラップ・ジーニアスの解こうとしている問題です。ラップ・ジーニアスは、ややこしいけど面白いあのラップの歌詞を説明してくれるウェブサイトです。このデモは本番運用中のサイトで動いています。ご覧のとおりオレンジ色の歌詞のどこをクリックしても説明が出てきます。これはぼくらのサイトにある『グッドモーニング』のページで、カニエのあの一節の説明を読むことができます。現在サイトには、何万曲もの歌について約25万件の説明が登録されています。説明は誰が書いているのでしょうか？ 実は、ぼくたちのコミュニティーのメンバーなら誰でも書くことができます。説明はすべてクラウドソーシングで作られています」

レーマンは、サイトのトラフィック成長率を確認すると、急な右肩上がりのグラフを映した。「これは、つい最近テッククランチでデビューした新しいスタートアップの売上予測ではありません。これは巨大なサイトです。月間ユニーク訪問者数は３００万人です。今はスタートから1年が過ぎたところです」

英語の歌詞以外に、ファンはフランス語やドイツ語など他言語のラップ歌詞の説明も書き込んでいるとレーマンは言った。ファン層は音楽の領域を越えた分野にも広がりつつある。「サイトにはコミュニティーの人たちが書いた詩の説明もあります、聖書もあります。モーゼの創世記第1章の詩も。法律も、権利章典もあります。テキストなら何でもいいのです」

レーマンがまとめに入る。「お粗末な歌詞サイトはもうどこもゲームオーバーです。ぼくたちは歌詞の世界を支配します。いずれ近いうちに、あらゆるテキストのためのソーシャル注釈プラットフォームになります。そしてもちろん、爆発的に成長します」

間髪をおかずにアルトマンの批評が始まる。「まあまあだな。まだ力を出し切っていない。今のプレゼンでは会社の良さが表現できていない。最初の部分は気に入ってるし、きみのプレゼンもよかったと思う。その後に、みんなが歌詞の意味を知りたがっていることが問題だと言っただろう。でも、それは本当の問題じゃない。問題は、ほかの歌詞サイトがひどいことだ」

「あ、2%を言うのを忘れた！」とレーマンが叫んだ。チームが発見したグーグル検索の2%が歌詞に関係しているというあのデータのことだ。何億兆の2%は膨大な数なので不審がられるかもしれない。ポール・グレアムは、以前オフィスアワーでこの数字を聞いたとき、聞き間違えかと思った。まさか歌詞がそれほど関心を呼んでいるとは思えなかったからだ。

「そう！そのスライドが要るな」とアルトマンが言った。「何をおいても忘れちゃだめだ。私がプレゼンを構成するときに考えるのは……何が問題かだ。本当の問題は、歌詞サイトがひどいということ。こう言ったらいい。『いいですか、今の歌詞サイトはひどいものです。ひどくケバケバしくて……しかも着メロで儲けようとしています。それでいてユーザーがいちばん欲しがっている歌詞の説明さえ提供していません。だからぼくたちは、そのためのサイトを作りました。ではサイトを見る前に、ぼくたちの本当にすばらしい成長ぶりをこのグラフで見てください』。ここで成長のグラフへ行く。ところで、複合週間成長率はいくつだっけ」

「先月は50%伸びました」

「わかった。週間で14%。こいつはすごい」。アルトマンは、ほかの会社も月間成長率40%の話をするだろうが、ベースはずっと小さいはずだと言った。「絶対数では誰もきみたちの足元にも及ばないだろう。私が考えていたせりふはこうだ。ちょっと挑発的かもしれないけど、きみたちがいかにビッグかを正しく見せるためだ。『もしほかのスタートアップ62社の月間ユニーク数を全部足し合わせたとしたら……』」

「それは挑発的すぎます」。イラン・ゼコリーが、アルトマンが話し終る前に笑って言った。

「いいか、きみたちの魅力のひとつは挑発的なところなんだ。もしデモ・デーで『ぼくたちにはユニークユーザーが250万人います。今ここにいるスタートアップ62社の月間ユニーク数を合わせても、250万にはならないでしょう。しかもぼくたちは、みなさんに62社分の投資前評価額を請求するようなことはしません』と言ったら面白いと思わないか?」

レーマンによると、実はこの会社には夏の初めにも似たようなことがあり、求人票に、「夏学期でいちばん成長の早いスタートアップ」と書いたところ、他のスタートアップをけなすような態度にグレアムが少し腹を立てていた。

「市場の大きさにも触れるべきだ。グーグル検索の2%が歌詞を探していて、それが年間300億件になること。収益化をどうするか。音楽業界で動いている金額。他のサイトの収益化に関する財務関連のデータや、音楽関係全体使われている金額。投資家たちは、歌詞が巨大な市場で膨大な数のユーザーがいることについてはきみたちの言うことを信じると思う。だが、実際そこで大きなお金が動いていて自分たちにもチャンスがあることを知る必要があるんだ」

長期的なビジョンについて、アルトマンはレーマンにプレゼンの手本をしてみせた。「このサイトはラップ音楽の歌詞を説明するためにスタートしました。ぼくたち自身そういうサイトがあったらいいと思っていたからです。それにほかにも大勢そういうサイトを望んでいる人がいるんじゃないかと思ったからでもあります。しかしこのサイトを組織的に発展させる見地からすると、ユーザーがラップ・ジーニアスを利用してラップ音楽の歌詞以外のさまざまなテキストの説明を共有するのに使っているという行動に大いに興味を覚えました。ユーザーはラップ・ジーニアスを使って聖書とか、いろいろなテキストの注釈を共有しているのです」

アルトマンは焦点がぼやけることを警戒して言った。「ラップについてプレゼンをしているときにいきなり聖書の話はしたくないだろう。こう言えばいい。『ぼくたちはこのすばらしいサイトを作りました。ものすごい速さで成長しています。ユーザーの行動を観察したところ、このサイトを別の目的に使いたがっている人たちがいることがわかりました』。アルトマンはそう言った後、「ぼくがプレゼンしてみてもいいかな?」と尋ねた。

「もちろん!」3人が口を揃えていった。

アルトマンはカニエ・ウエストの歌詞を使ってプレゼンを始めたがすぐにやめた。「これはダメだな。使うのはやめよう」と言ってはじめからやり直した。

「ぼくたちラップ・ジーニアスは、本当にすばらしい歌詞サイトです」。アルトマンはレーマンのノートパソコンのスライドを見ながら、なぜほかの歌詞サイトがひどくて、ラップ・ジーニアスはすばらしいかを説明し、市場規模や会社の勢いにも触れた。再び中断すると、まだ1分しか使っていないことを確認した。

「この成長グラフはとても気に入っています。でも、何とかしてこれを5000万人にしたいのです。ぼくたちはそこへ向かって進んでいると思っています。なぜならユーザーはこれをラップの歌詞だけに使っていません。あらゆる種類の音楽に使いたがっているのです。それだけではありません。あるとき信じられない光景を見ました」。クリックして次のスライドに移る。「これはビートルズです。これはまあわかります」。次のスライド。「でもこれは聖書です。そしてこれは、T・S・エリオットです」。スライドには「アルフレッド・プルーフロックのラブソング」が映っている。次のスライドに行く前に、アルトマンがささやくように言った。

「ちなみに、これは私が生涯でいちばん好きな詩なんだ。たぶん暗唱できるんじゃないかな」。アルトマンが普通の声に戻る。「ぼくたちが見たのはこの行動です。このサービスを使ってテキストに関連する情報を見つけたり、コミュニティーで話題になっているテキストを見つけたりできるこの能力が、ぼくたち自身が思っている以上に強くユーザーにアピールしているのです。だから、すぐにでも、別の音楽ジャンルに広げていきます」

アルトマンが中断して3人に聞いた。「ロックのページはもう動いているんだっけ？」

「いいえ、まだです」

「だったらこう言おう。『最近ロックにも手を広げています。近いうちに別サイトとしてオープンします。でもこれは、ぼくたちにできることのほんの始まりにすぎません。ぼくたちは勝つための方法を知っています。検索結果で上位にくるためのSEOも熟知しています。ぼくたちには非常に活発なコミュニティーがあります。今すぐどんなジャンルでも始められます。ぼくたちの世界で勝者になります。この種のサービスは、そして最後に言いたいことはひとつです。歌詞の世界で勝者になります。この種のサービスは、放っておいても勢いを増します。このグラフを見てください。ずっと右肩上がりです。ぼくたちはグーグル検索の2%を獲得します。今後も成長を続けて、ぼくたちが見たこのユーザー行動を別の分野にも応用していくつもりです。ぼくたちの成長率は驚異的です』」

最後のスライドまで来た。アルトマンは何かが抜けていることに気づいた。「何であれがないんだっけ。前は入っていただろう、あのユーザーがきみたちを大好きだというツイート」

「PGが、『プレゼンには絶対にツイートを入れるな!』というようなことを言ってました」。ゼコリーがグレアムのうんざりした口調を真似て言った。「『あんなのはマイナーリーグ!ツイートは負け組の使うものだ』」。レーマンもグレアムを演じた。

「私がツイートのことを聞いた理由は、歌詞サイトというのはひどく嫌われるのが当たり前だからなんだ。成長グラフを見せながら口で言うだけでいいかもしれない。たとえば、『ぼくたちはすごい勢いで伸びているだけではありません、ユーザーもぼくたちのことが大好きです。

ぼくたちには情熱的なユーザーがついています』とかね」

「あと、オープニングクイズはやめたほうがいいですよね？」

「一般にプレゼンの最初の15秒間はネタを仕掛けるには最悪の時間帯なんだ。なぜなら投資家は最初の15秒で、そのプレゼンに注意を払うかどうかを決めるからね。私なら、最初の15秒にはこう言う。『ぼくたちは素晴らしい歌詞サイトを作りました、驚異的なホッケースティックで伸びています』」

マーボッド・モハダムが言った。「難しいのは、もしそれを言うと、過去の経験からなんですけど、『歌詞サイト』と言った瞬間に、投資家は聞くのをやめてしまいます。だから、歌詞サイトと呼びたくありません。じゃあ何なのかと言えば、音楽のフェイスブックです。本来そうなるはずだったマイスペースは台無しになってしまいましたけど」

「たしかに、『歌詞』と言う必要はないね。『音楽のためのコミュニティーサイト』について話せばいいわけだ」

アルトマンがしばらく部屋を出てグレアムに何かを聞いている間に、3人はロック歌詞サイトのステレオIQと、カントリーミュージックのカントリー・ブレインズを立ち上げる計画について話している。包括的ブランドとしてGenie.usドメインを買う寸前まで行ったが、エメット・シアーは、「いいかきみたち、もし取るならドットコムだ。ドットコムでなくてはダメなんだ」と強く言っていた。

アルトマンが戻ってきた。「PGは、こんなふうに言ったほうが印象に残ると言っている。『ぼくたちの月間ユニーク数はフォースクエア以上です』」

「ほかの62社を合わせたより大きい、はどうなんですか?」レーマンが尋ねた。

「それは言いたくないな。ぼくは拒否権を発動するよ」とゼコリーが言った。

「なぜ言いたくないんだ?」

「間抜けだからさ。資金調達しようしている友達が大勢いるんだよ」

アルトマンが割り込んだ。「私が言いたいのは、250万ユニークが並み外れているということだ。YCの歴史を見ても……。そうか、こう言えばいいんだ」

「ぼくたちはYCの歴史上デモ・デーでもっとも大きいサイトかもしれません」とレーマンが文を完結させた。アルトマンが最重要の修飾語を繰り返した。「デモ・デーで」。そしてこう言った。「まず間違いなく、これは言っていいと思う」

3人は資金調達についても相談したかった。ベンチャーキャピタルとシリーズAラウンドを行うチャンスはどのぐらいあるのだろうか。アルトマンはその質問には自分が答えると言ったが、彼自身も出資するつもりなので客観的なアドバイスはできないと念を押した。「本当は資金調達について交渉中の相手に、資金調達について質問なんてするもんじゃないんだ」。アルトマンがそう言うと、ラップ・ジーニアスたちは笑った。「じゃあ、次の質問は?」

シリーズAラウンドと評価額、上限無し転換社債と上限付き転換社債など、館内にいる創業者全員が話しているであろう話題に関する質問が続いた。アルトマンは3人に、将来設定される評価額に基づいて株式に転換される転換社債よりも、今評価額を設定して株式ラウンドをやることを考えるよう勧めた。「もし経済が破綻しても価格は確定しているからね」

見た目は重要

モンゴHQのジェイソン・マッケイとベン・ウィロスディックがメインホールにいる。このスタートアップに関する噂は、デモ・デーの前からエンジェル投資家やベンチャーキャピタリストの間を駆け巡った。ふたりはこのところ出資者候補とのあやふやなミーティングに明け暮れている。その中にはサンドヒル・ロード沿いにあるシリコンバレーの一流ベンチャーキャピタルも何社か入っている。

ファイナリスト面接のあのYC独特の形式ばらない審査プロセスと何よりも技術スキルを重視するYCのハッカーカルチャー。このふたつからではサンドヒル・ロードの堅苦しいカルチャーを学べそうにない。マッケイはミーティングの前まで、ベンチャーキャピタリストは、自分たちの粗野なプレゼンやあか抜けない身なりなど気にしないものと思っていたが、それが間違いだったことが今わかった。間違いなく見た目は重要だ。

もちろん準備も重要だ。「焦点を絞らなくてはいけない」とマッケイは言う。「こういうミーティングでは、矢継ぎ早に質問が飛んできます。心の準備の間もなくこう聞かれます。『きみたちは500万ドル調達するんだね。最初に雇う10人は誰か言ってみてほしい』。もし『エンジニアが3人です』と答えれば、『ああそう、エンジニア3人ね』とは言われません。今度は『その3人は正確には何をするのかね』と聞いてきます。質問は非常に具体的です。考えてみれば、これは何ら理不尽なことではありません。でも、私はこういう質問に答える準備をせずに出かけて行ったのです」

夏の中頃、モンゴHQの創業者ふたりは、妻たちとシリコンバレーに残りバーミンガムには戻らないつもりでいた。しかし今4人はここに住むことに二の足を踏み始めている。両親からの圧力が大きな理由だ。祖父母として孫を連れて帰ってきて欲しいのだ。ウィロスディックが、自分とマッケイが言われ続けているせりふを真似てみせた。「いつ戻ってくるつもり? まさか、孫たちのいちばんかわいい時期に、私たちから遠ざけようっていうんじゃないでしょうね。この月日は二度と戻らないのよ」。ふたりの共同創業者は仕事だけでも十分にプレッシャーを感じている。このうえ親戚からのプレッシャーに耐えることはできそうにない。

5年前、YCの創立間もないころ、ポール・グレアムはMITで卒業を控えた4年生たちに、最近の大学院生は30代のエンジニアよりはるかに安く生活できるという話をした。「子供とローンのある連中は本当にたいへんだ」と当時グレアムが書いている(5)。時代が違った。シード資金はごくわずかで、創業者はカップラーメンを食べて生活していたこともある。モンゴH

Qたちは、「子供とローン」を抱えていたにもかかわらず、YCに入る前からシリコンバレーに移住する経済基盤を持っていた。しかし、このケースからもわかるように、時として経済的以外の事情も移動の障壁になりうる。

もうひとりのポール

YCパートナーの中でここ数年がぜん目立っているエンジェル投資家がポール・ブックハイトだ。もしポール・グレアムが、独自の完全に精緻化されたスタートアップ概論を教える教授なら、もうひとりのポールはおよそ教授らしくない。ブックハイトは理論よりも経験主義を好む。うまくいくものが、うまくいく(6)。自身の仕事人生の中で、面白い仕事につながりそうだと思えば、どんな道でも通ってきた。

大学卒業後、インテルの退屈な技術者だったブックハイトは、今より打ち込める何かを探そうと決意した。今にも潰れそうなスタートアップに参加するという選択肢も十分にあった。当時は独身でローンの心配もなかった。

1999年6月、ブックハイトはグーグルに応募した。当時社員は22名しかいなかった。ブックハイトは、アルタビスタがすぐにこの小さなスタートアップを潰すことをほぼ確信していたが、グーグルには優秀な人たちがいることを知っていたし、何かを学べるような仕事を与えられていたので、それで十分だった。何年も後に、『Founders at Work 33のスタートアップストーリー』（アスキー・メディアワークス）の中でジェシカ・リビングストンにこう語っている。「結果はうまくいきましたが、会社を見て『うん、こいつは成功するぞ！』と考えたわけではありません。面白そうだなと思っただけです」(7)

ブックハイトは2006年にグーグルを辞めた後初めてエンジェル投資を行い、翌年新しくスタートアップのフレンドフィードを共同設立した後も投資を続けた(8)。2010年にこう書いている。「私は、自分か何をやっているのかわかっていない（これは常に真実）、しかし実際に何かを学びたければ経験するしかない、という仮定のもと投資を始めた」。彼のゴールは、さまざまな会社に投資して、学び、可能であれば助け、「願わくばそのためにお金を失いすぎない」ことだった(9)。

エンジェル投資家はポートフォリオを組み、大きな投資を少数ではなく、小さな投資を多数行う。個々のスタートアップとの精神的つながりには限りがある。ブックハイトの体験は教訓的だ。2年後に彼は32の会社に計121万ドルを投資した。1社平均わずか約3万8000ドルだ。2011年までに、その32社のうち2社が買収され、134万ドルをもたらした。これは2年間で約10％の利益に相当する。利回りはさらに良くなる可能性がある。会社の約半数は今も健在だが、まだ上場や買収などの「出口」を見つけていないため数字になっていない。

ブックハイトの2大投資先は、YCスタートアップでセールスフォースに買収されたヘロクと、インテュイットに買収されたミントで、いずれも10倍以上の利益を生んだ。「残念ながら。この2社は投資先の中では金額が少ないほうの2社でもあったので、やっぱり自分のやっていることがわかっていない証拠かもしれないし、優秀な会社にもっとお金を注ぎ込む努力が足りなかったということは、少なくとも示しています」(10)

YC発足当時から出身企業に投資しているブックハイトは、ヘロク以外にも成功した投資の例をいくつか挙げた。たとえばアーロン・イバの会社でYCが出資して後にグーグルに買収されたアップジェットや、ハルジ・タガル、クルビール・タガル兄弟のスタートアップ、オークトマティックがそれだ。オークトマティックは、ブックハイトが「小さいが悪くない(2〜3倍)出口」と呼ぶカテゴリーに入る。ブックハイトがこう書いている、「もちろん1万倍になる出口は嬉しいけれども、私のお金を倍にしてくれる人に文句を言うつもりはありません!」

ブックハイトは、エンジェル投資は実際のところ確率の高い金儲けの方法ではないので、投資家は損することを想定してかかるべきだと強調した。スタートアップに投資するなら、投資について学び、かつその会社を助けるというふたつの目標を持つほうがずっといい。「次なるグーグルを探し出して、大金を注ぎ込んで大富豪になる、という単純な考えでやっている人は大きく失望することになる」とブックハイトは言った。

ブックハイトは投資で良い結果を残しているが、あるひとつの投資の価値がゼロになる確率は低くない。連邦議会は一般市民がYC企業のように基本的財務情報を公開していないスタートアップに投資することを禁じている。デモ・デーの来訪者は、多額の純資産か年収を持ち、SEC（米国証券取引委員会）が「適格投資家」と呼ぶ人たちのみから成っている。これは、1933年の連邦証券法に由来する。これは経験の浅い投資家が生涯の蓄えを棒に振らないために制定された法律で、株式、債券、その他の証券を発行、販売に供する際、事前に重要財務情報を公開することを義務づけている。ただし、公開義務が免除されるケースがいくつかあり、そのひとつが販売先が適格投資家に限定されている場合だ。適格投資家はSECが義務づける公開情報がなくても、提供物を評価するに十分な知識を持っていると仮定されている(11)。

その後議会がJOBS（Jumpstart Our Business Startup）法を成立させてスタートアップの公開資金調達に新しい道を開くまでに1年かかった。同法には、スタートアップがクラウドファンディングを通じてシード資金を調達する方法や、少数株を投資に関心を持つあらゆる個人に販売することを認める条項が盛り込まれている(12)。これは全面的見直しではないため、いつもどおりYC企業が適格投資家たちに売り込むやり方には影響を与えない。しかし、JOBS法はスタートアップがひとつのカテゴリーとして、ワシントンの寵児になったことを世間に知らしめた。この広く超党派的に支持を集め、下院、上院双方で圧倒的多数で可決されたひとつの取り組みから、スタートアップたちを助けるこの法律は生まれた。

第19章 デモ・デー

デモ・デー初日

「お静かに！　そろそろ始めます」。会場の音響システムの助けを借りても、ポール・グレアムの叫び声はYCのメインホールを埋めつくした来場者200人の騒音にかき消されてほとんど聞こえない。デモ・デーの初日がやってきた。テーブルとベンチの代わりに並べられたパイプ椅子に、聴衆が窮屈そうに座っている。8月も終りに近いこの日、気温はすでに27度を超え、あと5度は上がりそうだ。屋上では業務用エアコンの室外機が3台——うち2台はこの日のために用意された——せっせと働いている。しかし、これをもってしても夏の気温とメインホールに満員の人々が発生する熱気には効き目がない。室内は決して快適とはいえない。来場者は、ベンチャーキャピタルのパートナーか、引退してフルタイムでエンジェル投資を行っている技術系企業の創業者または幹部たちだ。今やYCは、技術系スタートアップに特別な関心を寄せる個人富裕層の間でも十分よく知られており、今日のデモ・デーにも、エンターテインメント界から有名人夫妻が1組来ている。先にデミ・ムーアが来場し、しばらくたってからアシュトン・カッチャーが加わる(1)。創業者たちは自分の番が来るまで場外に追い出されているが、カッチャーが来場すると聞いて、到着したところをとりまき、自分や会社の売り込むのに必死だ。苦心の末、ようやくカッチャーがメインホールの入口にたどり着いた。

「みなさん」。会場が静まりグレアムが話し始める。

「第13回デモ・デーへようこそ。前にも来られた方は、部屋がまた大きくなったことに気づかれたことでしょう。Yコンビネーター自身も大きくなりました。今回私たちには63社のスタートアップがいます。彼らは21社ずつ3つのグループに分かれて、それぞれの間にトイレ休憩が入ります。トイレはあの壁の向こう側にあります。外には、勇気ある方のために仮設トイレが1台あります」

グレアムは参加者に、YCウェブサイトの専用ページを利用して、終了後にどのスタートアップと話をしたいかを書き込むように勧めた。

「まず、私たちが本学期で選考基準を緩めていないことを、はっきり申し上げておきます」とグレアムは言い、そんな憶測を耳にしたことにも触れた。「私たちは今までどおり応募者全体の3％に資金を提供しました」。会社数が増えた理由は、スタートアップがVCに応募する割合が増えたからだとグレアムは言った。しかしもうひとつの可能性には触れていない。以前よりスタートアップを始めてみようと思う個人が増えたため、母集団自身も拡大していることだ。

「63本のプレゼンテーションの間座り続けるのは少々苦痛かもしれません。しかし、全員がみなさんのオフィスで1時間ずつミーティングをするよりは、ずっと効率的です」とグレアムは強調した。ここでウォーミングアップ代わりのジョークを試す。「ですからこの会が続くかぎり、みなさんは会社に行く必要がなくなります。年に2回ここに来ればいいだけです」。わずかに笑いを取った。グレアムが下を向きメモを見る。「妻のジェシカは私があのジョークを言うべきかどうか迷っていました」

今日は投資家たちがYCで宝探しを始める日だ。グレアムは興奮気味だ。「いいですか。63社の中には、統計的に見ておそらく、エアビーアンドビーやドロップボックスがいるはずです。問題は、それがどれなのかです」

デモ・デーの魅力は、ここに集まったスタートアップのひとつが急成長して評価額何十億ドルのスターになるかもしれないということだけではない。会社として生まれたての今なら、ほかの投資家たちが花形スタートアップの価値を認識した後よりも、はるかに有利な条件で資金を投入するチャンスがある。

夏学期生全員が、これらの投資家全員あるいは少なくとも大部分に対して売り込む機会を与えられている。投資家の中には、終了を待たずに退席し、この日の最終グループに割り当てられたスタートアップたちを落胆させるところもある。

しかし、明日第2グループの投資家たちに再びプレゼンテーションを行う際は、順番が逆転し、今日最後だったスタートアップが明日はいちばんに発表する。グレアムは、今学期でいちばん有望な発表者2名を、最初と最後に配置した。アイル50のクリス・スタイナーが今日の先陣を切り、明日はラップ・ジーニアスのトム・レーマンがトップバッターだ。

スタイナーがチームを紹介する。「こっちがジョージ、こっちはライリー、ぼくがクリス。ぼくたちはアイル50、食料品のためのグルーポンです」。スタイナーの声は絹のように滑らかで、その語りはグレアムの忠告を無視して「兆」に言及したときでさえ完璧に筋が通っているように聞こえた。

「ぼくたちは食品メーカーが商品を販売するための主要な手段になります。アメリカの消費財業界は、『2兆ドル市場』です。」スタイナーは「2兆」を口にする手前で速度を落として強調した。画面にはプロクター・アンド・ギャンブル、クラフト、ジェネラル・ミルズ、ケロッグ、それぞれのロゴが映し出されている。これらの企業を合わせると年間350億ドルがマーケティングに費やされている。「そのお金の半分以上がこういうものに使われています」。そう言って掲げた手に持った紙の束は、一目で折り込みチラシのクーポンだとわかった。一呼息おく。「折り込みチラシ。これが2億5000万枚、毎週新聞に挟まれて届けられています。問題はもちろん、ほとんどの人たちがこれを見ないことです。さらに悪いことに、新聞の宅配部数は1987年以来減り続けています。つまりそこには、この旧パラダイムからデジタルへと移ろうとしている巨額の資金が眠っているのです」

スタイナーによると、クーポン・ドットコムなどの会社がやろうとしたのは、これらのチラシをいくつかのウェブページに「詰め込む」ことだった。クラフトをはじめとする消費財メーカーは、本当は自社製品のサムネイル画像がライバル会社の隣に並んでほしくない。「欲しいのは、自社製品だけを載せた陳列台です。だから、全米の半分にしか渡らない1ページの折込み広告に50万ドルでも80万ドルでも喜んで払うのです」とスタイナーは言った。

広告主に新たな選択肢が増えた。アイル50は、広告主がまさに欲しがっているものを提供すると約束する。「商品には、美しい写真とカスタマイズした広告コピーが書かれたページを用意します。クーポン情報は、アイル50のユーザー宛てに毎日メールで送られます。私たちから買えば近所の食料品店のポイントカードにポイントが自動的に加算されます」

これで消費者は新聞のページをめくってクーポンを探さなくてもよくなる。一日1回、アイル50の特典メールが直接受信箱に届けられる。

アイル50は1週間前、北カリフォルニアの食料品チェーンと共同でローンチしたばかりだ。すぐにほかのチェーンも加わり、先週金曜日にはスーパーバリューとも契約した。スーパーバリューは全米第3位の食品卸で傘下にスーパーマーケットを擁し、アルバートソンなどの小売店2500店舗のほか、2200店の独立食料品店にも商品を供給している。ローンチ以来、アイル50には消費財メーカーから相次いで問い合わせがあり、パートナーを探しに行く必要がない。

この日最初のプレゼンとして幸先の良いスタートだったが、これは1週間前のリハーサルでアイル50の洗練されたプレゼンを見たときから予想できていた。むしろ驚かされたのは、ほかのスタートアップが数日前より大幅に進歩していることだ。リハーサルと修正によって、同期生の中でもっとも粗野な部類だったプレゼンテーションもかなり洗練された。全員のプレゼンが輝くばかりに磨かれ、グループ全体の訴求力に一貫性がでてきた。これは以前にはなかったことだ。こうなれば投資家たちは、質に明白な差がある場合よりも、余計に注意を払わざるをえなくなる。

またこの一貫性によって、夏の初めにあれほど大きく見えていた、学期開始時点でローンチしていたスタートアップとそうでないスタートアップを隔てる差が、事実上なくなった。アイル50は、8月中旬までにサイトを立ち上げることこそできなかったが、わずか1週間後の今、全米を横断して小売店との提携を勝ち取りそうな勢いだ。

聴衆は、どのスタートアップが当初のアイデアを捨て、無関係のアイデアを掲げて再スタートしたのかをまだ知らない。マット・ホールデンがタップエンゲージのタブレット用広告ネットワークを説明して、iPadでニューヨーク・タイムズのウェブサイトを訪れるデモを走らせるところを見ても、タップエンゲージのスプリターバグとしての前世は誰にも推測できない。ホールデンはタップエンゲージの生まれたばかりのサービスに関するホッケースティックグラフは持っていないが、iPad発売直後の伸びをiPodやiPhoneと比較するグラフは持っている。3つの中でiPadの勾配がいちばん急だ。

この春、不本意にも単独創業者として最終面接にやってきたブランドン・バリンジャーのアイデアは、近隣イベントの管理アプリという、いかにもパッとしないものだった。しかし今日は、新たに共同創業者となったジェイソン・タンが、斬新ですばらしそうなアイデアを、シフトサイエンスの代表として発表する。シフトサイエンスは、「ネットワーク詐欺の年間40億ドル問題」に取り組む。「私たちはウェブサイトの不正検出をするサービスです。はじめに、ピアツーピア詐欺についてお話しします。みなさんから見たエアビーアンドビーは、素晴らしいビジネスです。一方組織犯罪から見たエアビーアンドビーは、驚くべきマネーロンダリング手段です」。タンは、どうやって犯罪者が売り手と買い手両方の架空アカウントを作り、詐欺行為を実行するかを順を追って説明した。YC出身企業2社、エアビーアンドビーとリスティアがシフトサイエンスのサービスを利用している。

「これはリスティアで起きた詐欺の実例です」とタンが図を見せながら言った。すべてお見通しの刑事よろしく自信たっぷりな態度で話している。「この真ん中の男、ジョーと呼ぶことにしますが、ここにある偽商品と偽ユーザーを全部作ったのがこの男です。次にジョーは自分の商品に入札して、仮想通貨を自分自身に支払います。何と間抜けな！」聴衆は笑ったが、タンの話しはまだ終っていない。「私たちのシステムがジョーを見つけました。誰であれ私たちの顧客にちょっかいを出そうとする者は見つけ出します！」

「これは非常に厄介な問題ですが、解決するための最適なチームが私たちです。共同創業者のブランドンは最近までアンドロイドの音声認識の技術責任者として、高度な機械学習を扱っていました。私自身は3つのスタートアップで働き、バズラブスではCTOを務めていましたが、

4月にIACに売却しました」とタンは続けた。

待ち時間に絆が深まる

部屋の外ではほかのチームが順番を待っている。あたりを歩き回りながら、中で行われているショウから漏れてくる話の断片を交換している。部屋の外に立って気をもみながら待つこの時間が、学期中にはなかった形で同級生たちの絆を深めることになった。後にクルビール・タガルがデモ・デーについて「突然、ほぼ全員と知り合いになっていた」と書いている(2)。

あるとき、ハーレー・ダビッドソンに乗った男が現れ、近くの彼の敷地に駐車している車について大声で苦情を言った。その建物はこれといって特徴のない、何かの工場として使われている施設らしい。午前中そこの駐場車は空っぽだった。デモ・デー参加者のひとりがその建物を空屋だと思って駐車したに違いない。それが間違いだった。ライダーは、その車を道路の真ん中まで自分で移動すると言っている。いったん轟音と共に走り去ったと思ったら、戻って来てまた何やら脅し文句を並べていった。

創業者たちはこのドラマを、自分とは無関係な娯楽と捉えていた。全員がポール・グレアムの指示を守り、離れた場所にある公共駐車場に車を止め、路上の駐場場所は投資家たちのために残しておいた。こうして創業者たちは、自分たちがしかるべき場所に止めて難を逃がれたことに胸をなでおろした。

最初の休憩時間が来た。参加者はドアからあふれ出し、手足を伸ばしたり、電話をかけたり、創業者たちと雑談したりしている。多勢の若者がエアコンの快適な風を求めて室内に向かったが無駄だったようだ。

バーブリング

1週間前の第1回リハーサルで、ライドジョイのジェイソン・シェンは話し方もおっかなびっくりで、主張すべきポイントを強調することもできなかった。今日、シェンは別人の発表者となり自信をみなぎらせている。この元学生体操選手は演台に向かう途中で側転をしてみせた(3)。「みなさんにちょっとした元気づけが必要だと思ったもので」と言ってプレゼンに入った。「ライドジョイは自動車相乗りのためのコミュニティー・マーケットプレイスです。出かけるとき、自分の車の余っている座席を登録することができます。どこかへ行きたいときは、ぼくたちのサイトで座席を探すことができます」。シェンは、ライドジョイは、相乗りに「評判の要素」と「支払いのしくみ」と「すばらしいユーザー体験」を加えたと説明した。シェンには聴衆の頭の中にある質問が予想できていた。「サンフランシスコのおかしなヒップスター的な何かじゃないの?」。そうではない。シェンがある年輩男性の写真を見せてこう言った。「このマイケルは元メリル・リンチの部長です。この人がぼくたちのサイトで自家用機の空席を2つ提供したところ、ほどなく埋まりました。ちなみに、これは飛行機を持つ年輩男性のためのサービスではありません」。これが笑いを呼んだ。おそらく会場には自家用機を持つ年輩男性が何人か座っていたからだ。「私たちのユーザーは平均36歳でその半分が女性です。クレイグスリストと同じように、乗車を提供する人たちと同じ数だけ、乗車を必要とする人たちがいるので、市場のバランスが保たれています。

別の発表者、パースのティコン・バーンスタムは1回目のリハーサルでは目立っていなかった。しかし今日はお手本のようなプレゼンテーションを披露した。「パースです。私たちはモバイルアプリのためのヘロクです。パースを使えばみなさんのモバイルアプリに、ものの数分でバックエンドを作れるようになります。サーバーコードは1行も書く必要がありません」。最近のアプリ開発方法を示すスライドに向かってバーンスタムが手ぶりをしている。「ひどいもんです！どのアプリ開発者もこれを全部書き直しています。何度も何度も、アプリ一つひとつ。これは異常です」。その答えがパースだとバーンスタムは言う。開発者はもうサーバーやサーバーコードのことを考えなくていい。パースはクロスプラットフォームで、アンドロイドにもｉＰｈｏｎｅ、ｉＰａｄのｉＯＳにも対応している。

バーンスタムは、会社がわずか11週間前にスタートしたばかりで、それでもローンチに必要なコードを何とか書き上げて２０００人の開発者向けにプライベートベータ版を立ち上げたことや、クライアントの中には、YC卒業生のヒップモンクとウィーブリもいることを話した。「投資家は、この牽引力とトレンドを見ています。私たちが、トップレベルのベンチャーキャピタルやシード投資家、さらには、ここにも何人かいらっしゃいますが、壮々たるエンジェルの面々から、すでに140万ドル以上の資金を調達できたのはそれが理由です」。140万ドルもの金額を、デモ・デー以前に調達したのは驚異的だ。今学期のスタートアップで、これに匹敵する金額を調達したところはほかにない。

ビベク・ラビシャンカールは、インタビューストリートの共同創業者と、夏いっぱい別の大陸で仕事をする羽目になった。インドに住む相棒がビザを取り損ったのだ。しかし、今日もこの男は、困難に遭遇しているそぶりなどかけらも見せない。「シリコンバレーでいちばん価値のある資産は何だと思いますか?」そう聴衆に尋ねると、答えを言うまでに長く間を置いた。「答えは、すばらしいプログラマーたちです! そこでは人材を巡る戦いが起きています。お気づきかもしれませんが、みなさんの投資先企業の間でも起きています。誰もが最高のプログラマーを見つけて雇いたいと思っています。どう解決するか? それがインタビューストリート・ドットコムです。私たちは、企業が最高のプログラマーを見つけて雇うのをお手伝いしたくて、このプラットフォームを作りました」。

ラビシャンカールは、「何千人ものハッカー」がプログラミングチャレンジの問題を解きにインタビューストリートのウェブサイトに集まっていることを説明した。問題を解いたハッカーは、どの会社で働きたいかを意思表示できる。インタビューストリートはハッカーたちのテスト成績を求人企業に渡す。企業は大喜びだ。「企業は私たちのことが大好きです。最高のハッカーたちと面接できますから。ここに来るのはハッカー。プログラミングチャレンジにハマった人たちです」

「ローンチしてからまだ8週間しか経っていませんが、すでにフェイスブック、アマゾン、ジンガをはじめ何社もの大手企業と取引があります。この市場は勢いがあってしかも巨大です」。インタビューストリートの売上は毎月2倍増を続け、受注総額はまもなく10万ドルに達する。すでに黒字だとラビシャンカールは言った。声に出してちょっとした計算をしたところ、たちまち膨大な――机上の――売上高になった。「私たちは、採用されたプログラマーひとりにつき1万ドルを受け取ります。もし1万人、プログラマーをお世話すれば、私たちの売上は1億ドルです。しかもまだ始まったばかりです」

バーブリングは、ネイティブスピーカーとライブビデオを通じて外国語を学習するウェブサイトだ。この会社も聴衆に巨大なビジネスを想像させようとしている。サイトはひと月前にローンチした。一日に2回、英語を学ぶスペイン語話者たちと、スペイン語を学ぶ英語話者たちが、ビデオチャットをしにサイトを訪れる。ふたりずつペアを組み、まず一方の言語で決められた時間ふたりで話す。時間はカウントダウン表示される。次に言語を交換し、同じ時間もう一方の言語で話す。バーブリングを立ち上げたのは、マイケル・バーンスタインとジェイク・

ジョリスのスタンフォード大生ふたりと、グーグルを辞めて夏の初めに合流したハッカー、フレッド・ウルフだ。

「みなさんの中で外国語を学ぼうとした経験のある人はどのくらいいらっしゃいますか。そのうち、成功した人は?」バーンスタインが話し始める。「もしみなさんが、平均的な外国語学習者と同じなら、あまり多くないはずです。おそらくその理由は、外国語をひとりで学習するのは退屈で、かといって一緒に練習してくれるネイティブスピーカーを見つけるのは至難の技だからです。私たちがこの問題を解決します」

バーンスタインによると、バーブリングには1万8000人が会員登録していて、さらに9000人が、まだ対応していない言語を学ぼうと登録しているという。バーンスタインがビジネスの可能性について語り出すと、数字の桁が相当大きくなる。「この市場は巨大です。現在自己ペース方式の語学学習だけでも320億ドルが使われています。スペイン語だけを見ても、1000万人近いアメリカ人大学生が学んでいます。英語を学習している人は世界に10億人もいます」。バーブリングは現在無料で提供されているが、将来は言語ごとの需要と供給の差に応じた価格を決めていくつもりだ。

ほとんどのチームが発表の最後に、自分たちの経歴について何かしら付け加える。しかし、バーンスタインの自己紹介は会場の誰とも似ていなかった。「私はスウェーデンの特殊部隊で、スウェーデン語とロシア語の軍通訳と、取調官を務めていました」。この場所で聞く「取調官」や「特殊部隊」という言葉の目新しさに会場から笑いがこぼれた。「ジェイクは国連で通訳の経験があり、フレッドはスタンフォードのコンピュータ科学出身で、グーグルを辞めてバーブリングに来ました。われわれ3人の間では6カ国語で流暢にやりとりすることができます」

時代精神と一致したスタートアップ

2回目の休憩が始まり、何人かの投資家がこれ以上は頭に入らないと判断して帰っていった。その中にはアシュトン・カッチャーとデミ・ムーアもいたが、押し寄せてくる創業者たちの群れをかき分けて会場外へと誘導してくれる警護特務部隊が、カッチャーとムーアには付いていなかった。「デビッド・レターマンに間に合うフライトを捕まえないといけないので」とカッチャーが手を振り払いながら訴えた。

休憩が終わり再び席が埋まると、ポール・グレアムが前に立って言った。「さっきそこの道で、車がレッカー移動されました。黒のメルセデスAMGです。フォークリフトとロープを持ったどこかの変人が道路の真ん中に引きずり出して、車は横倒しになっています。黒のAMGの持ち主で心当たりの方は取りに行ってください」。結局その車はある億万長者の持ち物で、おそらく階級闘争の手段にフォークリフトを使いたくて仕方のないバイク乗りの近くに、自分の車が置かれることなどめったになかったようだ。

グレアムはあらためて残りのプログラムに聴衆の注意を向けさせた。「オーケー、最終グループの準備はいいかな！ 終了後は、椅子を全部片付けてここがパーティー会場になります。みなさんには会場を歩き回って創業者たちと心ゆくまで話していただきます」。またひとつジョークを試みる。「飲み物は大量に用意してあります。評価額を決める絶好のチャンスです」

共同創業者のクリス・フィールドとダービー・ウォンのふたりが共に弁護士でハッカー、というクラーキーは、冒頭のフィールドのセリフで会場中の注目を集めた。「クラーキーは弁護士を時代遅れにします」。観客のひとりが叫んだ「いいぞ！」フィールドは、クラーキーのソフトウェアがどうやって書類の下書きを作り、署名を集め、事務作業を効率化するかを説明する。「ソフトウェアが世界を食う」と、3日前のウォールストリート・ジャーナルでマーク・アンドリーセンのエッセーに使われていたフレーズを引用した（アンドリーセン自身も聴衆の中にいた）⑷。「日常の法律業務の自動化は必然です。では、なぜまだそうならないのでしょう。そのためには、弁護士の創業者と、エンジニアの創業者が必要です。もし弁護士だけだと、ひどいソフトウェアが出来上がって、最低レベルの市場を相手にすることになります」。スライドのいちばん下には競合相手のリーガルズームの名前がある。「ここ以外はガラ空きです」。フィールドは、毎年2500億ドルが法律業務に使われていると言ったが、その全部を扱うつもりだとは口にせず、自動化できるほど定常的な業務はこのうちのわずか8％だと言った。とてつもなく大きな数から始め、ターゲットはそのごく一部だけだと言って範囲を狭め、最終的に200億ドルという、十分巨大だが十分に信頼しうる数字で締めくくった。

クラーキーを「法律業界にとって電子メール以来最大の衝撃」だとフィールドは言う。「しかも素晴らしいことに、今日ここにいる63社のどこに投資するのにも、クラーキーを使っていただけるのです。スマートフォンかiPadさえあれば、ものの数分で投資契約を結べます。もし、お手持ちの携帯電話があまりスマートでない場合は私のをお貸しします。私たちはクラーキー、弁護士を時代遅れにします」

一日も終り間近になり、コードアカデミーの順番がやってきた。1週間前のリハーサルで、ザック・シムズがほとんど魅力的な話をできなかったことなど、投資家は誰も知らない。当時はウェブサイトも立ち上がる前で、ユーザー数の成長を表すグラフもなかった。しかもシムズは、なぜコードアカデミーという一見魅力に乏しく地味なプロジェクトに大きな可能性があるかを明確に説明することさえできなかった。しかし今日、シムズのプレゼンは、前回とは似ても似つかないものになっていた。

4日前、コードアカデミーは、意図に反してローンチした。シムズは25万人のユーザーがサイトを訪れたと言った。それも単なる訪問者ではなく、コードアカデミーの課題をわざわざ解いて、コーディングのやり方を学び始めた人たちだ。ほとんどのユーザーが1時間以上サイトで過ごしている。これはまだ提供するコースもろくにない、あるのはJavaScriptの基本を学ぶ簡単なレッスンが8つだけ、という段階での話だ。

コードアカデミーはドアを開けるだけでよかった。あとは何とか中へ入ろうと、世界中から多くの人がやってきた。グルーポンとマイクロソフトは、自社のプログラミング・インタフェースに関するレッスンを提供したがっている。200人以上のプログラマーが、プログラミングレッスンを作ることに興味を示した。世界中のバイリンガルが、レッスンを母国語に翻訳することを買って出た。シムズは、現在コードアカデミーにあるコンテンツをひと月以内に200倍にすると約束した。

シムズは、数多くの会社からコードアカデミーに問い合わせがあり、課題を終えたユーザーと連絡がとれないかと尋ねられたと言った。「将来はこれらの企業からお金をいただくことを大いに楽しみにしています」

63本のプレゼンテーションの中でも、これほど完璧に時代精神と一致しているものはない。ソフトウェアが世界を食う。コードアカデミーはそこで生き残るためのサバイバル教室だ。現時点でこのウェブサイトが提供しているものは、まだ何も建っていない学校建設予定地の域を出ていない。しかしこのサイトは、プログラミングスキルが、いつでも、どこでも、痛みも伴わず、コードを書かない人々、つまりほぼ誰にでも習得できるものである、という希望を与えてくれる。投資家たちは、非技術者たち、即ち将来取り残されることを恐れている一般人を相手に商売しようという会社を応援できる期待に身を震わせた。

キャンパスクレドが最後から2番目に、「これは年間50億ドルの市場になります」とプレゼンした後、ラップ・ジーニアスが、「Yコンビネーター史上、デモ・デーにこんなにトラフィックのあるスタートアップはいません」と華々しく言い放って最後を飾った。

「以上です」。グレアムが言った。

椅子が片付けられ雑談が始まった。創業者たちは歩き回り、胸の名札を見ながらYCのオンラインシステムで自分たちに興味を示してくれた投資家を探している。投資家たちは、話しては離れ、何歩か進んでは、お目当ての創業者を見つける。中学のダンスパーティーで、ロマンチックな出会いを期待しながら満員の体育館で一歩ずつ前進していたのとあまり変わらない。

それは儀式の名残り以上の何ものでもない。もし投資家や創業者が探す相手を見つけられなければ、何日かのうちにメールか電話で連絡を取り合えばいい。多くの会社にとって資金調達は数週間あるいは数カ月間にわたる手続きだ。しかし、特に創業者にとっては、パーティーが終る前に将来の出資者と直接ここで顔を合わせておくことに大きな意味があるようだ。物理的存在はいまだに仮想的存在より内容を伴うようだ。

「契約に結びつくような直接の対面がどういう意味を持つかを正確に説明することは難しい」と数年前にグレアムは言った。「しかし、たとえ何であれテクノロジーはいまだにそれを再現できていない」(5)

第20章 最後の夕食会

巣立ち

63チームのスタートアップが63通りの道を自ら切り開いていかねばならない日が来た。もっとも誰ひとり感傷的になっている時間はなかった。YCはインキュベーターではないので共同のオフィス・スペースといったものは用意されていない。夏学期の最中も創業者たちはほとんどの時間をそれぞれのアパートやガレージで別々に過ごした。YC参加のスタートアップは独立性の高さでは他のシリコンバレーのスタートアップと同様だった。しかし学期の終了を迎え心を整えることはやはり必要だった。前途にはいつ果てるともない長く辛い時間が待っている。YCという明るい導きの光はもうない。同僚との会話で活性化させてくれる毎週一度の夕食会もない。

この夏学期の間、お互いのニュースを細大漏らさず知っていた。YCの学期が終わってしまえば、同輩たちのニュースはこれほど効率よく入ってはこない。創業者のあるものは失敗を自分たちの胸にしまっておく。ウェブサイトのしゃれたトップページやモバイルアプリがアップストアに登録されていることは事業が着実に前進していることを必ずしも意味しない。創業者の一部はデモ・デーで投資家に披露したアイデアを早くもあきらめて別の道を探っていた。最初の試みでいきなり失敗したグループは、ひっそり人目に触れないようにして次の手に苦闘していた。

YCを巣立ったスタートアップの30％は遅かれ早かれ創業者の一部を失うことになる。創業者間の仲間割れは夏学期が終わった直後からすでに始まっていた。キャンパスクレドのプログラミング担当者、ベン・ペロウも会社を去ったひとりだ。ポール・チョウはオペスを去った。ナウスポッツの共同創業者ブラッド・フローラとカート・マッケイは、Yコンビネーターに応募する直前に出会ったコンビだったが、今や別の道を行くことになった。マッケイはナウスポッツのハッキング担当だったが、モンゴHQに新たに共同創業者のひとりとして加わった。

キックオフ・ミーティングの席上でグレアムは「この学期のスタートアップの半分以上が失敗する」と警告した。当時この予言はあまりにも悲観的すぎると思われていた。しかしスタートアップが巣立つ日を迎えた今、このグレアムの言葉は現実味を帯びてきた。もっとも200５年のある創業者の失敗のスピード記録はなかなか破られないだろう。彼は夏学期の終了と同時にスタートアップを閉めて大学院に戻ってしまった。時代は変わった。今回の学期のスタートアップの多くは何十万ドルもの追加投資を受けていた。追加投資を受けていないスタートアップでさえ全員がスタートファンドとSVエンジェルからの15万ドルを受け取っていた。だから全員が少なくともあとしばらくは仕事が続けられるはずだった。しかしスタートアップに死が訪れるなら、それは以前のYCスタートアップに訪れたのと同様にゆっくりした過程となるだろう(1)。まずはプロダクトのアップデートの間隔が伸びていく。続いて創業者が他のことを始める。ウェブサイトだけはオープンしているが、その背後には誰もいない。

チャド・エツェルは2010年冬学期の単独の創業者だったが、1年後に「スタートアップは大変だ」という記事を書いた。エツェルはその意図を「誰でもいきなり創業者になれる、スタートアップを作れば次の朝にはベンチャー投資家、エンジェル投資家が湯水のように資金を投資してくれる、というようなあまりにも楽天的な記事が氾濫しているのを正したかった」と説明した。YCの学期が終わった後にエツェルの共同創業者に加わったポール・スタマチウは彼らのスタートアップ、ノーティフォのために必要な資金を集めることに失敗した(2)。ノーティフォは、ITエンジニアやシステム管理者向けにサーバーがダウンした場合に即座に通知するサービスだった。YCの同窓生たちがいかにもたやすく多額のベンチャー資金を調達することに成功している中、次々に出資を断られるというのは非常に辛い経験だった。「現実と向き合うのが嫌で1週間も一日中ベッドから出なかったことがあった。あれは私の人生で最悪の時期だった」とエツェルは告白する(3)。

2011年6月、スタマチウはその年のYCの夏学期に選出された「ピックプラム」というスタートアップに共同創業者として加わった。9月にはエツェルは「ノーティフォの開発を中止し、生活費を稼ぐためにフルタイムの職を探す」と発表した。彼は「サービスを今すぐ閉鎖するわけではない」としながらも、ユーザーに対しては他のサービスに乗り換えることを勧めた(4)。ノーティフォのウェブサイトは残っていたが、そこでの活動はなにも見られなかった。

高い会社評価額を追ってはいけない

デモ・デーの1週間後、創業者たちは最後の夕食会のためにYCに集まった。そこには今までを振り返り、懐かしむ空気が流れた。たいていのグループは資金調達活動の最中で、みなこの上なく真剣に取り組んでいた。最後の夕食会はポール・グレアムとサム・アルトマンが、創業者たちがまさに現在取り組んでいる件――資金調達に関してアドバイスを与えるのが目的だった。

創業者たちは資金調達に関する噂や情報をお互い熱心に交換していた。グレアムは食事がすむとメインホールのテーブルの上座に立ち、まず「高い会社評価額を追ってはいけない」と釘を刺した。

「この話はもう何回も繰り返してきた。諸君がここでやってきた優れたプロダクトを作る競争と資金調達はまったく別物だ。諸君が努力すべき目標は優れたプロダクトを開発し、大量のユーザーを集め、会社を成功させることだ。資金調達というのはできるだけさっさとすませてしまえばいいくだらないお使いだ。おい、ラップ・ジーニアス、きみたちのことだぞ」

会場の全員がグレアムの冗談に笑った。

グレアムは教訓として資金調達で有頂天になったために失敗した過去の卒業生の例を挙げた。初期のYCの学期に参加したある創業者は非常にやり手の交渉者だった。彼はある有名なベンチャーキャピタリストを説得して会社評価額を大きく上げさせることに成功した。ところが彼はその成功のために会社を去る破目に陥った。会社評価額を上げさせたため彼自身の株の持分があまりにも減少し、会社に残るメリットがなくなってしまったのだった。

グレアムが話し終えるとヨーロッパ出身の誰かが「その創業者はどうなったんです？　彼はその後またシリコンバレーで資金調達しましたか？」と尋ねた。

「新しいスタートアップをやっているよ」

「それじゃ資金調達した後、失敗しても……」

「シリコンバレーは寛容なんだ」とアルトマンが引き取った。

「なんかまずいことがあったらすぐわれわれに言うんだ」とグレアムは質問した創業者に言った。「隠すな。心配するな。われわれは何があってもきみらに金を返せとは言わない」。これはYCで言い古されたジョークだったが、それでもみな笑った。

「共同創業者のひとりが辞めたり、そういった悪いことが起きたりしたら、すぐわれわれに相談したまえ。われわれはスタートアップを襲うさまざまな災厄を数多く見てきた」

ある学期の創業者たちが去るころにYCは次の学期の応募を受け付け始める。夕食会の最後にグレアムは創業者たちに対し「次の学期の応募者に相談されてもあまり細かいことに立ち入ってアドバイスしないように」と命じた。

「諸君の中には〈こうすればYCのパートナーの目を引く応募書類が書ける〉というコツを知っているものもいるだろう。頼むからそういうことを教えないでくれ。最近は面接をすると、応募者が口をそろえてわれわれが聞きたがっていそうな返事をする。卒業生がアドバイスしているに違いない。絶対にやめてくれ」

「YCの学期の長さを変えようと考えたことはありますか？ 3カ月という期間はどこから出てきたんですか？」と創業者のひとりが尋ねた。

「そもそも夏休みを利用したプログラムだったから3カ月になったんだ。それでうまくいったから変えなかったまでだ。変えてみようと考えなかったって？ いや考えなかったね。期間を少しくらい短くしても長くしてもほとんど変わらないだろう。つまり最初に決めた期間がちょうどよかったのさ」

別の創業者がスタートアップの数について質問した。前回は44チームだったが、この学期は63チームに増えた。その結果についてどう考えているか？

「最初の夕食会でここに座ったときに、なんとまあ大勢いるなと思ったよ」とグレアム。みなが笑った。「しかしチーム数を増やすことについてはもう5回も考え抜いてあったし、結局はすべてうまくいった」。グレアムは「しかしデモ・デーが終わるまで、今回の夏学期が成功だったかどうかわからなかった」と付け加えた。そこでデモ・デーのプレゼンを見ていたYCの卒業生のひとりが今回の学期の参加者はこれまでの学期と比べて優れていると思うかと質問した。「拡張はうまくいった。うまくいかなかった点も多かったが、これはいつものことだ。うまくいかなかった点はこれから直していけばいい」。それからグレアムは冗談を言った。「どうせ私は死ぬまでうまくいかない点を直し続けることになるんだろうが」

グレアムは創業者たちに「気が抜けたようになるぞ」と警告した。「みんなデモ・デーでは張り切る。それがYCが終わると同時に崖から落ちたみたいに気分が落ち込む。ひどい鬱状態になるんだ」。グレアムが真剣だということに気づかぬ聴衆から笑い声が上がった。

「そこで、10月4日にまたみんなで集まって夕食会をやる」

ジェシカ・リビングストンが部屋の横手から5週間後にもまだシリコンバレー近辺にいる予定の創業者は手を挙げるようにと声をかけた。どんな大学でも卒業後そんなに早く同窓会をやるところはない。しかしYCの再会の夕食会は創業者たちがYC卒業後に往々にして落ち込む鬱状態を少しでも和らげるための配慮だった。

最初の同窓会

さて最初の同窓会の当日になった。まだ資金調達が完了していないスタートアップもあったが、大部分はすでに資金調達を終え創業者は再びプロダクトの開発に集中していた。また多くのスタートアップが最初の社員採用を始めていた。ＹＣ卒業生は「優れた人員の採用に成功しているスタートアップはみなシリコンバレーの外で人材を発掘し、シリコンバレーに越させてきている」と教えた。親友同士ならひとりが引っ越せば他の者もついてくることはある。しかし社員というのは別に親友でもない。声をかけられた社員候補が生活費が高いことで悪名高いシリコンバレーへの引っ越しを受け入れるかどうかはさまざまな経済的条件のバランスのうえで決められる。

デモ・デーの前に、ミルナーのファンドの社員、フェリックス・シュピルマンはスタートアップが人材をサンフランシスコ圏に呼び寄せる方法について提案をしていた。住居を提供すればよいというのだ。住居手当を支給するのではない。社員寮だ。シュピルマンは本気であるスタートアップに対して「部屋がたくさんある大きなアパートを借り切ってしまったらどうか」と提案した。一区画をオフィスにする。別の区画を創業者たちが使い、よその地域から引っ越してきた社員に他の区画を使わせる、というアイデアだった。こうすれば全員が自分の個人的なスペースが確保でき、しかも通勤の時間もかからない。スタートアップ天国、というわけだ。

卒業直後の鬱の時期を乗り切れ

「きみたちの多くはまさにこれからいちばん大変な時期を迎えることになる」とグレアムは同

窓会で開口一番言った。「いってみれば空母のカタパルトから打ち出されたが、まだ十分な対気速度が得られていないジェット機のようなものだ。しかも水面はわずか20メートル下だ」

ホールに小さく笑い声が起きた。グレアムは士気を落とさないようにとみんなを激励した。「スタートアップの最初の時期には誰でも熱意を使い果たしてしまいがちだ。この時期に創業者はよくパニックを起こす。ユーザーが自分たちのプロダクトを嫌っているんじゃないかという気がしてくるんだ。絶対に——」とグレアムはここで声の調子を一段と高めた。「ユーザーはオレたちのプロダクトを嫌っているのだからもう諦めよう、などと考え始めてはいけない。創業者は感情を抜きにして分析的に考える必要がある。ユーザーはオレたちのプロダクトを気に入ってくれていないらしい。よし、それなら理由を分析しよう。銀行にはまだたっぷり資金がある。なんとかなるさ、という具合に考えるんだ」

グレアムは創業者たちにYCとそして同窓生たちと連絡を絶やさないようにして卒業直後の鬱の時期を乗り切れとアドバイスした。

「YCを卒業しても変わるのは毎週火曜の夕食会がなくなることだけだ。それ以外は今までどおりに続けるんだ。クラスの仲間同士でできるかぎり連絡を絶やさないようにしろ。YCのオフィスアワーも今までどおりきみたちのために開かれているから利用したまえ」

しかし創業者たちは火曜日の夕食会に実際に全員が集まるという点にYCの本質があることを知っていた。YCの学期が終わるということはやはり決定的な変化なのだ。スタートアップの所在地がＹＣのオフィスがあるマウンテビューによほど近くないかぎり、オフィスアワーをたびたび利用することは難しいだろう。

この夏学期に参加するためによその土地から来た創業者たちの大部分は元居た場所に帰っていった。ラップ・ジーニアスはニューヨークに、スナップジョイはボウルダーに、ナウスポッツとアイル50はシカゴに、タイトＤＢはデンマークに戻った。モンゴＨＱもバーミンガムに戻った。新しく加わった共同創業者のカート・マッケイは家族のいるシカゴに帰り、そこからリモート勤務をしていた。バーミンガムのモンゴＨＱのオフィスの壁面には巨大なモニターが設置され、シカゴのマッケイとスカイプで接続されていた。またもうひとりのプログラマーはポートランドからリモート勤務していた。

参加者が増えるのはいいことか

夏学期の終わり近くのある日、グラフィティ・ラブスの創業者たちは学期の参加者が増えたことで交友関係にも変化が起きたことについて話し合っていた。マーク・カンターとティム・サズマンは、会社がサンフランシスコのテイラー・ストリートの12階建のビルにあったＹＣの初期の時代をよく覚えていた。このビルは「Ｙスクレイパー」と呼ばれていたが、それはＹＣが出資する創業者が大勢ここに住居とオフィスを構えていたからだった。ここはサンフランシスコでは数少ない家具付きで月極めで賃貸できるアパートメントだった。ある時点ではジャスティンTV、ウィーブリー、ドロップボックス、ゾブニ、スクリブドをはじめYC出資のスタートアップが13社も入居していた。

サズマンによれば、当時のYC卒業生の会社の雰囲気は今とはまったく違っていたという。「初期の学期の創業者たちはお互いによく知り合っていて、みんな親友になった。全員が他のスタートアップが今何をしているのか知っていた。ヒマがあれば集まっていたものだ」

学期の規模が現在のようにこれほど大きくなっては創業者たちが知り合いになれる範囲も限られてくる。

「火曜日の夕食会の席割りを決めようかと思ったこともある」とカンターは言う。

「それはいくらなんでも小学校みたいじゃないかな」とサズマンは笑った。

カンターは夏学期の160人の創業者のうち、知り合いになれた相手は少数だとこぼした。「電話をかけて気軽に話せるような相手はほんの少ししかない。これは残念なことだ」

「創業者たちの中にはわれわれが知り合いになりたいと思う相手がたくさんいるんですが」とティム。

「ポール・グレアムとお仲間たちはこれについて別に問題は感じていないのかな？」とテッドは言った。

プロフェッショナルのネットワークが拡大すれば、一方で個々のメンバー間の親密な交流は薄れる。このトレードオフで創業者たちにはネットワークの拡大のメリットのほうが大きいというのがグレアムたちの考えなのだろう。また現実のデメリットと昔を懐かしむノスタルジックな感情を区別するのも難しい。

6年間の投資の収支

グレアムはYCをスタートさせてから6年間の投資の収支決算を試みた。最近の投資を除外して2005年から2010年までに投資した208のスタートアップについてみると、YC出資先のうち5社は1000万ドル以上で買収され、20社がそれ以下の額で買収されていた。買収というのは投資の出口、すなわち回収の成功を意味する。スタートアップが買収された際に支払われる金額は議論の余地なく明白な結果だ。まだYC出資のスタートアップは株式上場には成功していないが、上場による資金調達額もまた客観的に明確だ。

しかしYCのベンチャーキャピタルの大部分の投資結果はそれほど簡単には計算できない。そのスタートアップへの直近の投資ラウンドの際にベースとなる会社評価額が指標としてよく利用されるが、あくまで個別投資家とスタートアップの相対の交渉によって決まった額であり、公開市場によって決定された額ではない。そのため投資がその評価額で将来実際に回収できるかどうか、まったく保証はないのだ。そういう点に注意が必要であるものの、グレアムは買収されていないYC投資先のうち、もっとも評価額の高い21社の評価額の合計は47億ドルだと述べた(5)。ただしその大部分はドロップボックス、ただ1社が占めている。ポール・ブックハイトは「YCの投資ポートフォリオはトップの1社の価値が次の199社の価値を合計したより大きく、2位の会社の価値も次の198社の価値の合計より大きい。以下同様だ」と評する(6)。

YCというベンチャーファンドにとって、意味のある会社はドロップボックスというただ1社の異常値だけだともいえるかもしれない。あるいは、YCは出版や音楽のようなひとつの大ヒットに頼るビジネスなのだというのがもっと正確な表現かもしれない。出版ビジネスでは1冊のベストセラーからの収入のおかげでそれほど売れない本が多数出版できる。それと同様に、YCの場合も大成功を収めたスタートアップのおかげで他の創業者たちが出資を受けることができるわけだ。ただし、これも出版ビジネスと同様だが、どのスタートアップが大成功を収めるのかは事前にまったく予測がつかない。だからなるべくたくさんのスタートアップにチャンスを与えることが必要になってくる。

グレアムとYCのパートナーたちは創業者に対して繰り返し「創業者があきらめないかぎりスタートアップは失敗しない」とアドバイスしてきた。しかし創業者の側からすれば、このアドバイスにいつまでも無期限に従っていることはできない。遅かれ早かれスタートアップを失敗から救い出そうとする努力が見合わなくなる時点が来る。しかし一方でアイムインライクウイズユー（iminlikewithyou）のような例もある。このスタートアップはYCの2回目の学期、2006年の冬学期の卒業生だった。これはまさに艱難辛苦が報いられるというハッピーエンドの物語だ。

当初ローンチしたときにアイムインライクウィズユーはオンライン・デートサイトだった。その後、創業者のチャールズ・フォーマンはゲームサイトに変えることにしてOMGPOPと改名した。ベンチャー資金を1700万ドル集めて、35種類ものゲームを開発したが売上は思わしくなかった。2012年の春にはあと数カ月分の資金しか残っておらず瀕死の状態だった。ところがスマートフォン向けゲームのひとつ、ドロー・サムシング（有名なピクショナリーに似ている）が突然に大ブレークした。数週間でダウンロード数は3500万回に上り、ユーザーが描いた絵は10億枚を超えた。売上も一日で10万ドル単位になった。3月にソーシャルゲームの大手、ジンガがOMGPOPを2億1000万ドルで買収した。これはYC出資企業の中で2番目に高額の買収となった(7)。

YCの2011年夏学期を卒業したスタートアップの創業者たちにとって、OMGPOPが失敗の瀬戸際から目もくらむような大成功を収めたことは、苦しい時期を乗り切るうえでの何よりの励ましとなった。

第21章 ソフトウェアが世界を食う

ニューヨーク市長もホワイトハウスも巻き込む

コードアカデミーのふたりの創業者ザック・シムズとライアン・ブビンスキーが、デモ・デーの後、次々に成功を収めていく様子は「プログラミングは万人のものだ」という考えがいよいよ現実化してきたことを思わせた。コードアカデミーは250万ドルと今学期の卒業生の中でも多額の資金の調達に成功したグループに入っていた。2012年1月1日、ふたりは「コード・イヤー」と名づけた新たなマーケティングのアイデアを発表した。コードアカデミーがプログラミングの経験のない人々を招待し、プログラミングを学ぶことを「新年の決意」にしてもらおうというものだった。コード・イヤーに登録したメンバーはコードアカデミーから1年間にわたって毎週プログラミングの無料レッスンが受けられる(1)。

シムズとブビンスキーは有力ITニュースブログのテッククランチにコード・イヤーの紹介記事を載せてもらうことに成功した。しかし知名度を上げるうえでさらに有効だったのは、メンバーに登録したユーザーがそのことを友だちに伝えられる手軽な仕組みを用意したことだった(2)。新メンバーはワンクリックで、フェイスブックに「2012年の私の新年の決意はコードアカデミーでプログラミングを勉強することです！　一緒に始めませんか？」というメッセージが投稿できた。

そして実際驚くほどたくさんの人々が一緒に始めた。48時間以内に10万人がコード・イヤーの「新年の決意」に参加した(3)。3日後には20万人になっていた。参加者のひとりにニューヨークのマイケル・ブルームバーグ市長が加わっていたので話題になった(4)。1月中旬には30万人がサインアップし、さらにはホワイトハウスからも注目された。そのため創業者たちは公式ブログのトップに「ホワイトハウスと連携」というキャッチフレーズを誇らしげに表示した。ホワイトハウスからの推薦まで得られたことはシムズとブビンスキーにとっても驚きだった。なにしろコードアカデミーが必要最小限の機能をなんとか実装してスタートしたのはわずか5カ月前だった(5)。

ジャスティンTVのプロジェクトの行方

ジャスティン・カンたちは、ジャスティンTVの進路を決めるふたつの実験的プロジェクト、ツイッチTVとソーシャル・カムについて、それぞれ独立して運営するのがよいと決断した。ツイッチTVはビデオゲームの配信、ソーシャル・カムはスマートフォンで録画されたビデオの共有アプリで、いずれも有望ではあるがテクノロジーとしてはまったく異なるものだった。ソーシャル・カムは別会社となり、オフィスも別にも用意された。マイケル・サイベルとふたりのエンジニアがジャスティンTVから新しいスタートアップに移った。一方、ツイッチTVはエメット・シアーがそのままリーダーを続け、急速に成長していた。12月にはユニーク訪問者が1200万人になった。これは1年前のジャスティンTVへの訪問者に比べて600％の増加だった。シアーたちはツイッチTVにジャスティンTVの将来があると決断した。社員数も40人を数え、さらに数週間のうちに20人が増えることになった。つまり1年前のジャスティンTVの3倍になるわけだ。

新しい学期のスタート

1月3日の火曜日はYCの2012年冬学期の最初の夕食会だった。

YCでは以前から学期の最初の夕食会に成功した卒業生を何人か招いて短いプレゼンをさせ、質問に答えさせることにしていた。今回は7人の卒業生が招かれていた。ヴィドヤードのマイケル・リット、マイルセンスのテホ・コテ、パースのティコン・バーンスタム、ラップ・ジーニアスのトム・レーマンの4人は今年の夏学期の卒業生だった。

「最初の夕食会にようこそ」とポール・グレアムが講演者たちを紹介する前に言った。「これから紹介する連中はきみたちのようにYCに入ってきた当初に知っていれば助かったのにと思うようなことについて話す。しかしこの連中にしてもここに座っていたときに、その先輩から同じような話を聞いていたのだな。しかしちゃんと聞いていなかったのだ。だからきみたちはしっかり聞いたほうがいい」。ここでグレアムは声を落とし、下をむいてひとりごとのフリをして言った。「まあ、いくら言ってもムダだろうが」

それからグレアムは２０１２年冬学期についていくつかの数字を挙げた。「今回はわれわれが主催する14回目の学期になる。これまでにわれわれは３８３のスタートアップに投資してきた。創業者の総数はぴったり８００人だ。「今回は２０２７件の応募から66のスタートアップを選んだ。前回は２０８９件の応募から64チームを選んだ。つまりこの面では条件は前回とほとんど変わっていない」

グレアムは女性の数については言及しなかった。またいわゆる「白人とアジア人の男」以外のグループに属する人数についても触れなかった。実際には夏学期のふたりに対してこの学期には９人の女性が参加していた。前回はゼロだったアフリカ系アメリカ人も４人が参加していた。もちろん前回と今回の比較だけではトレンドを占うわけにはいかなかったが、すくなくとも学期ごとに参加者には相当の変化があるということはいえた。

創業者のひとりはジャスティン・カンの弟、ダニエル・カンだった。ダニエルが２００９年にサンフランシスコ周辺に引っ越してきたときにはスタートアップを始めるつもりはまったくなく、実際周囲にもそう語っていた。しかし彼はあるスタートアップで働き始め、兄やシアーとその仲間とも長い時間を過ごすようになった。環境が社会的規範にも大きく影響する。「友だちがみな金融会社に勤めるようだったら自分も金融会社に勤めることになる。みながスタートアップを始める環境にいれば自分もスタートアップを始めることになる。そういうことは普通に起きる」とシアーは言う。ダニエルは特に意識してスタートアップ生活に身を浸したわけではなかったが結果は同じことだった。そういうわけで彼もまた今はYCに参加していた。

共同創業者は兄のジャスティンだった。グレアムは「YCのパートタイムのパートナーのジャスティン・カンが今回は創業者として参加している。ジャスティンはもうひとつスタートアップを作りたくなったようだ」と紹介した。カン兄弟ともうひとりの創業者はサンフランシスコで「エグゼック」というスタートアップを立ち上げていた。これは一種のオンライン便利屋サービスで、10分間でほとんどどんな仕事でもこなす人間を見つけられるようにするというものだった。

「ジャスティンを創業者として迎えられて実にうれしい。諸君はオフィスアワーで先輩たちの相談に乗っていた男が実際にどういう仕事をするか初めて見るという光栄に浴するわけだ」とグレアムはジョークを飛ばし、笑いを取った。

実際にはエグゼックはジャスティン・カンにとって3度目のYC学期への参加だった。この冬学期にはソーシャル・カムのマイケル・サイベルも参加していた。YCへの参加はこれが2度目だ。グレアムは彼と他に6人のYC出身創業者を紹介した。

今回も各スタートアップには転換社債で15万ドルが投資された。スタートファンドとSVエンジェルに加えてアンドリーセン・ホロウィッツも新たに出資者に加わっていた。

「デモ・デーは3月28日だ。今回のデモ・デーはコンピュータ歴史博物館で実施する」とグレアムは宣言した。夏学期のデモ・デーはYCのメインホールで開催されたが、室温が30度にもなって参加者は閉口した。「あれはまずかった」とグレアムは認めた。夏学期のデモ・デーには近所から苦情が出たのだが、他所で実施すればこの問題も解決する。

「デモ・デーまであと88日だ。夢中で働かなきゃならないときがあるとすれば今だ。Yコンビネーターに参加するメリットのひとつは付き合いを断れることだ。何であれきみたちの時間をムダにしようとする誘いには『悪いが、Yコンビネーターに参加しているんだ。目を覚ましてから寝るまで仕事をし続けていないと減点されてしまう。だから付き合えないんだ』とこう言ってやれ。みな納得するだろう。便利じゃないか」

巨大で面白い市場を見つけろ

この晩のゲストはさまざまな側面からのアドバイスを話した。資金調達と人材採用の話が多かったが、学期に参加したばかりの創業者たちには縁遠いものに聞こえたかもしれない。その中でティコン・バーンスタムはスタートアップの基本となるアイデアの選択について話した。その場にいる創業者たちはもちろんすでにある選択をすませているわけだが、彼のアドバイスを聞いてあらためて考えなおす創業者もいただろう。

「パースのティコンです」とバーンスタムは始めた。「みなさんがモバイルで何かやるときはぜひパースを使ってください」。この夕食会の参加者でパースを知らないものはおそらくひとりもいなかっただろう。スマートフォン・アプリの開発を目指していない人間にも名前は有名だった。パースは前の学期で700万ドルという最高額の調達に成功したスタートアップだったが、バーンスタムはその点については敢えて触れなかった。しかし彼は自己紹介の中で2006年にスクリブドを共同で創業したことは述べた。

「有能で頭がよく石のような決意を持つ創業者でもなぜ失敗するのかということについて話しましょう。私の学期の最初の夕食会ではドロップボックスのドルー・ハウストンが来て素晴らしい話をしてくれました。そのときドルーはふたつの非常に重要な点について話したんですが、これは今でもあまり理解されていないような気がします。第一に、スタートアップが成功するためにはものすごく広大な市場が必要であるということ。次に創業者がその市場にフィットしている必要があるということ」

バーンスタムは、あまりにも当たり前で耳にタコな話と思うだろうが、残念ながら大半の創業者はこの点を無視していると言った。

「しかし面白い市場を見つけるのは実はやさしいんです。インク誌の500社リストを眺めて、いちばん速く成長している会社がどれか探すだけですぐわかります。ファイル共有サービスはものすごくビッグなマーケットで多くの会社が急成長中です。中にはくだらない会社もある（といって数社の名前を挙げた）一方で、ドロップボックスやエアロFSのような（どちらもYCの卒業生だ）のようなすばらしいサービスもあります。なんにしてもスタートアップの数が多いということがこの市場の巨大さを示しています。

そういうマーケットであれば、必ずしも最高レベルのサービスでなくても参入できます（といって彼はさらに何社かの例を挙げた）。重要なのは次の3点です。コストを安上がりにすること。次にニッチを探すこと。でなければ、これが3番目ですが、既存のライバルより10倍優れたプロダクトを開発すること。ドロップボックスは3番目の例です。しかしたいていのスタートアップは1番目と2番目の道を行くしかなかったのです。

実は何かを最初に始めるということにはそれほど大きな意味はありません。ドロップボックスはクラウドでのファイル共有とバックアップ・サービスのパイオニアではありませんでした。そんなことをいえばグーグルだって最初の検索エンジンではなかったのです（バーンスタムはフェイスブックも最初のソーシャルネットワークではなかったと付け足してもよかっただろう）。

たとえば割引クーポン共同購入サービスです。誰もが知っているグルーポンやリビング・ソーシャル以外にも共同購入サービスの会社は無数にあり、膨大な売上がある。そのほとんどは何も独自のアイデアがないつまらないクローンです。一方で前の学期の卒業生のコードアカデミーは教育と人材養成の分野のすばらしいスタートアップです」

創業者がその市場に向いているかどうかは普通は自明だが、ときおり創業者が自分自身を欺くことがあるから注意しなければならないとバーンスタムは警告した。部屋を埋めているハッカーたちのほとんどはTシャツやフリース姿だったが、バーンスタムは「ファッション産業について考えてみよう」と言った。「この部屋でファッション産業に向いている創業者は5、6人しかいないでしょう(6)。私が2006年にYCに参加していたときのルームメイトふたりは根っからのハッカーでしたが、ファッション関係のスタートアップをやっていました。しかしどう見てもその分野には向いていなかった」

自分の直感を信じろ

「マイクです」とヴィドヤードのマイケル・リットが自己紹介した。「ヴィドヤードは簡単にいえばビジネス向けユーチューブです。ビジネスで使うビデオを使うのだったら、マーケティングであれツールであれ、ビデオプレイヤーであれ、われわれのところで必要なものが見つかるはずです」

YCに参加していたときリットと共同創業者は意識的に仕事以外のあらゆる脇道を避けた。「われわれは〔シリコンバレーの南端の〕ロスガトスに引っ越しました。プールとジャグジー付きの大きな家を借りました。われわれは家族にも友だちにも恋人にもこの時期には一切連絡しないと言っておきました。この3カ月、というつもりだったのが結局5カ月にもなってしまいましたが、その間、われわれはずっと家に閉じこもって仕事をし、家族の集まりにも、パーティーにも出ず、とにかく一切の社交を絶ちました」

リットはそんな生活が健全ではないことを認めた。しかしできるかぎり集中することはとても重要だとリットは言った。「なぜならデモ・デーはスタートアップにとって得がたいチャンスだからです。200人から300人もの有力投資家にプレゼンできる機会なんてほかに絶対ありません。YC以外でスタートアップを始めた友だちがたくさんいますが、誰もこんなすばらしい投資家へのプレゼンはできませんでした」

話を聞いていた創業者のひとりが「自分自身の直感ではダメだと思ったのに結果は良かったという経験はありますか?」と質問した。

グレアムが最初に答えて「おぉ、それは面白い質問だ」と言った。「というのはこの夕食会にはたくさんの人間が来て話をするが、Q&Aで私自身が尋ねるのは『当時知らなくて今知っていることは何だ?』という質問だ。それでいちばん多い答えが『自分の直感を信じること』だというのだ」。質問者はおそらく「重要な判断をするときには直感などは無視せよ」という答えを期待していたのだろうが、グレアムのコメントはそれとは反対の方向だった。

「創業者が重要な人物や有力企業と提携できたとする。さあ、しめた、これで前途は洋々だ、と思うわけだが、そういうときに創業者の胸の中に声にならない不安がきざすことがあるのだ。そういうときは立ち止まってその不安の中身をしっかり見極めなくてはいけない。YCに来て話をする連中は口を揃えて『若いころ、もっと自分の直感に従っていたらよかったのに』と言う。別に経験を積んだからといって直感が鋭くなったわけではないだろう。しかし自分の直感を信じる自信がついたのだな」

リットは直感に従わずにうまくいった経験を話した。「デモ・デーの後、グーグルの事業開発者が会いたいと言ってきました」

グレアムが割り込んで「事業開発というのはきみらの会社を買収するのが仕事の部署だ」と説明した。

リットが話を続けた。「みんなに『会うな』と言われました。私も直感的には会いたくないな、と思いました。しかし出かけて行って会いました。しかしものすごく警戒してわれわれが何をやっているかほとんど何もしゃべりませんでした。で、そのことを投資家のひとりに話たんです。すると投資家がその話を誰かにしゃべり、あっという間に私がグーグルの事業開発と会ったという噂が広がりました」。すると投資家がリットのところに押しかけてきて「きみらはグーグルの買収を断ったそうじゃないか」と言うようになった。リットは「会ったことは会った」と認めた。それで十分だった。「噂は山火事のように広まって、投資家の投資意欲を大いにかきたててくれたわけです」

投資家は選り好みが激しい

YCは夏学期のスタートアップに対して資金調達状況についてのアンケートを行った。その結果は、投資家はやはり選り好みが激しいということだった。単にYCに参加できたというだけでは資金調達には不十分だった。スタートファンドとSVエンジェルからの15万ドルの資金があるので、どのスタートアップもすぐに閉鎖の危機に直面するおそれはなかった。しかし63チーム中の12チーム、つまり5チームに1チームは追加の資金調達ができずにいた。7チームは1万5000ドルから6万ドルという少額の資金を得ていた。

しかし一方で投資家の興味を強く引きつけたスタートアップの資金調達は非常に順調だった。アイル50は260万ドルを調達し、さらに326万ドルの投資を受けた。夏学期のリーダー格、パースは700万ドルの資金を獲得していた。当初の15万ドルに加えてさらに投資を受けることに成功した51チームの追加調達額の中央値は85万ドルだった。

資金がいつまで保つかは基本的にひとつの要因による。それはスタートアップが早期の黒字化をめざして大量に人員を採用するかどうかにかかっている。社員を雇わず、創業者たちが自身の労働だけに頼っていれば、人件費はその生活費だけだ。当初のアイデアが有効か検証する時間も十分取れるし、場合によっては最初のアイデアを捨てて別の道を探ることもできる。

友だちをつくれ

冬学期の創業者たちのお楽しみの時間が始まった。

「イェーイ！　最近どお？　ぼくはラップ・ジーニアスのトムだ。われわれはラップの歌詞の解説をクラウド・ソースするウェブサイトをやってるんだ」。トム・レーマンは生まれながらのショーマンだった。夏学期のデモ・デーと同様、今回もレーマンが激しい身振りを交えながら熱っぽく語り始めると聴衆は一気に惹きつけられた。

「学期の最初の夕食会に呼ばれて話をするというのはジンと来るね。ぼくのYコンビネーターの最初の夕食会を思い出すよ。ぼくは後ろのそこの隅っこに座っていた」。レーマンはドアからいちばん遠い奥の端を指さした。「ぼくは共同創業者と一緒に座って『ここじゃ誰も知り合いがいない。なんか緊張しちゃうな。リラックスしなくちゃ』とか思っていた。そういうわけで、せっかくここに戻ってこられたんだから、気分をリラックスさせて新しい友だち作りの手伝いをしよう。それじゃみな立ち上がって、自分の共同創業者以外の誰かをハグしてください」。笑ってはいるが、誰もすぐには動こうとしなかった。「真面目な話だ。さあ、やるんだ！」とレーマンは命令した。「これはジョークじゃない。ぼくは本気だぞ」

奇跡は伝染する。みな立ち上がって笑いながら見知らぬ相手とハグし合った。

全員が座るとレーマンは話を続けた。「今のハグだけど、これはきみたちみんながYコンビネーターに来てまずやるべきことを象徴しているんだ。つまり少々気恥ずかしくても心を開いて友だちを作る。だからド派手なスパイキーヘアのガキがいたり、YC卒業生のスタートアップのスター起業家がいたりしても、神経質にならないこと。どんどん近づいて友だちになろう。全員に声をかけて話をしよう。全員を友だちにするんだ」

レーマンの参加した学期も今回と同じくらい多人数が参加しており、すべての創業者と親しい友だちになるのはもちろん不可能だった。「それでも全員に声をかけて一言二言話すことはできる。だから全員に笑顔で自己紹介すること」

レーマンはYCの同期生でミーティアの創業者のジェフ・シュミットと親友になった話をした。「やつはすごく背が高くて、いつもぴかぴかの銀色のジャケットを着てたんだ。『あのジャケットにはなんか意味があるのかな？　こいつどんなやつなんだろう？』と思ったね。『ずいぶんクールそうなやつだけど学校はどうしたんだろう？　おれと友だちになってくれるかな？』ところが2カ月後にはもう親友になっていた。通りの反対側から大声で（とレーマンは本当に大声を出して）『ジェーフ！　おーい！（ここでレーマンは自分が着ている女物のアディダスの蛍光グリーンのウィンドブレーカーの襟を引っ張ってみせた）オレもへんてこなジャケットを買ったぞー』ってね。みんなにさっきハグしてもらったもうひとつの理由は純粋にもっとハグし合うべきだと思うからだよ。

共同創業者の間の関係はたまたま作っているプロダクトより重要だ。プロダクトを作るのと同じくらいの熱心さで共同創業者との関係も作っていかなくちゃならない。関係を深めるのにいい方法はふたつある。好意を持っていることをいつも示すこと。あとは毎日一緒にジムに通うこと。本当だよ。1週7日一緒にジムに行くといい。ぜひ試してみよう。とても大事な話だ。ハグしてもらったのにはもうひとつ、3番目の理由がある。それは不安定な状況を作りだすこと。ぼくは誰とハグしろとは指定しなかった。みんなは誰をハグするか決めなきゃならなかった。でもハグしようとした相手が別の人間をハグしようとしていたりする。そうなるとちょっと気まずいというか、そういう気分になる。この不安定で先の見えない気持ちがYコンビネーターでビジネスを追求するときの気持ちによく似ているんだ。みんなはこの気持ちに慣れていかなくてはならない。こういう先の見えない状態で自分に代わって物事を決めてくれる人間なんか誰もいないんだ。そう、Yコンビネーターではパートナーや外部の専門家がアドバイスしてはくれる。きみたちは『なんか困った状況になったらYCのアドバイザーが何をしたらいいか教えてくれて、もやもやが晴れる』と思ってるかもしれない」

レーマンはそういうわけにはいかないのだと強調した。オフィスアワーは創業者が自ら難しい決断をする責任を逃れさせてはくれない。「難しい問題に直面して、それぞれの選択肢の利点、欠点をよく考えてみてもどちらにすべきか判断できないことがある。そういうときにどちらかに決めるのは自分しかいない」とレーマンは言った。

「ぼくたちがYコンビネーターにいたときに直面した難問はラップ・ジーニアスをラップ以外の分野にどうやって拡張するべきかということだった。ラップ・ジーニアスはもちろんラップ・ミュージックのファンのためのサイトだ。しかしぼくたちはこのサービスをあらゆるジャンルの歌詞、歌詞だけじゃなくあらゆる種類の文章の解説サービスに拡張したかった。そのためにはどうすればいいか？　ひとつの方法は全部をひとまとめにした大きなサービスを作ってミュージック・ジーニアスとか何とか名づける。もうひとつの方法は、ロック・ジーニアス、カントリー・ジーニアスといった具合にラップ・ジーニアスと並べて小さいサイトをいくつも作る。これは本当に難しい問題だった」

レーマンは続けた。「ぼくたちは夕食会の前にポール・グレアムに会いに行って『ポール、どうしたらいいと思いますか？』と尋ねた。するとポールは一瞬考えた後、こう言った。『オーケー、こうするんだ。全分野をひとまとめにしたサイトを作ってデフィネータ・コムと名づける』〔デフィネータは何かを最終的に定義する人や物を表す俗語〕。そこでぼくは『でもデフィネータってあまりいい名前じゃないように思うな』と言った」。聴衆から笑いが起こった。

「ぼくたちのサイトに来るのはまずラップ・ファンだ。それがデフィネータじゃ戸惑う。それにデフィネータってデフィケータ〔脱糞する〕に音が近すぎる」。また聴衆が笑った。

「でも、ポール・グレアムと別れた後、ぼくが何をしたと思う？」とレーマンは聴衆に尋ねた。

「ぼくはデフィネータとつくドメインを片っ端から買った。Definator.com、Definator.net、

Definator.org、Definator.co.ukとかなんとかみんな買った。なぜだと思う? ポールには信じられないくらいのカリスマがあったからだ。ポールが『こうしろ』と言ったときのオーラはすごいもので、まったく自信の塊だった。ポールがそのときどんなデタラメな名前を思いついてもぼくはどのドメイン名も片っ端から買ったと思うね」

新入生たちはレーマンとグレアムがこの後でどんなやり取りをするのか想像してまた笑った。「この話の教訓は、創業者はこういうカリスマというかオーラを持っていなければいけないということだ。自分の現実に他人を、特に投資家を巻き込んでしまう力がなくてはダメだ」

レーマンはそこから結論に入った。「それで、まとめるとこういうことになる。まず、少々気後れがしても、どんどん人と会って友だちをたくさん作る。第二に、共同創業者をハグする。学期の仲間を愛する。第三に、エキスパートが自分に代わって問題を解決してくれるなどと信じない。第四に、強いオーラを放てるようにしなければいけない」

レーマンとラップ・ジーニアスの仲間たちもカリスマに欠けていなかった。だからそうしたカリスマに欠けているタイプの創業者たちはレーマンの話をいくら楽しんだにせよ、そこからすぐに実益を引き出すのは難しかっただろう。しかしこれから3カ月ポール・グレアムのカリスマに接する機会はたっぷりあるわけだった。

グレアムはこのスタートアップ学校を創立した。グレアムとパートナーたちが、創業者たちに大きな影響を与えるのはもちろんだ。しかしYCの同級生たちがお互いに影響を与え合うのと同様、ＹＣの卒業生たちもまたＹＣという学校での体験に影響を与えている。会社を存続させるために苦悩している創業者にとって、同じ目標に向かって戦っている同期生は何にも代えがたい心の支えなのである。

スタートアップを可能にするのはハッカーと金持ち

グレアムの考えでは、スタートアップは農業の発明、都市の発達、工業化と同じぐらい大きな衝撃を経済システムにもたらす革命だ。だが、他の革命は世界各地に広がっていったのに、スタートアップ革命はなかなか再現できていない。経済の発展のためにはその地域ごとに電力網や交通網が整備される必要があるが、ソフトウェアの場合、そんな必要はない。どんな国でも地域でもソフトウェア会社を起業することは可能なはずだ。しかしなぜかスタートアップは特定のハブ地域に集まる強い傾向がある。それはその地域にスタートアップに必要な要素のすべてが揃っているからだ。

「テクノロジーのハブを作るには2種類の人間さえいればよい。金持ちとハッカーだ」とグレアムは2006年に書いている。「スタートアップという存在を可能にするにはこれらの人々が必要だ。スタートアップが生まれるときにその場にいる必要があるのはこの2種類の人間だけだ。他の人間はどこにいてもよい」(7)

グレアムはピッツバーグで育ち、コーネル大学で学んだ。だからピッツバーグにもコーネルにもスタートアップに挑戦できるハッカーがたくさんいたことを見ていた。しかしこの地域にはスタートアップに投資する人間が誰もいなかった。「なぜなら金持ちはピッツバーグにもイサカにも住みたがらないからだ。逆にマイアミには金持ちはたくさん住んでいるがハッカーがいない」とグレアムは言う。

「ハッカーが集まるのは優れたコンピュータ科学部がある大学の周辺で、かつ変人を許容してくれる文化を持った地域だ。優秀なハッカーの多くは変人だ」

それでは他の都市もスタートアップのハブに必要な要素を移入することができるだろうか？「ニューヨークなどの都市を第二のシリコンバレーにすることはできるだろうか？」という問題にもグレアムは2006年に考えを述べている。

「テクノロジー・ハブを作るのに必要な種類の人間をその都市に1万人集めてくることさえできれば可能だ。いや、場合によっては500人でもいい。もし私に人選を任せてくれるのなら30人でもいいかもしれない」とグレアムは書いた(8)。3年後にグレアムは「自治体が1000のスタートアップに100万ドルずつ出資すればよい」と言った。必要な資金は一見そう思われるほど巨額ではない。

「野球やフットボールのスタジアムを建設する程度の額だ。住み心地のいい都市なら、どこであれその程度の投資で世界的なスタートアップ・ハブになれる(9)。しかしスタートアップのハブを目指す都市はハッカーたちの手に負えない気ままさを許容できなくてはならない。しかしこの手に負えない気ままさこそアメリカの本質でもある。だからこそシリコンバレーはフランスでもドイツでもイギリスでも日本でもなくアメリカに存在するのだ。こうした国々では人々は塗り絵を塗るように決められた枠組みの中でしか活動したがらない」(10)

アメリカでビジネスでの失敗はまったくありふれたことだ。しかしグレアムは以前からスタートアップを始めるのに向いている人間はごく少ないと主張している。しかも誰が向いているのかを事前に知る方法はない。誰が優れているかを知る唯一の効果的な方法はたくさんの人間にスタートアップをやらせてみることだ。

「失敗のリスクが許容できる人生の段階にいるなら、スタートアップで成功できるかどうかを知る唯一の方法は実際にやってみることだ」とグレアムは言う(11)。

無限の可能性

スタートアップを始めるのにもっとも適した国はアメリカであり、アメリカの中でもシリコンバレーがもっとも適しているというのがグレアムの信念だ。シリコンバレーのスタートアップ世界の中心人物のひとりの考えとしてはむしろ当然だろう。しかし、この見方はソフトウェア産業がコンピュータ産業の一部門という枠を超えて巨大化した現実を十分に考慮に入れているとはいえない。今やソフトウェアはあらゆる産業のバックボーンとして普遍化している。いわばソフトウェアが世界を食ってしまおうとしているのだ。この膨大な経済的な力がただ一地域のプログラマーだけによって支配されるなどということはありえないだろう。

考えてみれば、野心的な若者たちにソフトウェア・スタートアップに挑戦することを魅力的に思わせることに大いに貢献したグレアム自身のスタートアップ、つまりYコンビネーターもシリコンバレーから遠く離れた場所で誕生したのだった。この数年、スタートアップを育成するアクセラレーターやインキュベーターがイギリス、アイルランド、スペイン、フランス、ドイツ、フィンランド、スウェーデン、デンマーク、ギリシャ、ヨルダン、ドバイ、中国、台湾、シンガポール、インド、オーストラリア、ニュージーランド、フィリピンなど世界中のさまざまな場所に出現した(12)。グレアムとパートナーが2005年にYコンビネーターという多数のスタートアップに同時に投資する仕組みを作ることができたのは、その前後からソフトウェア・スタートアップを始めるためのコストが劇的に低下したからだ。それ以後、多くの人々がこのアイデアに注目した。

なるほど製品として通用するレベルのプログラムが書ける能力は素人がコードアカデミーで何回かレッスンを受けたくらいで身につくものではない。しかし、1990年のいわゆるドットコム・バブルの時代に比べたらソフトウェアを作る能力は桁違いに広い範囲に普及している。現在では学部学生でさえ、本人が勉強熱心であれば、ウェブやモバイルの複雑なアプリケーションを驚くほど短時間で完成させることができる。ソフトウェア・スタートアップを起業してベンチャーキャピタルの門を叩くために、マイクロソフトやオラクルのような大企業で5年、10年と下積み生活をする必要はまったくない。年齢や経験年数は優れたソフトウェアを書くうえで何の関係もないということをテクノロジー世界に広く認識させたのがほかならぬYコンビネーターだった。

Yコンビネーターが支援した創業者の中にはスタートアップを始めてからプログラミングを学んだものもいた。また若者でなくてもプログラミング技術を身に付けることができるという希望を与える例もあった。マーク・アンドリーセンの「ソフトウェアが食う」という発言はまだ世界中の常識にはなっていないかもしれないが、ソフトウェアが世界の中心になりつつあるという感じは漠然とではあれ、広く共有されている。たとえばコードアカデミーがスタートと同時に熱烈な歓迎を受けたことは、ソフトウェア化しつつある動きをただ傍観するのではなく、なんらかの形でそこに参加したいという思いが世界のいたるところで広がっていることを示すものだ。

何かが始まるとき、そこには必ず希望がある。「ソフトウェアが世界を食う」という強力な力が背中を押すことに助けられてYコンビネーターは同時に何十という始まりを実現させている。このことは、Yコンビネーターの創業者たちに将来、大きな役割が与えられることを予感させるものだ。

謝辞

まずはポール・グレアムとジェシカ・リビングストンに感謝する。ふたりがYコンビネーターの活動を自由に内部で取材することを許してくれなければ、この本は生まれなかった。相当な負担であったにもかかわらず、こちらが求めるおびただしい数の情報提供の要求に応えてくれた。また他のYコンビネーターのパートナーとスタッフ、サム・アルトマン、トレバー・ブラックウェル、ポール・ブックハイト、ケイト・クートー、アーロン・イバ、カースティー・ナトゥー、ジェフ・ラルストン、レネ・ロビンソン、エメット・シアー、ハルジ・タガル、ゲリー・タンにも感謝する。YCに暖かく迎えて入れ、数々の助力をいただいたことに感謝する。

YCの2011年夏学期に参加した創業者のみなさんも私を歓迎してくれた。実に寛容で忍耐強いグループだ！　生まれたばかりのスタートアップを育てようとする重圧のなか、私が周囲をうろつき、さまざまな面倒な質問をすることを許してくれた。数多くの重要な仕事を抱えているにもかかわらず、創業者たちは私のために貴重な時間を割いてくれた。私がオフィスアワーに同席し、アパートを訪問し、しつこく質問を繰り返すのを快く許してくれた創業者のみなさんにも心から感謝したい。

訳者あとがき

本書はIT系スタートアップに少額を一括投資し、助言を与えて育成するというビジネスモデルのパイオニアであり、もっとも成功しているベンチャーファンドのひとつであるYコンビネーター（YC）に長期間密着取材したノンフィクションだ。

著者のランダル・ストロスは1954年生まれで、ニューヨーク・タイムズ紙に「デジタル・ドメイン」というコラムを連載しているベテランのビジネス・ノンフィクションのライターだ。サンノゼ州立大学ビジネススクール教授でもある。しかしその経歴は一風変わっている。もともと歴史学者を志望してスタンフォードの大学院で近代中国史を研究、台湾と南京に留学して博士号を取得した。ところが、中国とアメリカのビジネス関係についての本を書いたことがきっかけで、ビジネス・ノンフィクションのライターに転身した。「歴史家の手法で現在のビジネスを描く」のが作風だ。

2000年に出版された『eボーイズ―ベンチャーキャピタル成功物語』（日本経済新聞社刊）は、それまで一般に知られることがほとんどなかったベンチャーキャピタルの内幕を長期密着取材によって明かした好著だ。今や世界最大のネットオークションサイトとなったイーベイの上場をめぐる動きを描いた部分は、２０１２年のフェイスブック上場を先取りしていて、たいへん興味深い。ストロスはその後グーグルにも長期密着取材して『プラネット・グーグル』（日本放送出版協会刊）を書いている。これらの長期取材によって得たＩＴ系ベンチャー企業を取り巻くエコシステムについての知識、情報源の人脈が本書でも存分に生かされている。秘密主義で有名なＹＣの創業者、ポール・グレアムがドアを開いたのも、こうした実績によるものだろう。

８００人の卒業生がイノベーション

ＹＣは２０１２年夏学期までに合計３８３のスタートアップに投資し、創業者の総数は８００人になったという。２００５年から２０１０年までに投資した２０８のスタートアップのうち、もっとも評価額の高い21社の評価額の合計は47億ドル（４４００億円）だ。２００５年にグレアムと友人たちが数万ドルのポケットマネーで始めたベンチャーファンドとしては、驚異的な成長と言えるだろう。

ＹＣ出身で現在最大の成功を収めているのはドロップボックスというスタートアップだが、このサービスを利用している読者も多いことと思う。２００７年に、マサチューセッツ工科大学の学生だったドルー・ハウストンによって創立されたサービスだが、パソコンやスマートフォン上のファイルを自動的にインターネット経由でサーバーに保管してくれる。ユーザーがバックアップのためにいちいち操作する必要がない上、パソコンやスマートフォンで保存したファイルを別のパソコンやスマートフォンで自由に開いて編集できる。ドロップボックスは2012年にベンチャーキャピタルから2億5000万ドルという巨額の資金を調達するまでに成長している。

さてここまで「スタートアップ」という言葉を説明なしに使ってきたが、これは単に新しく創立されたベンチャー企業という意味ではない。スタートアップは爆発的に成長可能な潜在的市場を発見し、開拓することを目的とするベンチャー企業だ。グーグル、フェイスブックはIT系スタートアップとして登場し、わずか4、5年のうちに世界的な巨大企業になった。ツイッターは現在スタートアップから大企業への過渡期にあると言えるだろう。モバイル写真共有サービスのインスタグラムは創立からちょうど2年後に10億ドルでフェイスブックに買収された。ドロップボックスは創立後5年で40億ドルの会社評価額を得たという。このような急速な成長が可能な分野をターゲットとするのがスタートアップだ。

個性豊かなパートナーたち

本書はスタートアップが育成されるエコシステムを主に人の面からとらえたものだと言える

だろう。グレアムは「25歳、独身のハッカー（コンピュータ・エンジニア）が起業に最適だ」と言うが、本書に登場する100人近い創業者群像に目を通すと、高校生の少年から家族持ちの中年まで人物像は驚くほど多様だ。またプログラマー以外の創業者も多い。共通するのは強烈な熱意だけと言ってよい。それらスタートアップの創業者の群像は本文をお読みいただくとして、ここではもう一方の主役、YCの創業者について、少し詳しく紹介しておこう。

まずポール・グレアムは成功した創業者であるだけでなく、現在のコンピューティングのあり方に非常に大きな影響を与えた人物だ。

ほんの10年前まではパソコンのアプリケーションといえば、CDとマニュアルがセットになってボール紙の箱にシュリンクラップされているのが常識だった。しかし今は、事情がすっかり変わった。アマゾンや楽天のオンラインストア、グーグルが提供するGメールやグーグル・マップ、グーグル・ドキュメントなどはいずれも非常に高度な機能を備えたアプリケーションだが、ユーザーがプログラムをダウンロードしたりインストールしたりする必要はない。プログラムはサービス運営会社のサーバーに存在している。ユーザーはパソコンのブラウザからインターネットを通じてそのプログラムを遠隔操作している。マイクロソフトでさえ今やワードやエクセルなどのオフィス・アプリケーションをブラウザで利用するサービスを提供し始めたほどだ。

このアプリケーションのウェブ化のパイオニアのひとりが、ポール・グレアムだ。グレアムはコーネル大学とハーバードの大学院でコンピュータ科学を学んだ後、いっとき画家になろうとしていたという。しかし芸術家としてのキャリアは思うにまかせず、1995年にロバート・モリスとトレバー・ブラックウェルという友人のプログラマーを誘って、オンラインストア・システムの開発を始めた。グレアムはいろいろな理由でマイクロソフト・ウィンドウズのプログラム開発を嫌っていた。しかしビジネス・ユーザーが相手では、ウィンドウズをプラットフォームとして選ぶ以外に選択肢はない。

ある日、グレアムに「プログラムをサーバー側に置いてユーザーがウェブブラウザを通じて操作できるようにすればよい」というアイデアがひらめく。そうすればウインドウズ・プログラムは1行も書く必要がない。これがヴィアウェブというオンラインストア・システムになった。ウェブを通じて（ヴィア）動くというので端的にそう名付けたのだという。日本の楽天も一時ヴィアウェブの買収に興味を示したとグレアムは語っている。艱難辛苦の末、1998年にヴィアウェブはヤフー！（アメリカ本社）に5000万ドル相当で買収された。

その後グレアムは、コンピュータ言語ＬＩＳＰの権威として教科書やハンドブックを出版する一方、ブログでスタートアップの起業やプログラマーの文化などについて記事を書いて人気を得る。この時期のエッセイは『ハッカーと画家』（オーム社刊）という本にまとめられてベストセラーになった。日本でもプログラマーやコンピュータ科学の専門家の間で、グレアムのエッセイのファンが多かったと思う。私も当時ウェブでグレアムの軽妙で歯に衣着せぬエッセイを面白く読んだ記憶がある。つまり当時のポール・グレアムは、ドットコム・バブルで一挙に大金持ちになった芸術家肌の天才プログラマーでエッセイも書く才人と認識されていた。

ところが、私が2006年からITニュースブログであるテッククランチの翻訳に関わるようになったところ、ポール・グレアムの名前を「Yコンビネーターの創業者」としてたびたび目にするようになった。さらに、そのイメージは「芸術家肌のマルチタレント」とはだいぶ違う。むしろ若い創業者を厳しく鍛えあげるカミナリ親爺、「スタートアップ虎の穴」の鬼コーチ、という雰囲気だった。さてどっちが本当のグレアムなのか？

実はカミナリ親爺も天才芸術家も、どちらも本当のグレアムで、さらにただのカミナリ親爺ではなく、本当に若い創業者たちを愛する人情家だということもこの本を翻訳するうちにわかってきた。グレアムの妻で共同創業者のジェシカ・リビングストンは、「(YCは) 私達にとって夢の仕事です」と語っているが、たしかにそうなのだろう。ドロップボックスの爆発的成長で投資事業としても成功を収めたが、初めからそうなる確信があったわけではなかったようだ。リビングストンはインタビューでYC創立のプロセスを尋ねられて、「そんなものはありませんでした。それは実験として始まったのです。私たちは多くの人が暇な夏場を使ってスタートアップ数社にまとめて投資をしようと考えました」と答えている(『Founders at Work 33のスタートアップストーリー』(アスキー・メディアワークス刊)。だが、実験は成功し、ヴィアウェブの仲間、ロバート・モリスとトレバー・ブラックウェルも参加する。

このロバート・モリスも、ある意味でインターネットの歴史に残る人物だ。クリフォード・ストールの『カッコウはコンピュータに卵を産む』（草思社刊）は、カルフォルニア大学バークレー校の若き天文学者がふとしたきっかけからKGB（ソ連国家保安委員会）に雇われたコンピュータ・スパイを追跡するという手に汗握るノンフィクションだが、その中にストールにスパイ捜査への協力を求めて接触してくるアメリカの秘密情報機関NSA（国家安全保障局）の主席科学者、ロバート・H・モリスという人物が登場する。スパイ事件が一応の解決を見た後、ストールがエピローグを書き始めたところで突如、ワームという新しいマルウェアが猛威を振るい、1988年当時のインターネットのかなりの部分をダウンさせ、パニックが起きる。

ワームというのはインターネットを介して他のコンピュータに侵入し、プロセスを自己複製して拡散を続けるプログラムだ。ウイルスに似ているが宿主となるファイルを必要としない点が新しかった。この最初のワームを書いて拡散したのが誰あろう、NSAのロバート・H・モリスの息子で、当時コーネル大学の大学院生だったロバート・T・モリスだった。モリスは制定されたばかりの「コンピュータ詐欺および不正使用取締法」違反で告発された最初の人物となってしまった。罰金と社会奉仕、保護観察を言い渡され、コーネル大学からも退学処分を受けるなど散々の目に遭う。以後10年以上、モリスは人目に立つこと避けるようになった。

グレアムは本書で「この事件がなかったら［モリスは］私といっしょに死に物狂いでスタートアップなんか始める必要はなかっただろう」と語っている。モリスという天才的ハッカーを協力者に得られなければ、グレアムのスタートアップが成功したかどうかわからない。ひいてはYCも存在せず、ドロップボックスの成功もなかったかもしれない。モリスはヴィアウェブの成功を機に教育界に戻った。現在はYCのパートナーを務めているが、本業はマサチューセッツ工科大学の教授だ。

もうひとりのパートナー、トレバー・ブラックウェルはモリスのハーバードの大学院の同級生で、モリスを通じてヴィアウェブにリクルートされた。ブラックウェルの専門はロボット工学で、ヴィアウェブの成功で得た資金で立ち上げたエニボッツというスタートアップは、人間が自然に歩くような二足歩行ロボットの開発に成功した。また、セグウェイのような二輪車の上にポールを立ててカメラ、マイク、スピーカーなどを搭載したロボットを販売している。このロボットは遠隔地のオフィス内を自由に移動し、ユーザーに代わって会議に出席したり社員の勤務を監督したりできる。YCが創立地のマサチューセッツ州ケンブリッジからシリコンバレーに引っ越してきたときのオフィスがエニボッツ社の一角になったのはそういう理由だ。

ジェシカ・リビングストンは、YCの共同創業者の中で唯一の非エンジニアだ。ニューヨークの投資銀行の副社長を務めていたが、グレアムの恋人になったことからYCに加わり、後に結婚した。投資銀行勤務の経験を生かして会社設立の書類仕事や日程管理などギーク（コンピュータ・オタク）たちが嫌がる仕事を一手にこなしているようだ。リビングストンは『Founders at Work』で「書類仕事はしたことのない人からすれば気後れしてしまいがちです。

……IP〔知的財産〕がすべて会社のものになるようにしたり、共同創業者が6カ月で辞めたり、会社の持ち株の30％を流出させたり……しないように適切な処理をしておかなければなりません」と述べている。いつも明るく、裏方仕事の一切を取り仕切り、親身に若者たちの面倒を見るジェシカ・リビングストンの存在なしには、やはりYCの成功はなかっただろう。

このほか、現在YCのパートナーのひとりになっているハルジ・タガルはイギリス生まれで、オックスフォード大学を卒業直後に起業し、2007年の冬学期にYCに参加するためにシリコンバレーにやってきた。「イギリスでは起業家になりたいといえば変わり者と見られる。しかしシリコンバレーではパーティで会ったコンサルタントたちは自分が創業者でないことを弁解した」とタガルは回想する。タガルがもっとも力づけられたのは、シリコンバレーの人々は起業するのをごく普通の生き方と考えていることだった。

なぜシリコンバレーなのか

YCではスタートアップの創業者に3カ月の参加期間中、シリコンバレーに引っ越してくるように要求する。それはなぜなのか、というところに本書のテーマのひとつがある。

シリコンバレーの産業規模は想像以上に巨大だ。グーグル、フェイスブック、アップルというわずか3社の時価総額合計は約72兆円（1ドル95円換算、2013年4月時点）。これは日本の東証一部上場企業の時価総額1位のトヨタ自動車から10位のソフトバンクまでの10社の合計を上回るだけではなく、トルコのGDP（国内総生産）にほぼ等しい。なぜシリコンバレーにこれほど有力なIT企業が集積したのだろうか？　そしてさらに、どのようにしてシリコンバレーは今も次々に新しい成功企業を生み出すのだろうか？　活力を失いかけていると言われて久しい日本の産業の活性化のためにも、そのメカニズムは大きなヒントになるはずだ。

シリコンバレーは広い意味ではサンフランシスコからサンノゼの間の全長70キロ足らずの平野だ。サンフランシスコ市からフリーウェイ101号線を南下すると、すでに閉鎖されてしまったキャンドルスティック・パーク球場を過ぎたあたりでわずかの間だが左手にサンフランシスコ湾が見えてくる。しかし海はすぐにサンフランシスコ国際空港に隠され、バレーとはいってもあとはサンノゼまで右手に低い丘陵が連なる平地を延々と走るだけになる。林や空き地の間に低層ビルと住宅がまばらに建つだけの変哲もない郊外の光景だ。これがシリコンバレーだということを示すのはメンローパーク、パロアルト、マウンテンビューといった高速道路の出口標識しかない。

しかし検索サービスの巨人グーグル、10億人が参加する交流サイトであるフェイスブック、140字のマイクロブログのツイッターをはじめ、この10年あまりで急成長したIT企業のほとんどがシリコンバレーで生まれ、現在も本拠を構えている。

シリコンバレーの中央に位置するスタンフォード大学は徒手空拳から大陸横断鉄道の建設に

よって大富豪となったリーランド・スタンフォードが創立しただけに、もともと実学を重んずる気風が強かった。60年代以降、スタンフォード大学の周辺では集積回路の発明による半導体革命によってコンピュータ関連ビジネスで財をなすエンジニアが続出する。このエンジニア出身の富豪の資金がさらにスタートアップの創業を助けることになる。70年代に入るとセコイア・キャピタルなど富裕な個人や機関投資家の資金を集めて大型の資金需要をまかなうベンチャーキャピタルも設立される。こうしてシリコンバレーでは、スタートアップを目指す人材と資金の集積が形成されていった。

どのアイデアが次のグーグルになるか、フェイスブックになるか、事前にまったくわからない以上、なるべく多くのアイデアに実験の機会を与えることが望ましい。しかしベンチャーキャピタルが投資するのはある程度企業として成立した段階以後であり、数人の学生がアイデアだけを頼りにガレージで起業するときの資金をまかなうことはできない。こうしたスタートアップの立ち上げ時に資金を提供する投資家は、エンジェルと呼ばれる。だがエンジェル投資家は通常、個人資産家であるため、スタートアップを志すチームがエンジェル資金を得られるかどうかには偶然が作用しがちだ。

たとえばグーグル創業時にサン・マイクロシステムズの共同創業者、アンディー・ベクトルシャイムが即決で10万ドルの小切手を切った話は有名だが、これもグーグルの創業者たちが在学していたスタンフォード大学のデビッド・チェリトン教授がサン・マイクロシステムズの共同創業者で、グーグルの若き創業者たちにベクトルシャイムを紹介してくれたという幸運によっている。

一方でポール・グレアムは、金持ちが保守的なボストン地区でスタートアップを創業したため、資金調達で非常な苦労をした。その経験からエンジェル投資家になってスタートアップの育成をしたいと考えたものの、世界的な富豪というほどの財産がないため、「少額の資金を複数のスタートアップにいっせいに投資し、定期的に助言する」というモデルを考えつき、2005年の夏休みに実験してみた。ある程度の成功を収めたため、グレアムはギークとリスクを恐れぬ金持ちの集積地、シリコンバレーに引っ越すことを決断する。それから後のYCの発展は、本書に詳しい。

グレアムはシリコンバレー以外の土地に欠けているのは起業家精神ではなく、多くの創業者の集中だという。「ヨーロッパ〔やその他の場所〕では、人々が大胆さに欠けるなどということではなく、手本に欠けていることが問題なのだ」とグレアムは言う。成功の手本を目の当たりにすることこそ、創業への熱意を高めるもっとも効果的手段だ。手本となる先輩、仲間同士の切磋琢磨、経験者によるアドバイスという3要素を揃えることができたのがYCの成功の要因と言えるだろう。

ＹＣに参加したい人たちへ

ＹＣに参加するための最大のハードル、面接でポール・グレアムがどんな質問をするのか、そのサンプルをいくつかお目にかけよう。テッククランチに掲載された「スタートアップ諸君、15秒で答える練習を―Y Combinatorの面接で聞かれる質問はこれだ！」ではこうした質問を集めたサイトが紹介されている。ＹＣに応募するつもりがなくても、新しい製品やサービスをスタートさせるときのチェックポイントとして大いに参考になると思う。

新しいユーザーがこのプロダクトを使ってみようと思う理由は？
一番怖いと思うライバルは？
きみたちがチームとして集まった理由は？
ボスは誰？
これまでで一番自慢になるきみの業績は？
きみの今まで最大の失敗は？
既存のプロダクトとの違いを正確に言うと？
プロダクトがどういう仕組なのか、もっと詳しく説明すると？
ユーザーが使うのをためらう理由は？

このプロダクトは次にどう発展させていきたい？
新しいユーザーはどこから来る？
6カ月後に直面しているであろう一番大きな問題は？
今までほかの人がこれをやらなかった理由は？
ユーザーからの希望で一番多いものは？
コンバージョン率は？

なお、ＹＣには日本人を交えたチームがすでに参加している。２０１2年1月スタートの冬学期に参加したエニパーク（AnyPerk）というスタートアップは、割引クーポンなどの特典を社員の福利のために企業に仲介するというユニークなサービスだ。テッククランチ・ジャパンの西田隆一編集長が共同創業者の福山太郎氏に取材した記事「AnyPerkはどうやってできたのか—日本人初のＹ Combinator卒業生の半年間」によれば、ＹＣに参加を許されたものの、当初はアイデアに行き詰まり、1月も終わりに近づいても方向が定まらず、「なんでＹＣなんかに応募したのか」と後悔すら始める状態だったという。その苦しみの中からエニパークのアイデアが生まれた。まさに本書でも詳しく書かれているような「ピボットを決断する」状況だった。エニパークは、その後ベンチャーキャピタルからの資金調達に成功し、現在は本格的なビジネス展開を目指しているようだ。彼らの成功を祈ると同時に、日本から後に続くチームが出ることを期待したい。

本書の翻訳は「はじめに」から8章まで、20章、21章、謝辞を滑川が、9章から19章を高橋が担当した。日経BP社の高畠知子氏は、以前に本を出したいとポール・グレアムにメールを送ったこともあるほどのグレアム・ファンで、本書の出版を企画されただけでなく、出版局長という多忙を極める職にあるにもかかわらず編集実務のすべてを担当された。こういう意義ある本の翻訳のチャンスを与えていただいたことに感謝したい。また、出版局の中川ヒロミ部長にもなにかとお世話になった。

本書が、日本でイノベーションを目指すみなさんの参考に少しでもなればよいと思う。

2013年4月

滑川 海彦

ページレバー（PageLever）：企業のフェイスブック・ページのファンを分析するソフトウェア
ペーパーリンクス（Paperlinks）：QR コードを利用する企業向けインフラストラクチャ
ベントーボックス（BentoBox）：ストリーク（Streak）を参照
マーケットブリーフ（MarketBrief）：SEC（米国証券取引委員会）提出書類を完全自動で読みやすく翻訳する
マイルセンス（MileSense）：安全運転するドライバーの保険料を安くするためのスマートフォンアプリ
マンチ・オン・ミー（Munch on Me）：レストラン向け日替りクーポン。YC 卒業後、CollegeBudget に買収される
ミックスランク（MixRank）：競合相手のオンライン広告を分析するサービス
ミンノ（Minno）：バイシンプル（BuySimple）を参照
ミーティア（Meteor）：クラウドのストレージとクライアントの間を移動するデータを管理するための開発者向けツール。Skybreak から改名
モバイルワークス（MobileWorks）：コンピュータだけでは困難な作業をクラウドソーシングする
モンゴ HQ（MongoHQ）：モンゴ DB データベースのホスティングサービス
ヤードセール（Yardsale）：P2P による近隣を対象としたカレージセール用モバイルアプリ
ライドジョイ（Ridejoy）：自動車の相乗りのためのウェブサイト
ラップ・ジーニアス（Rap Genius）：ラップ歌詞のウィキペディア的な注釈データベース
リーキー（Leaky）：保険の価格比較サービス
レントボ（Rentobo）：不動産を賃貸しようとするユーザーが借り手を探し、契約を交わすのを助けるソフトウェア
ローンチパッド・トイ（Launchpad Toys）：子供たちを創造的な遊びにいざなう iPad 用アプリを開発

ノロジー
タップエンゲージ（TapEngage）：タブレット向け広告制作
ダブルリコール（DoubleRecall）：ウェブサイトのコンテンツを見る前に、スポンサーに関係のある単語をいくつか入力させる広告ソフトウェア
デットアイ（DebtEye）：スプリングコイン（SpringCoin）を参照
ナウスポッツ（NowSpots）：新聞ウェブサイトのバナー広告の位置に広告主のツィートを表示するサービス
パース（Parse）：モバイルアプリ開発者のデータをクラウドに保管するサービス
バーブリング（Verbling）：ビデオチャットでネイティブ話者から外国語を学ぶサービス
バイシンプル（BuySimple）：［早期に徹退］メディアサイト向けのマイクロペイメント・システム。Minnoから改名
パンダブ（Pandav）：Embarkを参照
ピックプラム（Picplum）：友達や家族に毎月フォトブックを送るサービス
ヴィドヤード（Vidyard）：企業向けユーチューブ
ヒプティック（Hiptic）：パーソナル・ウェブサイト。YC卒業後、モバイルゲームに転向
ビメッサ（Vimessa）：ビデオ、音声メール・アプリ。後にメール利用マーケティング・サービスのユーザーフォックス（UserFox）に変更
ピング（Pingm）：PhoneSysを参照
フォンシス（PhoneSys）：営業チーム向けコールセンターシステム。Pingmから改名
ブシドウ（Bushido）：オープンソースアプリのホスティング
ブリッジアス（BridgeUs）：電話会議サービス
フレッシュプラム（Freshplum）：Eコマースの最適価格を決めるためのソフトウェア
プロキシノ（Proxino）：JavaScriptコード向けクラウドホスティング・サービス
ペイスタック（Paystack）：子供向けオンライン支払いシステム。YC卒業後、モバイル支払いに転向

バックグラウンドで自動的に共有するモバイルアプリ
クラスメトリック（ClassMetric）：授業中リアルタイムで講師にフィードバックできる大学生用ソフトウェア。YC卒業後、ウェブサイト上のユーザー行動を分析するSegment.ioに転向
グラフィティ・ワールド（Graffiti World）：フェイスブック・グラフィティの作者による、ビルディング・ゲーム
クリプトシール（Cryptoseal）：クラウド・サーバー向けのセキュリティ・ソフトウェア
ゴーカードレス（GoCardless）：オンライン購入でクレジットカードの代わりに使えるしくみ
コードアカデミー（Codecademy）：プログラミング学習用オンラインコース
サイエンス・エクスチェンジ（Science Exchange）：科学実験のアウトソース仲介サービス
サイタス・データ（Citus Data）：大規模データ用高速データベースシステム
ジグフ（Zigfu）：全身の運動を利用したゲーム作成ツール
シティポッシュ（Cityposh）：スポンサー広告を組み込んだカジュアル・オンラインゲーム
シフト・サイエンス（Sift Science）：オンライン詐欺検出ソフト
スカイブレーク（Skybreak）：ミーティア（Meteor）を参照
スタイピ（Stypi）：オンラインの共同文書編集管理システム。2012年5月のセールスフォースが買収
ストリーク（Streak）：Gメールを利用した顧客関係管理ソフト。ベントーボックス（BentoBox）から名称変更
スナップジョイ（Snapjoy）：写真の整理と共有
スプリングコイン（SpringCoin）：債務返済コンサルティング。後にデットアイ（DebtEye）に名称変更
セルステージ（SellStage）：広告用ビデオ。その後、方向転換してプロ向けビデオ編集業務仲介のVideopixiに
タイトDB（TightDB）：デベロッパー向け簡易データベース
タグスタンド（Tagstand）：モバイル向けNFC（近接無線通信）：テク

付録　2011 年夏学期　参加スタートアップ

アイル 50（Aisle50）：食品雑貨の日替りクーポン

アジャイル・ダイアグノシス（Agile Diagnosis）：医師、医学生、看護師などが患者を診察する際に使用する iPad アプリ

アドポップ・メディア（Adpop Media）：アルゴリズムによって動画に広告を掲載するソフトウェア

イムジックス（Imgix）：ウェブサイトで使用する画像を保管および提供するサービス

インターステート（Interstate）：プロジェクト管理ソフトウェア

インタビューストリート（Interview Street）：技術系企業が応募者の中から最高のプログラマーを探す手助けをするサービス

エブリミー（Everyme）：ユーザーのアドレス帳をベースにしたソーシャルネットワーク

エンバーグ（Embark）：公共交通利用者向けモバイルアプリ。Pandav から改名

エンボルブ（Envolve）：ウェブサイト用のチャット・ソフトウェア。YC 卒業後、チャットやゲームなどのリアルタイム・オンラインサービスで使用するデータを保管する Firebase に転向

オペス（Opez）：個人トレーナー、ヘアスタイリスト、バーテンダーなどのサービス専門職のための Yelp(イェルプ）のような評判サイト

キックセンド（Kicksend）：簡単ファイル共有

キャント・ウェイト（Can't Wait）：最新映画の予告編を見るためのモバイルアプリ。YC 卒業後、Clutch.io に転向し、モバイルアプリ開発を加速するソフトウェアツールを提供している

キャンパスクレド（CampusCred）：大学生向けの地元商店用特典サービス。YC 卒業後、大学講義向けモバイルアプリ、TheQuad の開発に転向

クォーツィー（Quartzy）：生命科学の研究室向け在庫管理ソフトウェア

クラーキー（Clerky）：日常の法律業務を自動化するソフトウェア

グラスマップ（GlassMap）：位置情報をバッテリーを浪費することなく

第21章　ソフトウェアが世界を食う

1. http://codeyear.com/.
2. Alexia Tsotsis, "Still Looking for a New Year's Resolution? How about Learning How to Code . . . ," TC, January 1, 2012, http://techcrunch.com/2012/01/01/new-years-resolution-programming/.
3. Jason Kincaid, "Codecademy's Code Year Attracts 100,000 Aspiring Programmers in 48 Hours," TC, January 3, 2012, http://techcrunch.com/2012/01/03/codecademys-codeyear-attracts-100000-aspiring-programmers-in-48-hours/.
4. Carl Franzen, "Mayor Bloomberg Will Learn How to Code in 2012," Talking Points Memo, January 6, 2012, http://idealab.talkingpointsmemo.com/2012/01/mayor-bloomberg-will-learn-how-to-write-code-in-2012.php.
5. "New Summer Jobs + Commitments Plan to Introduce Low-Income Youth to Technology-Related Skills," White House blog, January 17, 2012, http://www.whitehouse.gov/blog/2012/01/17/new-summer-jobs-commitments-plan-introduce-low-income-youth-technology-related-skill
   "Announcing Meetups and Our Partnership with the White House," Codecademy blog, January 17, 2012, http://www.codecademy.com/blog/5-announcing-meetups-and-our-partnership-with-the-white-house.
6. Asher Moses, "Aussie Nikki Joins Silicon Valley Millionaire Factory," November 18, 2011, http://www.smh.com.au/technology/technology-news/aussie-nikki-joins-silicon-valley-millionaire-factory-20111118-1nlud.html
7. PG, "How to Be Silicon Valley," May 2006, http://paulgraham.com/siliconvalley.html.
8. PG, "How to Be Silicon Valley."
9. PG, "Can You Buy a Silicon Valley? Maybe," February 2009, http://paulgraham.com/maybe.html.
   PG, "A Local Revolution?," April 2009, http://paulgraham.com/revolution.html.
10. PG, "The Word 'Hacker.' "
11. PG, "Why Startup Hubs Work."
12. http://startupweekend.org/incubators/, http://blog.shedd.us/321987608/.
    "European Startup Accelerators Are Gradually Revealing Their Performance Figures," TC, January 27, 2012, http://techcrunch.com/2012/01/27/european-startup-accelerators-are-gradually-revealing-their-performance-figures/. "Founder of Dubai's First Startup Accelerator Looks to Educate, Inspire Global Entrepreneurs," TC, April 4, 2012, http://techcrunch.com/2012/04/04/founder-of-dubais-first-startup-accelerator-looks-to-educate-inspire-global-entrepreneurs/.

11. SEC, on "sophisticated investors, 1982.
12. http://www.gpo.gov/fdsys/pkg/BILLS-112hr3606enr/pdf/BILLS-112hr3606enr.pdf.

第19章　デモ・デー

1. Jenna Wortham, "An Actor Who Knows Start-Ups," New York Times, May 25, 2011, http://www.nytimes.com/2011/05/26/technology/26ashton.html.
   Alexia Tsotsis, "Ashton Kutcher: Good Investors Are on a Witch Hunt," TC Disrupt, September 13, 2011, http://techcrunch.com/2011/09/13/ashton-kutcher-good-investors-are-on-a-witch-hunt/.
2. Kulveer Taggar, "Doing Y Combinator a Second Time."
3. "How I Blew Out My Knee and Came Back to Win a National Championship," Art of Ass-Kicking blog, January 19, 2011, http://www.jasonshen.com/2011/blew-out-knee-win-national-championship/
4. Andreessen, "Software Is Eating the World."
5. PG, "Why to Move to a Startup Hub," October 2007, http://www.paulgraham.com/startuphubs.html.

第20章　最後の夕食会

1. "Ask PG: Can You Please Provide Statistics of YC Funded Cos [Companies]?" HN, April 30, 2008, http://news.ycombinator.com/item?id=177606.
2. Paul Stamatiou, "Notifo (YC W2010) Gets a Co-Founder . . . Me," Paul Stamatiou blog, June 26, 2010, http://paulstamatiou.com/notifo-yc-w2010-gets-a-co-founder-me.
3. Chad Etzel, "Startups Are Hard," JazzyChad blog, May 2, 2011, http://blog.jazzychad.net/2011/05/02/startups-are-hard.html.
4. "Notifo Will Be Shutting Down," Notifo blog, September 8, 2011, http://blog.notifo.com/notifo.
5. PG, "Y Combinator Numbers," June 2011, http://ycombinator.com/nums.html.
6. James Middleton, "Founding Father," Telecoms.com, November 30, 2011, http://www.telecoms.com/37300/founding-father/.
7. Kim-Mai Cutler, "Zynga No Longer Has the Biggest Game on Facebook by Daily Users. OMGPOP Does," TC, March 16, 2012, http://techcrunch.com/2012/03/16/zynga-omgpop/;
   Brian Chen and Jenna Wortham, "A Game Explodes and Changes Life Overnight at a Struggling Start-Up," New York Times, March 25, 2012, http://www.nytimes.com/2012/03/26/technology/draw-something-changes-the-game-quickly-for-omgpop.html
   Kim-Mai Cutler, "The Inside Story of the OMGPOP-Zynga Deal from the CEO, Investors and More!" TC, March 21, 2012, http://techcrunch.com/2012/03/21/zynga-omgpop-porter-sabet-david-ko/.

第18章　離陸準備完了

1. Jason Kincaid, "Interview Street Streamlines the Search for Great Programmers," TC, August 6, 2011,http://techcrunch.com/2011/08/06/yc-funded-interview-street-streamlines-the-search-for-great-programmers/. et al.
   Alexia Tsotsis, "YC-Backed Leaky Is Hipmunk for Car Insurance," TC, August 8, 2011, http://techcrunch.com/2011/08/08/yc-backed-leaky-is-hipmunk-for-car-insurance/;
   Kincaid, "YC-Funded Snapjoy Will Organize Your Photos"; Jason Kincaid, "YC-Funded Stypi Is Etherpad Reborn," TC, August 9, 2011, http://techcrunch.com/2011/08/08/yc-funded-snapjoy-will-organize-your-photos-for-you-and-make-sure-you-dont-lose-them/;
   Jason Kincaid, "YC-Funded Envolve Launches an API for Real-Time Chat," TC, August 10, 2011, http://techcrunch.com/2011/08/10/yc-funded-envolve-launches-an-api-for-real-time-chat/; Jason Kincaid, "YC-Funded MobileWorks Aims to Be a Hands-Off Mechanical Turk," TC, August 12, 2011, http://techcrunch.com/2011/08/12/yc-funded-mobileworks-aims-to-be-a-hands-off-mechanical-turk/;
   Sarah Perez, "YC-Funded Picplum: Beautiful Prints, Automatically Mailed for You," August 12, 2011, http://techcrunch.com/2011/08/12/yc-funded-picplum-beautiful-prints-automatically-mailed-for-you/.
2. "Show HN: Codecademy.com, the Easiest Way to Learn to Code," HN, August 18, 2011, http://news.ycombinator.com/item?id=2901156.
3. "Learn to Code: Codecademy," LearnProgramming, Reddit, August 18, 2011, http://www.reddit.com/r/learnprogramming/comments/jniah/learn_to_code_codecademy_xpost_from_rprogramming/.
4. Jason Kincaid, "Codecademy: A Slick, Fun Way to Teach Yourself How to Program," TC, August 18, 2011, http://techcrunch.com/2011/08/18/codecademy-a-slick-fun-way-to-teach-yourself-how-to-program/.
5. PG, "Student's Guide."
6. Paul Buchheit, "The Most Important Thing to Understand About New Products and Startups," Paul Buchheit blog, February 17, 2008, http://paulbuchheit.blogspot.com/2008/02/most-import-thing-to-understand-about.html.
7. Livingston, Founders at Work; Paul Buchheit, "Serendipity Finds You," Paul Buchheit blog, October 24, 2010, http://paulbuchheit.blogspot.com/2010/10/serendipity-finds-you.html.
8. Alyson Shontell, "Now We Know How Many Millions of Dollars These Startups Made Selling to Facebook," SAI Business Insider, February 2, 2012, http://www.businessinsider.com/facebook-acquisition-shares-stock-startups-2012-2.
9. Paul Buchheit, "Angel Investing: My First Three Years," Paul Buchheit blog, January 3, 2011, http://paulbuchheit.blogspot.com/2011/01/angel-investing-my-first-three-years.html.
10. Buchheit, "Angel Investing."

8. PG, "How to Make Wealth," May 2004, http://paulgraham.com/wealth.html.

第15章　共同創業者がすべて

1. "How Y Combinator Helped 172 Startups Take Off.With Paul Graham," Mixergy, February 10, 2010, http://mixergy.com/ycombinator-paul-graham/.
2. PG, "18 Mistakes."
3. HT, HN London Meetup.
4. PG, "Startups in 13 Sentences," February 2009, http://www.paulgraham.com/13sentences.html.
5. PG, "What We Look For in Founders," October 2010, http://www.paulgraham.com/founders.html.
6. PG, "What Startups Are Really Like," October 2009, http://paulgraham.com/really.html.
7. PG, "Student's Guide."
8. PG, "What We Look For."
9. Jason Shen, "How to Find Awesome Startup Roommates," Art of Ass-Kicking blog, February 22, 2011, http://www.jasonshen.com/2011/how-to-find-awesome-startup-roommates/.
10. Kalvin Wang, "How Borderline Douchebaggery Helps You Land a Great Roommate," Tech & Do-Goodery blog, February 21, 2011, http://kalv.in/how-borderline-douchebaggery-helps-you-land-a-great-roommate/.Kalvin Wang, "The Difference Between Jason Shen and JasonShen.com," Tech & Do-Goodery blog, February 22, 2011, http://kalv.in/the-difference-between-jason-shen-and-jasonshen-com/.
11. http://apps.facebook.com/graffitiwall.
12. David Thomas, "How the Creator of Minecraft Developed a Monster Hit," Wired, December 2011, http://www.wired.com/magazine/2011/11/st_alphageek_minecraft/.
13. HT, "I'm a Partner at Y Combinator."
14. http://www.exceleratelabs.com/details/.

第16章　残りあとわずか2週間

1. エリザベス・アイオンズの談話

第17章　最終リハーサル

1. "Doing Y Combinator a Second Time," Kulveer Taggar blog, January 28, 2012, http://kulveer.co.uk/2012/01/28/doing-y-combinator-a-second-time/.
2. Christopher Steiner, "The Disruptor in the Valley," Forbes, November 8, 2010, http://www.forbes.com/forbes/2010/1108/best-small-companies-10-y-combinator-paul-graham-disruptor.html.

第13章　ピボットの決断

1. “The Thiel Fellowship: 20 Under 20,” Thiel Foundation press release, September 29, 2010, http://www.thielfellowship.org/wp-content/uploads/2011/10/The-Thiel-Fellowship-20-Under-20.pdf.
   “Peter Thiel to Teach Stanford Class on Startups,” Tech Chronicles blog, San Francisco Chronicle, March 12, 2012, http://blog.sfgate.com/techchron/2012/03/12/peter-thiel-to-teach-stanford-class-on-startups/.
2. Justin Kan, “Drop Out. Or Don’t,” A Really Bad Idea blog, February 27, 2011, http://areallybadidea.com/drop-out-or-dont.
3. Justin Kan, “Selling Kiko,” A Really Bad Idea blog, February 21, 2011, http://areallybadidea.com/selling-kiko.
4. Justin Kan, “Why Starting Justin.tv Was a Really Bad Idea, but I’m Glad We Did It Anyway,” TC, February 12, 2011, http://techcrunch.com/2011/02/12/starting-justin-tv/.
5. John Gaudiosi, “Pro Gamer Tyler ‘Ninja’ Blevins Discusses Meteoric Rise of Major League Gaming,” Forbes, December 6, 2011, http://www.forbes.com/sites/johngaudiosi/2011/12/06/pro-gamer-tyler-ninja-blevins-discusses-meteoric-rise-of-major-league-gaming/
6. Jason Kincaid, “Socialcam 2.0 Lands on the iPhone,” TC, April 20, 2011, http://techcrunch.com/2011/04/20/socialcam-2-0-lands-on-the-iphone/.
7. “Product Marketing for Pirates: AARRR! (aka Startup Metrics for Internet Marketing & Product Management),” Master of 500 Hats blog, June 20, 2007, http://500hats.typepad.com/500blogs/2007/06/internet-market.html.

第14章　リスクと変曲点

1. “Where Are They Now: Ralston Shepherds Yahoo E-mail from Free to Paid,” MarketWatch, September 20, 2002, http://www.marketwatch.com/story/the-man-in-charge-of-yahoo-e-mail-shares-his-vision.
2. Peter Kafka, “Apple Pulls the Plug on Lala, Replaces It with . . . Nada,” AllThingsD, June 1, 2010, http://allthingsd.com/20100601/apple-pulls-the-plug-on-lala-replaces-it-with-nothing/.
3. PG, “Imagine K12,” YC Web site, March 17, 2011, http://ycombinator.com/imaginek12.html.
4. “Welcome Geoff,” YC Posterous, January 27, 2012, http://ycombinator.posterous.com/welcome-geoff.
5. “The 25 Worst Tech Products of All Time,” PC World, May 26, 2006, http://www.pcworld.com/article/125772-8/the_25_worst_tech_products_of_all_time.html.
6. PG, “Smart People.”
7. PG, “The Future of Web Startups,” October 2007, http://www.paulgraham.com/webstartups.html.

第９章　契約は必ず成立させろ

1. In Chris Tam's class at Harvard Business School, one other member went directly into YC's summer batch: Streak's Aleem Mawani.
2. The line was delivered with memorable malevolence by Alec Baldwin in the 1992 film adaptation of Glengarry Glen Ross.
3. Clay Shirky, "The Case Against Micropayments," OpenP2P, December 19, 2000, http://openp2p.com/pub/a/p2p/2000/12/19/micropayments.html.
Jakob Nielsen's "The Case for Micropayments," Alertbox blog, January 25, 1998, http://www.useit.com/alertbox/980125.html.
4. Calvin Young, "Minno Makes a Splash," BuySimple blog, March 30, 2011, http://blog.buysimple.com/2011/03/30/minno-makes-a-splash-2/.
Joe Mullin, "Ex-Googlers Launch 'NYT for a Nickel' as Publicity Stunt; NYT Not Amused," Paid-Content, March 28, 2011, http://paidcontent.org/article/419-ex-googlers-launchnyt-for-a-nickel-as-publicity-stunt-nyt-not-amused/.

第11章　プロトタイプ発表

1. Jason Shen, "The Rejection Therapy Challenge: Week 1," Art of Ass-Kicking blog, October 20, 2011, http://www.jasonshen.com/2010/the-rejection-therapy-challenge-week-1/.
Meredith May, "Experimenting with Rejection Builds Self-Confidence," San Francisco Chronicle, November 27, 2010, http://www.sfgate.com/news/article/Experimenting-with-rejection-builds-confidence-3244560.php. http://rejectiontherapy.com/rules/.
2. "Splitterbug (YC S11) Shutting Down," HN, July 13, 2011, http://news.ycombinator.com/item?id=2759880.
3. The two founders, Noah Ready-Campbell and Calvin Young, subsequently came up with a new idea to work on: a Web site for selling secondhand clothing, Like Twice.com.

第12章　ハッカソン

1. Jason Kincaid, "YC-Funded Snapjoy Will Organize Your Photos for You (And Make Sure You Don't Lose Them)," TC, August 8, 2011, http://techcrunch.com/2011/08/08/yc-funded-snapjoy-will-organize-your-photos-for-you-and-make-sure-you-dont-lose-them/.
2. http://www.techstars.com/program/perks/.
3. PG, "How to Start a Startup."
4. PG, "What Business Can Learn from Open Source," August 2005, http://paulgraham.com/opensource.html.
5. PG, "What Business Can Learn."
6. PG の談話より。

Taggar blog, June 7, 2011, http://kulveer.co.uk/2011/06/07/moving-back-to-sf-and-doing-y-combinator-again/.

第6章　アイデアに行き詰まる
1. PG, "Why Startup Hubs Work," October 2011, http://paulgraham.com/hubs.html.

第7章　新しいものを作り続けろ
1. PG "The 18 Mistakes That Kill Startups"
2. Eric Ries, "Building the Minimum Viable Product," Entrepreneurial Thought Leader Lecture Series, Entrepreneurship Corner, Stanford University, September 30, 2009, http://ecorner.stanford.edu/authorMaterialInfo.html?mid=2295.
3. Steve Blank, "Perfection by Subtraction.The Minimum Feature Set," Steve Blank blog, March 4, 2010, http://steveblank.com/2010/03/04/perfection-by-subtraction-the-minimum-feature-set/.
4. "Startup Success 2006," August 17, 2006, http://video.google.com/videoplay?docid=2401538119328376288.
5. "Clustrix Emerges from Stealth Mode with Industry's First Clustered Database System for Internet-Scale Applications," Clustrix press release, May 4, 2010, http://www.clustrix.com/company/news-events/press-releases/bid/82423/Clustrix-Emerges-From-Stealth-Mode-With-Industry-s-First-Clustered-Database-System-for-Internet-Scale-Applications
6. I have not been able to confirm the attribution.
7. "What Is Rap Genius?" Rap Genius Web site, http://rapgenius.com/static/about.

第8章　エンジェル投資家
1. PG, "The Hacker's Guide to Investors," April 2007, http://www.paulgraham.com/guidetoinvestors.html.
2. Fred Wilson, "Recycling Capital," AVC blog, April 17, 2011, http://www.avc.com/a_vc/2011/04/reinvesting-capital.html.
3. Dan Primack, "Exclusive: SV Angel's Investment Portfolio," Fortune, November 22, 2011, http://finance.fortune.cnn.com/2011/11/22/exclusive-sv-angels-investmentportfolio/.
Gary Rivlin, The Godfather of Silicon Valley: Ron Conway and the Fall of the Dotcoms (New York: AtRandom, 2001);
Miguel Helft, "Ron Conway Is a Silicon Valley Startup's Best Friend," Fortune, February 10, 2012, http://tech.fortune.cnn.com/2012/02/10/ron-conway-sv-angel/.
4. Dave McClure interview, "9th Founder Showcase.Alexia Tsotsis of TechCrunch Interviews Dave McClure of 500 Startups," http://vimeo.com/35399949;
Anthony Ha, "Dave McClure Isn't Worried About the 'Series A Crunch,' " TC, January 21, 2012, http://techcrunch.com/2012/01/21/dave-mcclure-series-acrunch/.

12. HT, "Second Week."
13. HT, "What I Expected."
14. HT, "Demo Day," Meal Ticket blog, February 13, 2007, http://mealticket.wordpress.com/2007/02/13/demo-day/.
15. HT, "What I Expected."
16. HT, "What I Expected."
17. Patrick Collison, "Surprises," Patrick Collison blog, October 18, 2009, http://collison.ie/blog/2009/10/surprises. 【not found】
18. Steven Levy, "Taking the Millions Now," Newsweek, April 5, 2008, www.newsweek.com/2008/04/05/taking-the-millions-now.html.
19. "Graduate Entrepreneurs Sell Business for Millions," University of Oxford press release, May 7, 2008, http://www.ox.ac.uk/media/news_stories/2008/080507b.html.
20. HT, "Leaving Live Current and Vancouver," HT blog, September 5, 2009, http://blog.harjtaggar.com/leaving-live-current-and-vancouver.
21. HT, "Post-Startup School Thoughts," HT blog, October 6, 2009, http://blog.harjtaggar.com/post-startup-school-thoughts. 【not found】
22. HT, "Auctomatic Is Acquired. Thank You Everyone Who Helped," HT blog, March 27, 2008, http://blog.harjtaggar.com/auctomatic-is-acquired-thank-youeveryone-who. 【not found】
23. HT answering Quora question: "What Does Harjeet Taggar's Role at Y Combinator Entail, and How Did He Become Partner at 25?" Quora, September 25, 2011, http://www.quora.com/What-does-Harjeet-Taggars-role-at-Y-Combinator-entail-and-how-did-he-become-partner-at-25
24. "Y Combinator Announces Two New Partners, Paul Buchheit and Harj Taggar," YC Posterous, November 12, 2010, http://blog.ycombinator.com/y-combinator-announces-two-new-partners-paul
25. HT, "I'm a Partner at Y Combinator."
26. "Welcome Sam, Garry, Emmett, and Justin," YC Posterous, June 18, 2011, http://ycombinator.posterous.com/welcome-sam-garry-emmett-and-justin.
27. "Welcome Garry and Aaron," YC Posterous, January 23, 2012, http://ycombinator.posterous.com/welcome-garry-and-aaron.
28. "TechZing 168.Patrick Collison/Stripe," TechZing Tech Podcast, February 2, 2012, techzinglive.com/page/939/168-tz-interview-patrick-collison-stripe. Startup Bootcamp, MIT, September 24, 2011, http://www.youtube.com/watch?v=M48NAsKE9xY.
29. PG, "Schlep Blindness," January 2012, http://paulgraham.com/schlep.html.
30. "Stripe Said to Get Funding Valuing Online-Payment Startup at $100 Million," Bloomberg, February 9, 2012, http://www.bloomberg.com/news/2012-02-09/stripe-said-to-get-funding-valuing-online-payment-startup-at-100-million.html
31. Kulveer Taggar, "Moving Back to SF and Doing Y Combinator Again," Kulveer

Experience," TechZing Tech Podcast, September 9, 2010, http://www.techzinglive.com/page/409/techzing-66.jessica-mah-the-y-combinator-experience.

9. Jessica Mah, "Culture and Purpose from the Start," Jessica Mah Meets World blog, June 11, 2010, http://jessicamah.com/blog-23-1.
10. E. B. Boyd, "Where Is the Female Mark Zuckerberg?" San Francisco, December 2011 [posted online November 22, 2011], http://www.modernluxury.com/san-francisco/story/where-the-female-mark-zuckerberg.
    Aileen Lee, "Why Women Rule the Internet," TC, March 12, 2011, http://techcrunch.com/2011/03/20/why-women-rule-the-internet/.
11. "Y Combinator's Graham Discusses Start-Up Industry," Bloomberg, videotaped interview with Emily Chang, December 20, 2011, http://www.bloomberg.com/video/83135286/.

第5章　クレージーだがまとも

1. PG, "What the Bubble Got Right," September 2004, http://www.paulgraham.com/bubble.html.
2. PG, "Why Startups Condense in America," May 2006, http://www.paulgraham.com/ america.html.
3. HT, "I'm a Partner at Y Combinator. Ask Me Anything," AnyAsq, n.d. [summer 2011], http://anyasq.com/29-im-a-partner-at-y-combinator.【オフライン】
4. HT, HN London Meetup, September 29, 2011, http://vimeo.com/30800728.
   "The Year That Made Me: Kulveer Taggar," interview by David Langer, Freed from The Matrix blog, January 23, 2009, http://davidlanger.co.uk/2009/01/23/the-year-that-made-me-kulveer-taggar/.
5. PG, "18 Mistakes."
6. HT, "What I Expected from YC and What I Got," Meal Ticket blog, April 15, 2007, http://mealticket.wordpress.com/2007/04/15/what-i-expected-from-yc-and-what-igot/.
7. HT, "The Lessons I've Learnt During Y Combinator," Meal Ticket blog, March 11, 2007, http://mealticket.wordpress.com/2007/03/11/the-lessons-ive-learnt-during-ycombinator/.
8. Andrew Warner interview of Jessica Livingston, "How the Author of Founders at Work Helps Y Combinator Discover and Mentor Startups.with Jessica Livingston," Mixergy, April 19, 2010, http://mixergy.com/y-combinator-jessicalivingston-interview/.
9. HT, "First Week in 'Frisco,' " Meal Ticket blog, January 15, 2007, http://mealticket.wordpress.com/2007/01/15/first-week-in-frisco/.
10. HT, "The Second Week," Meal Ticket blog, January 22, 2007, http://mealticket.wordpress.com/2007/01/22/the-second-week/.
11. HT, "And Then There Were Three," January 28, 2007, http://mealticket.wordpress.com/2007/01/28/and-then-there-were-three.

第3章　シリコンバレーに来い

1. Matt Brezina, "YC: The New Grad School," Matt Brezina blog, April 14, 2011, http://www.mattbrezina.com/blog/2011/04/yc-the-new-grad-school/.
2. PG, "Student's Guide."
3. PG, "How Y Combinator Started."
4. PG, "California Year-Round," YC Web site, January 2009, http://ycombinator.com/ycca.html.
5. Michael Arrington, "TechStars: Summer Camp (and Cash) for Entrepreneurs," TC, January 25, 2007, http://techcrunch.com/2007/01/25/techstars-summer-camp-for-entrepreneurs/.
6. Paul Buchheit, "Did Anyone Else Notice That TechStars and Y Combinator Have the Same Application?" Paul Buchheit blog, March 26, 2007, http://paulbuchheit.blogspot.com/2007/03/anyone-else-notice-that-techstars-and-y.html; HN, http://news.ycombinator.com/item?id=6505.
7. Frank Gruber, "Top 15 U.S. Startup Accelerators and Incubators Ranked; TechStars and Y Combinator Top Rankings," Tech Cocktail, May 2, 2011, http://techcocktail.com/top-15-us-startup-acceleratorsranked-2011-05.
8. "California Incubator Not All Sunshine for Local Entrepreneur," The Record, November 8, 2011, http://www.therecord.com/news/business/article/621927.
9. PG, "What I Did This Summer," October 2005, http://paulgraham.com/sfp.html.
10. Start Fund's note was uncapped, the TechStars' note did have a cap.

第4章　女性起業家はなぜ少ない

1. PG, "How to Start a Startup."
2. PG, "Ideas for Startups," October 2005, http://paulgraham.com/ideas.html. PG, "Frighteningly Ambitious Startup Ideas," March 2012, http://paulgraham.com/ambitious.html.
3. Shira Ovide, "Addressing the Lack of Women Leading Tech Start-Ups," Wall Street Journal, August 27, 2010, http://blogs.wsj.com/venturecapital/2010/08/27/addressing-the-lack-of-women-leading-tech-start-ups/.
4. Michael Arrington, "Too Few Women in Tech? Stop Blaming the Men," TC, August 28, 2010, http://techcrunch.com/2010/08/28/women-in-tech-stop-blaming-me/.
5. Jessica Livingston, "What Stops Female Founders?" Founders at Work blog, January 26, 2011, http://www.foundersatwork.com/1/post/2011/1/what-stops-female-founders.html
6. "Stanford Computer Science '10.'11 Salary Survey Results," HN, October 21, 2011, http://news.ycombinator.com/item?id=3141716.
7. Justin Vincent and Jason Roberts, "TechZing 26.Jessica Mah of inDinero," TechZing Tech Podcast, December 10, 2009, http://www.techzinglive.com/page/146/techzing-26-jessica-mah-of-indinero.
8. Justin Vincent and Jason Roberts, "TechZing 66.Jessica Mah and the Y Combinator

第2章　YCパートナー

1. PG, "A Student's Guide to Startups," October 2006, http://paulgraham.com/mit.html.
2. PG, "Ramen Profitable," July 2009, http://www.paulgraham.com/ramenprofitable.html.
3. PG, "How Not to Die," August 2007, http://paulgraham.com/die.html.
4. PG, "The 18 Mistakes That Kill Startups," October 2006, http://www.paulgraham.com/startupmistakes.html.
5. Jessica Livingston, Founders at Work: Stories of Startups' Early Days (Berkeley, CA: Apress, 2007),
6. http://ycombinator.com/viaweb/com.html.
7. John Markoff, "How a Need for Challenge Seduced Computer Expert," New York Times, November 6, 1988, http://www.nytimes.com/1988/11/06/us/how-a-need-for-challenge-seduced-computer-expert.html.
   John Markoff, "Computer Intruder Is Put on Probation and Fined $10,000," New York Times, May 5, 1990, http://www.nytimes.com/1990/05/05/us/computer-intruder-is-put-on-probation-and-fined-10000.html.
   "Undergraduation," March 2005, http://www.paulgraham.com/college.html.
8. http://ycombinator.com/viaweb/com.html. YC Web site, http://ycombinator.com/people.html.
9. PG, "How Y Combinator Started," YC Web site, March 15, 2012, http://ycombinator.com/start.html.
10. PG, "How to Start a Startup," March 2005, http://paulgraham.com/start.html.
    PG, "Snapshot: Viaweb, June 1998," http://paulgraham.com/vw.html, http://ycombinator.com/viaweb/.
11. PG, "Snapshot: Viaweb."
12. Livingston, Founders at Work, 217.
13. PG, "How Y Combinator Started."
14. PG, "Why Smart People Have Bad Ideas," April 2005, http://www.paulgraham.com/bronze.html.
15. Richard Florida, "The Spread of Start-Up America and the Rise of the High-Tech South," The Atlantic, October 2011, http://www.theatlantic.com/technology/archive/2011/10/the-spread-of-start-upamerica-and-the-rise-of-the-high-tech-south/246916/.
16. Chris Dixon, "Selling Pickaxes During a Gold Rush," Chris Dixon blog, February 5, 2011, http://cdixon.org/2011/02/05/selling-pickaxes-during-a-gold-rush/.
17. Robin Wauters, "Salesforce.com Buys Heroku for $212 Million in Cash," TC, December 8, 2010, http://techcrunch.com/2010/12/08/breaking-salesforce-buys-herokufor-212-million-in-cash/.

原注

使用されている略語は以下のとおり。
HN: Hacker News
HT: Harj Taggar
PG: Paul Graham（他に記載のないものは PaulGraham.com の記事）
TC: TechCrunch
YC: Y Combinator

はじめに

1. Mike Cassidy, "Silicon Valley Tour Travels Rough Road," San Jose Mercury News, October 24, 2011.
2. Marc Andreessen, "Why Software Is Eating the World," Wall Street Journal, August 20, 2011, http://online.wsj.com/article/SB10001424053111903480904576512250915629460.html.
   The Economist: Ben Horowitz, "Against the Motion," The Economist, June 14, 2011, http://www.economist.com/debate/days/view/710.
3. Carleen Hawn, "The F|R Interview: Y Combinator's Paul Graham," Gigaom, May 3, 2008, http://gigaom.com/2008/05/03/the-fr-interview-y-combinators-paul-graham/.
4. PG, "Great Hackers," July 2004, http://www.paulgraham.com/gh.html.
5. PG, "The Word 'Hacker,' " April 2004, http://paulgraham.com/gba.html. Steven Levy, Hackers: Heroes of the Computer Revolution (Garden City, NY: Doubleday, 1984)
   Tech Model Railroad Club at MIT in the late 1950s.
6. "Airbnb Celebrates 1,000,000 Nights Booked!" Airbnb blog, February 24, 2011, http://blog.airbnb.com/airbnb-celebrates-1000000-nights-booked.

第1章　面接

1. http://jasonshen.com/.
2. "New: Apply to Y Combinator without an Idea," YC Web site, March 13, 2012, http://ycombinator.com/noidea.html.
3. In March 2012, Loopt announced its acquisition by Green Dot for $43.4 million cash.
4. HN, May 13, 2007, http://www.hackerne.ws/item?id=550170.
5. Hawn, "F|R Interview."
6. PG, "Hiring Is Obsolete," May 2005, http://paulgraham.com/hiring.html.
7. A third person, Matthew Fong did not pursue the project.
8. Justin Kan, "My Y Combinator Interview," A Really Bad Idea blog, November 24, 2010, http://areallybadidea.com/34320844.
9. Kan, "Y Combinator Interview."

や行

ら行

わ行

た行

な行

か行

さ行

索引

■著者紹介

ランダル・ストロス Randall Stross

サンノゼ州立大学ビジネススクール教授。スタンフォード大学にて歴史学で博士号取得。ニューヨーク・タイムズ紙にコラム「デジタル・ドメイン」を連載中。1991年に発表したBulls in the China Shopはビジネスウィーク誌が選定する「ベスト・ビジネスブック10冊」に選ばれている。著書は『eボーイズ―ベンチャーキャピタル成功物語』（日本経済新聞社）、『プラネット・グーグル』（日本放送出版協会）など。

■訳者紹介

滑川 海彦（なめかわ うみひこ）

千葉県生まれ。東京大学法学部卒業後、東京都庁勤務を経てIT分野の著述、翻訳業。ITニュースブログ「TechCrunch Japan」翻訳チーム。著書に『ソーシャル・ウェブ入門 Google, mixi, ブログ・・・新しいWeb世界の歩き方』（技術評論社）など。訳書に『フェイスブック若き天才の野望』『小さく賭けろ！』（いずれも共訳、日経BP社）など。

Facebook アカウント https://www.facebook.com/namekawa01

高橋 信夫（たかはし のぶお）

東京都生まれ。学習院大学理学部修士課程修了。富士通等勤務を経て翻訳、著述業。ITニュースブログ「TechCrunch Japan」翻訳チーム。訳書は『フェイスブック 若き天才の野望』『小さく賭けろ！』（共訳、日経BP社）、『Mad Science』（オライリー・ジャパン）など。科学教材の開発も手がけオリジナル製品に『トンでも吸盤』がある。東京農業大学非常勤講師。

Facebook アカウント https://www.facebook.com/nobuotakahashi

Yコンビネーター

シリコンバレー最強のスタートアップ養成スクール

2013年4月30日　第1版第1刷発行
2018年9月12日　第1版第3刷発行

著　者　　ランダル・ストロス
訳　者　　滑川海彦、高橋信夫（TechCrunch Japan 翻訳チーム）
発行者　　村上 広樹
発　行　　日経BP社
発　売　　日経BPマーケティング
〒105-8308　東京都港区虎ノ門4-3-12
http://www.nikkeibp.co.jp/books/
装幀　　岩瀬 聡
制作　　アーティザンカンパニー株式会社
印刷・製本　　図書印刷株式会社

ISBN978-4-8222-4946-5　Cover photograph WILLIAMS + HIRAKAWA
Printed in Japan